Ralf Georg Bogner
Einführung in die Literatur des Expressionismus

Einführungen Germanistik

Herausgegeben von
Gunter E. Grimm und Klaus-Michael Bogdal

Ralf Georg Bogner

Einführung in die Literatur des Expressionismus

2. Auflage

Für Misia

Die Deutsche Nationalbibliothek verzeichnet diese Publikation
in der Deutschen Nationalbibliografie;
detaillierte bibliografische Daten sind im Internet über
http://dnb.d-nb.de abrufbar.

2., unveränderte Auflage 2009
© 2005 by WBG (Wissenschaftliche Buchgesellschaft), Darmstadt
Die Herausgabe des Werkes wurde durch
die Vereinsmitglieder der WBG ermöglicht.
Satz: Lichtsatz Michael Glaese GmbH, Hemsbach
Umschlaggestaltung: schreiberVIS, Seeheim
Gedruckt auf säurefreiem und alterungsbeständigem Papier
Printed in Germany

Besuchen Sie uns im Internet: www.wbg-wissenverbindet.de

ISBN 978-3-534-22798-3

Inhalt

I. Epochenbegriff

1. Rahmenbedingungen der Epochendefinition

Epochen der Literatur- und Kulturgeschichte sind keine wirklich existierenden Lebewesen oder Substanzen. Es gibt sie nicht so wie etwa Tiere, Pflanzen oder anorganische Stoffe. Die realen und greifbaren Träger von Poesie sind einerseits Autoren und auf der anderen Seite Medien. Schriftsteller verfertigen als künstlerisch kreative Menschen dichterische Texte und präsentieren sie, wie auch immer, einer daran interessierten Öffentlichkeit. Als materieller Vermittler hierfür fungiert das jeweils gewählte Medium, das ebenfalls tatsächlich als Gegenstand der Erfahrungswirklichkeit sinnlich wahrnehmbar ist, sei es ein Buch, ein Flugblatt oder der Rundfunk. Epochen hingegen existieren nicht. Bei ihnen handelt es sich um nicht mehr und nicht weniger als Konstrukte der Literaturwissenschaft. Epochen sind Kategorien, mit deren Hilfe die unübersehbare Flut von überlieferten Texten in eine sinnvolle Ordnung gebracht werden kann. Damit ist nicht bloß eine chronologische Aneinanderreihung gemeint. Diese allein würde noch wenig Hilfe für die Orientierung in den Unmengen an literarischen Dokumenten zu leisten vermögen, die gerade aus den letzten Jahrhunderten auf uns gekommen sind. Epochenbegriffe bieten vielmehr die Möglichkeit, bestimmte Texte aus einem gewissen Zeitraum der Kulturgeschichte auf Grund spezifischer Merkmale, die ihnen gemeinsam sind, miteinander in einen sinnvollen Zusammenhang bringen zu können. Auf diese Weise lassen sich größere Einheiten von zusammengehörigen Texten mit einer Reihe von typischen Eigenschaften bilden. Von anderen, zeitlich früheren oder späteren Gruppen von literarischen Produkten, die unter anderen Epochenbegriffen zusammengefasst werden, unterscheiden sich diese Einheiten durch die divergenten Merkmale, die für sie als konstitutiv angesetzt werden. So entsteht eine Geschichte der Poesie als Abfolge von differierenden Epochen, ohne dass diese wirklich existieren würden. Aber das muss ja kein Nachteil sein. Epochenbegriffe sind nicht bloß Konstruktionen, sondern auch heuristisch. Das bedeutet, dass sie immer nur vorläufig gelten, so lange, bis andere, besser geeignete Konzepte für die periodische Unterteilung der Literaturgeschichte gefunden werden.

Das gilt auch für den Expressionismus. Der Begriff ist als Epochenbezeichnung oft schon kritisiert oder gar radikal angezweifelt worden. Aber er hat sich als Sammelbezeichnung für eine spezifische Strömung der deutschsprachigen Literatur mit bestimmten epochentypischen Merkma-

Epochenbegriffe als Konstruktionen

Epochenkonstrukt Expressionismus

len dennoch über viele Jahrzehnte unangefochten in den Kulturwissenschaften gehalten, und zwar mit guten Argumenten. Deshalb ist es legitim, von der Dichtung des Expressionismus als von einem klar definierbaren Phänomen der Literaturgeschichte zu sprechen. Freilich bleibt dies grundsätzlich eine Rede auf Abruf. Jederzeit können von Wissenschaftlern alternative Konzepte der epochalen Gliederung der Literatur des späten 19. und frühen 20. Jahrhunderts vorgeschlagen und von der *scientific community* begrüßt und für ihre Arbeit genutzt werden. Anders gesagt, niemand weiß, ob in zwanzig oder dreißig Jahren in neugermanistischen Lehrveranstaltungen überhaupt noch der Expressionismus behandelt werden wird oder nicht vielmehr eine anders definierte Periode der Literatur, die beispielsweise ungefähr von 1890 bis 1960 reichen könnte. Doch gerade das, der konstruktivistische Charakter von Epochenbegriffen und die ständig bestehende Möglichkeit der Veränderung geläufiger Terminologien und eingespielter Konzepte, machen die kulturhistorische Arbeit so immens spannend.

Vorgeschichte des Wortes „Expressionismus"

Der konstruktivistische Charakter von Epochen zeigt sich zuerst einmal schon daran, dass die heute gebräuchlichen Begriffe nicht von allem Anfang an oder gar erst im Nachhinein zur zusammenfassenden Bezeichnung einer spezifischen Gruppe von Texten benutzt worden sind. Auch dafür ist der Expressionismus ein typisches Beispiel (vgl. zur Begriffsgeschichte Rötzer 1976). Das Wort *expressio* stammt aus dem Lateinischen und bedeutet nichts anderes als einfach ‚Ausdruck'. Seit 1850 wird der daraus abgeleitete Begriff des Expressionismus im anglophonen und im frankophonen Sprachraum immer wieder einmal, allerdings sehr selten, zur Bezeichnung von bestimmten stilistischen Tendenzen innerhalb der neueren avantgardistischen Malerei verwendet (vgl. Arnold 1966, 9). Ferner findet in einem US-amerikanischen satirischen Roman von 1878 der Terminus bemerkenswerter Weise erstmals Anwendung auf eine Gruppe junger, ästhetisch fortschrittlicher Literaten. Eine Rezeption dieses Wortgebrauchs in der alten Welt wird freilich in der Forschung als sehr unwahrscheinlich angesehen (vgl. Arnold 1966, 10f.). Viel entscheidender für die Begriffsgeschichte ist hingegen eine in einem Pariser Salon 1901 präsentierte Ausstellung mit nicht- respektive anti-impressionistischen Ausdrucksstudien unter dem Etikett des „Expressionisme" (vgl. Arnold 1966, 11). Die Wirkung dieser Begriffsverwendung bleibt allerdings vorerst auf den frankophonen Raum begrenzt.

„Expressionismus" im deutschen Sprachraum

Im deutschsprachigen Raum lässt sich die Bezeichnung erstmals 1911 nachweisen. Sie wird als Schlagwort für Vertreter einer jüngeren Generation bildender Künstler verwendet, zum Beispiel Georges Braque (1882–1963) oder Pablo Picasso (1881–1973), die sich in ihren Arbeiten von der Ästhetik des Naturalismus und des Impressionismus distanzieren (vgl. Anz 2002, 3). Der bislang früheste bekannte Beleg für diese Verwendung des Begriffs findet sich im Vorwort zum Katalog der 22. Ausstellung der Berliner Sezession vom April 1911. Der Terminus wird in Besprechungen dieser Bildersammlung mehrfach aufgegriffen. Bald erlangt er auch Eingang in die kunsttheoretische Diskussion und in die Essayistik (vgl. Anz 2002, 3f.). Bereits 1914 erscheint eine erste Monographie über den Expressionismus in der modernen Malerei – ein sicheres Indiz für die feste Etablierung des Begriffs in der öffentlichen kunstwissenschaftlichen Diskussion (vgl. Fähnders 1998, 136f.).

Schon im Sommer 1911 überträgt der Schriftsteller Kurt Hiller (1885–1972) den Begriff aus der Bildenden Kunst auf die Literatur. Er bezeichnet damit zunächst einmal eine Gruppe junger Berliner Autoren, denen er selbst angehört (vgl. Anz 2002, 5). Sie haben sich 1909 in einem „Neuen Club" organisiert, aus dem dann das „Neopathetische Cabarett" hervorgeht. Hier treffen sich regelmäßig Dichter, die sich vehement von den gängigen ästhetischen Vorstellungen absetzen, ihre poetologischen Ideen diskutieren und ihre neuesten Texte vortragen (vgl. Sheppard 1980/ 1983). Kurt Pinthus (1886–1975), maßgeblicher Publizist und einflussreicher Verlagslektor, bespricht 1913 Alfred Döblins (1878–1957) Band *Die Ermordung einer Butterblume und andere Erzählungen* (vgl. V.1.), eine der wichtigsten Prosa-Veröffentlichungen des Frühexpressionismus. Er leitet die Rezension mit der Feststellung ein, dass „dieselben neuen Strömungen" der jüngsten Malerei sich nun auch in der „Dichtkunst" entwickelten und dass sich an dem Novellenband „die Umwandlung vom Impressionismus zum Expressionismus" zeige (Pinthus 1973, 15). Allgemein in der öffentlichen Debatte durchsetzen kann sich der Begriff allerdings erst in der zweiten Hälfte der Dekade. Der Schriftsteller Hermann Hesse (1877–1962) beispielsweise, der während jener Jahre in zahlreichen Rezensionen die aktuellen literarischen Tendenzen beobachtet, wendet bis 1916 den Terminus Expressionismus ausschließlich auf Werke der Malerei an. Auf dem Gebiet der Literatur hingegen spricht er etwa von der „‚jüngsten dichterischen Jugend Deutschlands'" oder von „‚futuristische[n] Bücher[n]'" (Bogner 2004, 103). Auch in einem der zentralen publizistischen Organe der Bewegung, in der von Herwarth Walden (eig. Georg Lewin, 1878–1941) herausgegebenen Zeitschrift *Der Sturm* (1910–1932), schwankt die Bedeutung des Terminus Expressionismus bis um 1915 stark (vgl. Möser 1983, 51). Zur Etablierung des Begriffs in den theoretischen und literarkritischen Debatten tragen entscheidend zwei Publikationen bei. 1916 veröffentlicht der schillernde österreichische Schriftsteller Hermann Bahr (1863–1934), selbst kein Repräsentant der Bewegung, die erste Monographie zum *Expressionismus*, die sich auch mit deren Dichtung auseinandersetzt (vgl. Bahr 1916). Am 13. Dezember 1917 hält, viel wichtiger noch, der Schriftsteller Kasimir Edschmid (eig. Eduard Hermann Wilhelm Schmid, 1890–1966), einer der prominentesten Vertreter der Bewegung, eine viel beachtete Rede über den *Expressionismus in der Dichtung* (vgl. IV.1.), die wenig später auch im Druck erscheint und erhebliches Aufsehen auf sich ziehen kann (vgl. Anz/Stark 1982, 42–55). Der Begriff avanciert in der Folge endgültig zur Sammelbezeichnung unterschied-

„Expressionismus" in poetologischen Debatten

licher „Autoren und Gruppierungen innerhalb der jüngsten Literatur" (Anz 2002, 6), die seit etwa 1910 mit ihren Texten an die Öffentlichkeit gedrängt haben.

„Expressionismus" als Selbstbezeichnung der Epoche

Zu diesem Zeitpunkt freilich tritt der Expressionismus bereits in seine Spätphase ein (vgl. Fähnders 1998, 135). Die Etablierung eines weithin akzeptierten Begriffs für die Bewegung kann demnach auch schon als Krisen- oder Niedergangssymptom gedeutet werden. Überdies entziehen sich wichtige Vertreter dieser Autorengeneration ostentativ der Etikettierung ihres Werks mit diesem Begriff, und viele von ihnen sind längst verstorben, bevor derselbe noch größere Verbreitung und Akzeptanz findet. Der Expressionismus stellt sich somit als eine Epoche der Literaturgeschichte dar, deren Bezeichnung sich in der kulturellen Öffentlichkeit nicht von Beginn an, jedoch noch während ihres Fortdauerns einbürgert, ohne allerdings völlig konsensuell von ihren Vertretern gebraucht zu werden. Für die wissenschaftliche Auseinandersetzung mit der Epoche ist die Übernahme des Begriffs in die eigene germanistische Terminologie kein Problem. Hierbei sind selbstverständlich die historischen Verwendungsweisen und Diskussionen des Begriffs zu berücksichtigen. Demgegenüber jedoch muss eine aktuelle literaturgeschichtliche Definition des Expressionismus auf der Grundlage der modernen germanistischen Theoriebildung konstruktivistisch eine eigenständige Definition der Epoche leisten.

Expressionismus als literarische Bewegung

In manchen Epochenbegriffen der Literaturgeschichtsschreibung werden außerordentlich heterogene Autoren und Werke zusammengefasst. Solche Kategorien, zum Beispiel Literatur der Reformationszeit oder Exilliteratur, vereinigen teils sehr widersprüchliche ästhetische Formen und ideologische Tendenzen in sich. Sie verbinden Schriftsteller miteinander, die niemals in Kontakt gestanden oder gar gemeinsame poetologische Ideen vertreten, sich vielleicht auch öffentlich auf Grund unterschiedlicher Ansichten heftig befehdet haben. Andere Epochenkategorien beziehen sich auf Gruppierungen von Autorinnen und Autoren, die gemeinschaftlich mit einem bestimmten innovativen ästhetischen Programm an die literarische Öffentlichkeit getreten sind, so etwa die Romantiker. In einem solchen Fall stehen das Selbstverständnis der Schriftsteller und die literarhistorische (Re-)Konstruktion in einem engen Wechselverhältnis zueinander. Der Expressionismus nun lässt sich nicht als eine einzelne Gruppe von Dichtern und Theoretikern mit einer gemeinsamen Programmatik und einem sie verbindenden, kohärenten poetischen Formwillen konstituieren. Vielmehr ist diese Epoche von einer Reihe von unterschiedlichen Zentren mit durchaus nicht gänzlich übereinstimmenden ästhetischen und politischen Zielen geprägt, sogar von einzelnen Personen, die sich demonstrativ keiner der vielfältigen Gruppierungen anschließen. Dennoch lassen sich, wenn man nur ein wenig von den jeweils im Detail divergierenden Bestrebungen dieser oder jener Schriftsteller und der sie umgebenden Zirkel abstrahiert, die Konturen einer literarischen Bewegung mit vielen Gemeinsamkeiten erkennen. Zahlreiche Autoren greifen ab einem bestimmten Zeitpunkt zu denselben innovativen Gestaltungsmustern bei der Abfassung ihrer Texte, denen ähnliche ästhetische und ideologische Vorstellungen zugrunde liegen. Sie organisieren sich darüber hinaus in zumindest vergleichbaren Kreisen, verbinden sich zu Netzwerken und nutzen spezifische Foren, um an die Öffentlichkeit zu treten. Der Expressionismus ist daher als eine Epoche der deutschsprachigen Literatur zu begreifen, deren personelle und textuelle Umrisse zu wichtigen Teilen, wenn auch keineswegs ausschließlich, einer zumindest relativ homogenen dichterischen Bewegung entsprechen.

Texte aus vielen Epochen der Literaturgeschichte, insbesondere im 19. und 20. Jahrhundert, sind in hohem Maße von der Programmatik ihrer frühesten Repräsentanten bestimmt. Der literarischen Praxis geht in solchen Fällen eine poetologische Reflexion voraus. Autoren entwerfen in Programmen und Manifesten eine neue Ästhetik, um diese dann anschließend in dichterischen Texten umzusetzen. Dies ist gerade für unterschiedliche Ausprägungen der europäischen Moderne und Avantgarde kennzeichnend, etwa für den italienischen Futurismus und für den Dadaismus (vgl. die Materialsammlungen Asholt/Fähnders 1995; Pörtner 1960f.). Auch zur literarischen Produktion des Expressionismus legen wichtige Vertreter der Epoche eine große Zahl von programmatischen Essays und proklamatorischen Abhandlungen vor (vgl. die Dokumentensammlung Anz/Stark 1982; vgl. auch Best 1976). Dabei handelt es sich allerdings eher um theoretische Texte, welche die Bewegung und ihre ästhetischen Innovationen und Experimente begleiten, als um Manifeste, auf deren vorgängiger Grundlage die Autorinnen und Autoren erst eine literarische Praxis ausbilden (vgl. Stark 1997, 239). Zwar liegen aus der Zeit um 1910 durchaus einige programmatische Aufsätze von Repräsentanten der sich eben entwickelnden, neuen literarischen Bewegung vor. Kurt Hiller zum Beispiel veröffentlicht eine Reihe von Artikeln – etwa über *Die Jüngst-Berliner* und den Begriff *Expressionismus* –, in denen er eine Selbstverständigung der jungen Schriftstellergeneration über ihre Anliegen und Ziele zu unternehmen versucht (vgl. Anz/Stark 1982, 33–37). Andere Autoren beschäftigen sich in kunsttheoretischen Traktaten mit der jüngsten italienischen Avantgarde, die sich selbst den Namen des Futurismus gegeben hat (vgl. Demetz 1990; Schmidt-Bergmann 1991). Auch liegen Manifeste zu einzelnen Neugründungen von poetischen Zirkeln oder publizistischen Organen der Bewegung vor, beispielsweise Franz Werfels (1890–1945) Werbetext zur Eröffnung der Buchreihe *Der jüngste Tag* (vgl. Anz/Stark 1982, 359–361). Die zentralen theoretischen Äußerungen expressionistischer Dichter zur Ästhetik und zu den ideologischen Grundlagen ihrer dichterischen Texte datieren jedoch aus den späteren Jahren der Bewegung, unter anderem von Kasimir Edschmid, Paul Hatvani (eig. Paul Hirsch, 1892–1975), Yvan Goll (eig. Isaac Lang, 1891–1950), Kurt Pinthus oder René Schickele (1883–1940). Die Epochenschwelle, mit welcher der Beginn des Expressionismus angesetzt werden kann, wird daher

Programme und
Manifeste des
Expressionismus

weniger von programmatisch-poetologischen als vielmehr von ästhetisch innovativen dichterischen Texten sowie von der Etablierung neuer Organisations- und Publikationsformen durch die jungen Autoren der Bewegung im Sozialsystem Literatur markiert. Es ist daher typisch, dass es sich bei einem der wirkungsreichsten Dokumente des frühen Expressionismus, der 1912 von Kurt Hiller publizierten Anthologie *Der Kondor*, um eine Sammlung von 97 Gedichten handelt, die den neuen ästhetischen Formwillen der jungen Generation praktisch illustrieren (vgl. Stark 1996).

Epochenüber-
lappungen um 1910

Manche literarhistorische Epochen dominieren einen größeren Zeitraum der Geschichte der Poesie, zum Beispiel das Barock oder der Bürgerliche Realismus. Andere Epochen überschneiden sich oder laufen nebeneinander her. Das hängt entweder mit den extremen, jedenfalls im Moment nicht zu vereinbarenden Gegensätzen zwischen unterschiedlichen Texten einer gewissen Zeit und ihren Merkmalen zusammen, etwa im Falle der Exil- und der NS-Literatur. Oder aber die Literaturgeschichtsschreibung hat noch nicht den notwendigen historischen Abstand zu den einzelnen Texten, Programmen, Ideen, Gestaltungsweisen und Personen gewonnen, um stark genug von ihnen abstrahieren und größere, übergreifende Einheiten bilden zu können. So sind für die unterschiedlichen Ausprägungen des literarischen Lebens um 1900 zahlreiche Epochenkategorien gängig, unter anderem Jugendstil, Décadence, Fin de siècle oder Symbolismus – und nicht zuletzt auch der Begriff Expressionismus. Zwar ist in der Forschung versucht worden, diese Epoche in das größere Konzept einer Literatur der Lebensphilosophie zu integrieren. Diesem Modell zufolge ist die Dichtung der ersten Hälfte des 20. Jahrhunderts zu weiten Teilen von einer Verherrlichung der vitalen Kräfte der Natur und des kreatürlichen Lebens geprägt (vgl. Lindner 1994). Allerdings hat sich dieser bemerkenswerte Vorschlag nicht durchsetzen können. Es wird also vermutlich noch lange Zeit dauern, bis die Geschichtsschreibung mit dem erforderlichen zeitlichen Abstand für das 20. Jahrhundert Epochenkonzepte entwickelt, in denen, wie im Falle der Termini Mittelalter oder frühe Neuzeit, immens inhomogene und zeitlich weit ausgedehnte Perioden der Historie zusammengefasst werden.

Geringe öffentliche
Präsenz des
Expressionismus

Die gegenwärtige Auseinandersetzung mit dem Expressionismus als einer Epoche von vielleicht anderthalb Jahrzehnten verdankt sich demnach maßgeblich dem Unvermögen des Menschen, das (noch) nahe Liegende mit ausreichender Distanz zu betrachten. Daraus ergibt sich auch die Konsequenz, dass keinesfalls alle Autoren, die während der 1910er und der frühen 1920er Jahre literarisch in der Öffentlichkeit präsent sind, dem Expressionismus zugerechnet werden können, im Gegenteil. Ein großer Teil der in jenen Jahren abgefassten und publizierten literarischen Texte, die heute noch dem Kanon angehören, wird üblicherweise nicht dem Expressionismus subsumiert. Diese Epoche ist eben eine unter mehreren ihrer Zeit, die nebeneinander herlaufen und sich überlappen. Gerade diese Jahre sind in der Literaturgeschichte von einer außergewöhnlichen Gleichzeitigkeit des Ungleichzeitigen gekennzeichnet. So ist zum Beispiel der bedeutendste Vertreter des Naturalismus Gerhart Hauptmann (1862–1946), dessen skandalumwitterte, ästhetisch wegweisende literarische Anfänge in die Zeit um 1890 zurückreichen, nach wie vor in der kulturellen Öffentlichkeit präsent und erhält 1912 den Nobelpreis für Literatur. Mehr noch, das breitere publike Bild der aktuellen Dichtung wird in den Jahren nach 1910 nicht von Expressionisten dominiert oder auch nur maßgeblich geprägt, sondern von den Autoren der vorangehenden Epochen, etwa von den Décadence-Schriftstellern Arthur Schnitzler (1862–1931) oder Hugo von Hofmannsthal (1874–1929), von Hermann Hesse, Heinrich Mann (1871–1950) oder Rainer Maria Rilke (1875–1926). Der Expressionismus dagegen findet lange beinahe keinerlei Beachtung in der verbreiteten Tagespresse und in den etablierten literarischen Zeitschriften (vgl. Schacherl 1957, 95). Die Resonanz auf die ästhetischen und ideologischen Neuerungen der jungen Künstler ist im eingespielten Kulturbetrieb gering, weil diese eine eigenständige, nach außen hin relativ abgeschlossene Rand-, Sub- oder Gegenkultur ausbilden (vgl. Anz 2002, 24). Die überragende Bedeutung, die der Epoche und ihren Repräsentanten in der heutigen Literaturgeschichtsschreibung zukommt, steht somit in scharfem Kontrast zur zeitgenössischen, kaum vorhandenen Wahrnehmung der Bewegung in der größeren Öffentlichkeit.

Darüber hinaus sind zwar viele Autoren des Expressionismus Angehörige der zwischen ungefähr 1885 und 1890 geborenen und um 1910 nach geistiger und materieller Eigenständigkeit strebenden Generation. Aber keineswegs sind alle Schriftsteller dieser Jahrgänge mit ihren poetischen Werken und deren ästhetischen und ideologischen Grundlagen der Epoche zuzuordnen. Zahlreiche wichtige Autoren genau dieser Generation gehen poetisch, politisch und persönlich gänzlich andere Wege als ihre expressionistischen Zeitgenossen. Hierzu zählen beispielsweise die Romanciers Lion Feuchtwanger (1884–1958) und Arnold Zweig (1887–1968), der Journalist, Essayist, Erzähler und Lyriker Kurt Tucholsky (1890–1935) oder der klassizistische Lyriker und Dialektdichter Josef Weinheber (1892–1945). Ferner sind auch partielle Affinitäten zur Programmatik des Expressionismus oder eine bloß zeitweilige Teilnahme einzelner Autoren an der Bewegung zu beobachten. So steht etwa Ernst Blass (1890–1939) während seiner Berliner Jahre bis 1913 in intensivem Kontakt und Austausch mit unterschiedlichen avantgardistischen Kreisen und veröffentlicht poetisch wie ideologisch radikale Lyrik in einschlägigen neuen Zeitschriften des Expressionismus. Nach seiner Übersiedlung nach Heidelberg schließt er sich jedoch dem Ästhetizismus eines Stefan George (1868–1933) und dem Klassizismus eines Paul Ernst (1866–1933) an, kehrt also zu einer zu diesem Zeitpunkt durch die jüngere, nämlich Blass' eigene Autorengeneration längst überholten Ästhetik zurück und wird dafür von früheren Weggefährten in der preußischen Metropole weidlich verspottet (vgl. Reinthal 2000, 83f. u. ö.). Hans Fallada (eig. Rudolf Ditzen,

Bedingte Zugehörigkeiten zur expressionistischen Generation

1893–1947), nach seinem Welterfolg *Kleiner Mann, was nun?* (1932) der wohl populärste Repräsentant der Neuen Sachlichkeit, verfasst in jungen Jahren eine Reihe von erzählenden Texten, die unzweifelhaft dem Expressionismus zuzurechnen sind. Dazu zählt beispielsweise seine erste selbstständige Publikation, ein *Pubertäts-Roman* mit dem Titel *Der junge Goedeschal* (1920), der den Abstieg eines Jünglings aus besten bürgerlichen Verhältnissen in Kriminalität und Wahnsinn darstellt. Schließlich ist die Zugehörigkeit einiger wichtiger Autoren zur Epoche seit Jahrzehnten heftig umstritten. Hier ist vor allem an den Prager Schriftsteller Franz Kafka (1884–1924) zu erinnern, der von manchen Literarhistorikern als zentraler Repräsentant des Expressionismus angesehen wird, während andere eine solche Einordnung strikt ablehnen. Wenn man freilich Epochenbegriffe ernsthaft als heuristische Konstrukte begreift, verliert dieser Dissens seine Schärfe. Die Texte Kafkas unterscheiden sich in einigen Aspekten signifikant von poetischen Erzeugnissen anderer Vertreter der Bewegung. So mangelt es ihnen fast durchgängig an der für die Epoche typischen hypertrophen Rhetorik. Dennoch tragen sowohl das Werk als auch die spezifische Positionierung Kafkas innerhalb des literarischen Lebens deutliche Züge des Expressionismus. Der Schriftsteller verkehrt in den Kreisen der zentralen Repräsentanten der Bewegung innerhalb Prags. Gleiches gilt für den verlegerischen Kontext der von ihm selbst zu Lebzeiten veröffentlichten Texte. Auch die Themen seiner Werke sind charakteristisch für die Epoche, etwa der Vaterkonflikt in *Das Urteil* (1916), die Unmenschlichkeit der entfremdeten modernen Existenz in *Die Verwandlung* (1916) oder die Macht der wuchernden Bürokratien in *Das Schloß* (1926).

Vorläufer der Expressionisten

Bei jeder literarhistorischen Rekonstruktion einer Epoche gesellen sich zu denjenigen Autoren, die derselben nur bedingt zuzurechnen sind, auch deren Vorläufer. Im Fall des Expressionismus ist zuallererst Frank (eig. Benjamin Franklin) Wedekind (1864–1918) zu nennen. Schon etliche Jahre vor dem ersten öffentlichen Auftreten der Expressionisten setzt er sich mit der unüberbrückbar scheinenden Kluft zwischen den Kräften des kreatürlichen Lebens und der in Konventionen erstarrten bürgerlichen Gesellschaft auseinander (vgl. Martens 1971, 110). In vielen seiner Texte geißelt er die Avitalität, die Farblosigkeit, das schematische Denken und das Sicherheitsstreben des Spießers und stellt dem Typus des gründerzeitlichen Philisters Figuren von elementarer Lebenskraft gegenüber (vgl. Martens 1971, 112). Als zweite herausragende Vorläuferin, in späteren Jahren auch zentrale Repräsentantin des Expressionismus gilt die Dichterin Else (eig. Elisabeth) Lasker-Schüler (1869–1945). Bereits 1902 veröffentlicht sie ihre erste Gedichtsammlung mit dem Titel *Styx*. Diese enthält, ebenfalls vorausweisend auf die poetische Revolution um 1910, Lyrik von ungebändigt lebensbejahender Leidenschaftlichkeit. Die Autorin literarisiert in ihren Gedichten gegen das Zeitübliche ein ungestümes, rational nicht gezügeltes, sinnlich-vitales Begehren. Sprache, Metaphorik und formale Gestaltung dieser Texte erscheinen weit über das um die Jahrhundertwende Konventionelle hinaus dynamisiert, gesteigert und verdichtet (vgl. Martens 1971, 116f.). Während Wedekind und Lasker-Schüler, die beide etwa zwei Jahrzehnte älter sind als die meisten Expressionisten, schon um 1900 mit den stilistischen Usancen der Literatur ihrer Zeit, des Impressionismus und des Fin de siècle brechen, verbleiben die frühen Versuche vieler Schriftsteller der jüngeren Generation weitgehend innerhalb der herrschenden Strömungen jener Jahre. Dies lassen beispielsweise die ersten überlieferten Texte von Georg Heym (1887–1912), Georg Kaiser (1878–1945), Reinhard Johannes Sorge (1892–1916), Ernst Stadler (1883–1914), Carl Sternheim (1878–1942) oder Georg Trakl (1887–1914) überdeutlich erkennen (vgl. Martens 1971, 127).

Die Vielfalt des literarischen Lebens um 1910 in Stil, literarischer Programmatik und ideologischer Orientierung lässt sich beispielhaft an der damaligen Situation in München veranschaulichen (vgl. Faul 2003, 5). Die Stadt ist in dieser Zeit ohne jeden Zweifel eines der bedeutendsten Zentren der deutschsprachigen Moderne. Zahlreiche anerkannte wie auch aufstrebende Künstler leben, arbeiten und wirken um die Jahrhundertwende in Bayerns Hauptstadt. Hier werden die beiden zentralen publizistischen Organe des Jugendstil herausgegeben, *Jugend* (1896–1940) und *Die Insel* (1899–1902). Gleichzeitig erscheint vor Ort die wichtigste deutsche Satirezeitschrift *Simplicissimus* (1896–1944). Einige der bedeutendsten Komiker, Humoristen und Kabarettisten der Zeit sind in München ansässig, unter ihnen Karl Valentin (eig. Valentin Ludwig Fey, 1882–1948), Joachim Ringelnatz (eig. Hans Bötticher, 1883–1934), zeitweise auch Oskar Panizza (1853–1921). In der Stadt ist darüber hinaus der elitäre Kreis um Stefan George zu Hause. Ferner beherbergt sie Schriftstellerinnen und Schriftsteller so unterschiedlicher poetischer Provenienz und ästhetischer Ausrichtung wie Ricarda Huch (1864–1947), Annette Kolb (1870–1967), Thomas Mann (1875–1955) und den bereits erwähnten Frank Wedekind, einige Jahre auch Rainer Maria Rilke. Teils können diese Autoren Kategorien wie Impressionismus, Neuromantik oder Symbolismus zugerechnet werden, teils scheinen sie sich mit ihren vielschichtigen Oeuvres den üblichen Epochenbezeichnungen der Literaturwissenschaft gänzlich zu entziehen. Schließlich gibt in München der konservative Publizist Karl Muth (1867–1944) die katholisch-reaktionäre Zeitschrift *Hochland* (1903–1941) ebenso heraus wie am Ort Ludwig Thomas (1867–1921) Heimatromane und -erzählungen entstehen. Zugleich ist die Stadt ein Zentrum der modernen Malerei, in der die Künstlervereinigung „Der Blaue Reiter" gegründet wird und Aufsehen erregende avantgardistische Ausstellungen in Szene setzt (vgl. Schmitz 1990). Aber auch junge innovative Schriftsteller wirken in München. So scharen sich um Franziska zu Reventlow (1871–1918), später um Erich Mühsam (1878–1934) zahlreiche Bohemiens und Caféhaus-Literaten. Nach und nach gesellen sich zu ihnen eine Reihe von Autoren, die dem Expressionismus zuzurechnen sind oder der Bewegung wenigstens nahe stehen. Zu

München als Beispiel

ihnen zählen Johannes R(obert) Becher (1891–1958), Hans Harbeck (1887–1967), Emmy Hennings (1885–1948), Klabund (eig. Alfred Henschke, 1890–1928), Karl Otten (1889–1963) und Gustav Sack (1885–1916), die sich regelmäßig in ihrem Stammlokal, dem Schwabinger „Café Stephanie" begegnen (vgl. Faul 2003, 5f.).

Epochenbegriffe „Moderne" und „Avantgarde"

Um eine solche Fülle der Tendenzen, Strömungen, Stilrichtungen, Autoren und Werke der Literatur um 1900 doch unter einer gemeinsamen Kategorie zusammenfassen zu können, sind von der Forschung immer wieder die Begriffe Moderne und Avantgarde als übergreifende Epochenbezeichnungen lanciert worden. Allerdings variiert der Bedeutungsumfang dieser Termini von Fall zu Fall enorm. Wahlweise ist auch etwas präziser von ästhetischer oder literarischer Moderne – in Absetzung vom sozialgeschichtlichen Prozess der Modernisierung seit der Aufklärung – und von historischer Avantgarde die Rede – im Gegensatz zu innovativen künstlerischen Ausdrucksformen der Gegenwart (vgl. Fähnders 1998). Kombinationen der Begriffe mit weiteren Epitheta wie beispielsweise in den Kategorien einer Wiener oder einer Berliner Moderne (vgl. Wunberg 1981; Schütte/Sprengel 1987) verschärfen die terminologischen Unklarheiten zusätzlich. Außerdem handelt es sich bei diesen groß angelegten Epochenvorschlägen tendenziell nur um Rahmenkonzepte, die – anders als das erwähnte Konzept eines Zeitalters der Lebensphilosophie – kaum stichhaltige gemeinsame Merkmale der Moderne oder der Avantgarde zu formulieren vermögen. Unter einem einheitlichen terminologischen Nenner werden in diesen Konzeptionen dann wieder die bekannten Bewegungen und Strömungen jener Jahrzehnte vom Naturalismus bis zum Expressionismus und Dadaismus abgearbeitet.

Ästhetische/ literarische Moderne

Als Konsens innerhalb der intensiven und kontroversiellen Forschungsdiskussionen (vgl. Fricke/Müller/Weimar 1997/2003, 2, 620–624) kann gelten, dass der Beginn der (literarischen) Moderne mit den 1880er Jahren anzusetzen ist. (Das Konzept einer ästhetischen Moderne hingegen, die mit der Romantik anhebt, soll, da es sich bislang kaum hat behaupten können, hier undiskutiert bleiben, vgl. z. B. Kemper 1997; Vietta 1992; Vietta 2001, 33–37.) Im Naturalismus vollzieht sich – dies besagen die Modelle einer um 1880 einsetzenden literarischen Moderne – die Wendung gegen den Bürgerlichen Realismus, der zu der Lebenswelt der sich ausdifferenzierenden Industriegesellschaft in ein scharfes Missverhältnis geraten ist. Die veränderte Erfahrung der modernen Wirklichkeit, insbesondere in den Großstädten, ist auf der Grundlage der traditionellen, metaphysisch fundierten Konzepte intellektuell und ästhetisch nicht mehr adäquat zu verarbeiten. Die Literatur orientiert sich daher am mutmaßlichen Träger des technischen und sozialen Fortschritts, an den Naturwissenschaften. Sie erschließt sich hierdurch auf der einen Seite neue Erfahrungsbereiche, zum Beispiel die materielle Not der Industriearbeiter. Andererseits entwickelt sie neue Darstellungsweisen, etwa die Montage-Technik oder den Inneren Monolog. Gleichzeitig wird mit der Ausrichtung an der naturwissenschaftlichen Fortschrittsideologie sozusagen ein Automatismus der Innovation freigesetzt. Wer modern bleiben will, muss ständig etwas Neues erfinden. In Überbietung des rasch von wiederum jüngeren Autoren als bereits überholt empfundenen Naturalismus formieren sich weitere literarische Strömungen um 1900, unter ihnen der Impressionismus, der Jugendstil, die Neuromantik und die Décadence. Zutreffend bezeichnet die Forschung dieses Nach- und Nebeneinander unterschiedlicher, schwer voneinander abgrenzbarer Bewegungen und Tendenzen als Stilpluralismus des Fin de siècle, also der Jahrhundertwende (vgl. Fähnders 1998, 90–93). Die zum Prinzip erhobene Innovation fördert immer neue und andere poetische Gestaltungsweisen, Themen und Bezüge zu spezifischen Strängen der literarischen Tradition zu Tage. Teil der geradezu panischen Suche nach Neuem ist ferner die schroffe Ablehnung der forcierten Nachahmung der Wirklichkeit des Naturalismus und Impressionismus in dezidiert antimimetischen Richtungen wie dem Symbolismus. Die Kunst verzichtet, so weit es irgend möglich ist, auf die Referenz zu einer als zutiefst mangelhaft empfundenen Welt.

In der ostentativen Absetzung vom Fortschrittsdenken der Naturwissenschaften steht eine solche Position bereits dem Expressionismus nahe. Dieser setzt sich um 1910 vehement von allen bisherigen Strömungen und Ausprägungen der Moderne ästhetisch und ideologisch ab. Der Bruch der Bewegung mit der literarischen Tradition lässt einen gewichtigen Teil der Forschung hier den Beginn der Avantgarde ansetzen (vgl. z. B. Fähnders 1998), während in anderen Darstellungen die Moderne sich bis in die Zeit des Nationalsozialismus oder gar bis in die unmittelbare Gegenwart erstreckt (vgl. z. B. Kiesel 2004).

> Moderne und Expressionismus

Wichtiger als diese unterschiedlichen und stets nur vorläufigen Periodisierungen ist jedoch die Einsicht in die Radikalität, mit der sich die neue Generation der Expressionisten gegen die ältere literarische Moderne, ihre Konzepte, ihre Poetik und ihre Repräsentanten wendet. Vor allem verkehren die jungen Autoren den Fortschritts- und Machbarkeitsglauben der Naturalisten und vieler anderer Vertreter der Moderne in eine massive, ja zerstörerische Kritik an Naturwissenschaft und technischer Entwicklung (vgl. III. 3.). Ein illustratives Beispiel für diesen Bruch ist die Fiktionalisierung des Arztberufes in Texten des Fin de siècle auf der einen und des Expressionismus auf der anderen Seite. Viele Schriftsteller der Jahrhundertwende literarisieren in Erzählungen oder Dramen Missstände im medizinischen Milieu. So finden sich die fehlende Rücksicht auf die psychische Befindlichkeit eines Patienten bei der Behandlung oder der in die Ärzteschaft eindringende Antisemitismus thematisiert, etwa in Arthur Schnitzlers *Professor Bernhardi* (1912). Die fiktional artikulierte Kritik an einem Berufsstand, an den von ihm getragenen Institutionen und an dessen wissenschaftstheoretischen Grundlagen wird allerdings stets maßvoll und dezent geäußert. Das Vertrauen in eine prinzipielle Verbesserbarkeit der Techniken der Medizin und der sie tragenden Menschen erscheint niemals

> Bruch mit den Naturwissenschaften

vollkommen aufgegeben. Der Expressionismus dagegen führt immer wieder das erbarmungslose Scheitern von Ärzten in ihrem Beruf vor, die selbst mehr der Hilfe bedürftig zu sein scheinen, als dass sie eine solche ihren Patienten angedeihen lassen könnten. Markante Beispiele dafür bilden die Erzählung *Doktor Bürgers Ende* (1913) von Hans Carossa (1878–1956) und insbesondere *Gehirne* (1916) von Gottfried Benn (1886–1956), ein Novellenzyklus um einen Arzt namens Rönne (vgl. Müller-Seidel 1994, 26–29). Freilich wendet der Expressionismus sich nicht bloß inhaltlich, sondern auch formal von der älteren Moderne ab. Eine Dichtung, welche ein naturwissenschaftlich-technisch fundiertes Weltbild als Grundlage brüsk von sich weist, kann sich konsequenterweise nicht der literarischen Mittel der nuancenreichen poetischen Wiedergabe der Realität bedienen, die etwa den Impressionismus leitet. Die vehement fortschrittskritische Ideologie der Bewegung fordert dazu heraus, angemessene, radikal neue Gestaltungsweisen für die Dichtung zu entwickeln.

| Bruch mit der Bürgerlichkeit | Der Bruch des Expressionismus mit der älteren Moderne ist des Weiteren als radikale Abkehr von einer bürgerlichen Kunst zu verstehen. Die in jenen Jahren etablierten Schriftsteller gehen zur Subsistenz ihres Lebensunterhaltes häufig einem gesellschaftlich hoch geachteten Brotberuf nach, etwa als Arzt oder als Beamter, und arbeiten nur nebenbei literarisch. Andere Dichter, denen die Einkünfte aus ihren Publikationen ein ausreichendes Einkommen bescheren, pflegen eine durchaus bürgerliche Existenz. Unter den Expressionisten hingegen sind eine Reihe von Künstlern zu finden, die trotz hervorragender Ausbildung programmatisch auf ein gesichertes Dasein in einem akademischen Beruf, auf die Gründung eines Hausstandes verzichten und einen massiven sozialen Abstieg bewusst in Kauf nehmen (vgl. III. 1.). Andere Autoren treten nach dem Studium in einen bürgerlichen Beruf ein, fiktionalisieren jedoch Wunschbilder einer völlig anderen Lebensweise in ihren Texten. Dabei lassen sich drei dominante Rollenbilder im Selbstverständnis der Dichter erkennen. Erstens stilisieren sich viele Expressionisten literarisch zu Narren, die in ihrem unangepassten und karnevalesken Verhalten kompromisslos die Spießbürgerlichkeit verneinen. Zweitens zeichnen viele Autoren ein Bild des Künstlers als tragisches Genie und Ausnahmemensch, der an den starren Konventionen der philiströsen Gesellschaft und in der Folge auch am mangelnden Publikum für seine Werke scheitert. Drittens sehen viele von ihnen sich in der Rolle eines Tatmenschen, der auf revolutionäre soziale Veränderungen zielt (vgl. Rothe 1979, 11–46). Trotz aller bewusst inszenierten Diskontinuitäten zwischen den älteren bürgerlichen Schriftstellern und der jüngeren Generation von Autoren lassen sich doch manche Ähnlichkeiten und Übereinstimmungen in der öffentlichen Darstellung und in den Formen der Vergesellschaftung erkennen. So bleibt das Café in den Metropolen des deutschsprachigen Raums nach wie vor ein wichtiger Ort der literarischen Kommunikation und Netzwerkbildung (vgl. Pachter 1983). |

Bei allen Differenzen hat sich in der Forschung doch ein Konsens über eine Reihe von Bestimmungsstücken im Verhältnis von Expressionismus und Avantgarde herauskristallisiert (vgl. z.B. Anz 2002, 14 u.ö.). Wie auch immer die Avantgarde im Einzelnen definiert wird – dies ist zuallererst festzuhalten –, der Epochenbegriff des Expressionismus ist durch die Einbindung in diese größere Periode der Literaturgeschichte vorderhand nicht verabschiedet. Seine Zugehörigkeit zur Avantgarde ist im Widerspruch zu älteren, gegenteiligen Positionen (vgl. Bürger 1974) nicht mehr zweifelhaft. Der Expressionismus ist fraglos als ein Teil jener vielfältigen Strömungen in der Kunst des frühen 20. Jahrhunderts zu begreifen, welche sich radikal gegen die ältere bürgerliche Kultur und ihren ästhetischen wie ideologischen Normenkanon wenden (vgl. Murphy 1999). Der Terminus der Avantgarde – ursprünglich ein militärischer Begriff zur Bezeichnung der Vorhut einer Kampftruppe (vgl. Böhringer 1978) – umfasst theoretische Reflexionen wie auch die kreative Praxis auf allen Gebieten der Kunst von der Malerei über die Musik bis hin zur Dichtung. Avantgardistische Bewegungen lassen sich in nahezu allen europäischen Staaten von Portugal bis zum Russischen Zarenreich nachweisen (vgl. Hardt 1989). Der Begriff Expressionismus bezieht sich dagegen vor allem auf die Phänomene der bildenden Kunst und der Poesie in Mitteleuropa, zwischen denen sich vielfältige Parallelen in Werkgestaltung wie öffentlicher Inszenierung beobachten lassen (vgl. z.B. Mönig 1996). Die deutschsprachige Literatur dieser Epoche ist somit als ein wichtiges Moment einer internationalen kulturellen Erneuerungsbewegung zu begreifen (vgl. Piechotta/Wuthenow/Rothemann 1994). Sie bleibt freilich ebenso kurzlebig wie die vorangehenden Perioden der ästhetischen Moderne und wird alsbald von wiederum anderen Innovationstendenzen überholt. Kaum ein Jahrzehnt nach dem vehementen Bruch des deutschen literarischen Expressionismus mit den älteren Strömungen in Kunst und Poesie erklären ihn die Vertreter einer erneut jüngeren Generation von Schriftstellern für verbraucht und nicht mehr zeitgemäß – so beispielsweise Richard Huelsenbeck (1892–1974) in seinem *Dadaistischen Manifest* (vgl. Anz/Stark 1982, 75–77). Vertreter nahezu jeder neuen avantgardistischen Bewegung setzen sich massiv, teils sogar rabiat von ihren Vorgängern ab und führen gleichwohl in vielerlei Hinsicht deren ästhetische Innovationen fort. So sind die für den Dadaismus (vgl. z.B. Berg 1999) unter anderem typische antibürgerliche und antihumanistische Polemik, seine Verherrlichung der Kräfte des natürlichen Lebens, sein Kult der Unvernunft in gewisser Weise als eine radikalisierte Fortführung der Ideen des Expressionismus zu sehen. Ähnliches gilt für den seit dem Ende der 1910er Jahre vor allem im frankophonen Raum hervortretenden Surrealismus und dessen Interesse für die irrationalen Anteile der menschlichen Psyche, für das Unbewusste sowie für dessen antimimetische Ästhetik und die Tendenz zur Aufhebung der Differenz von Kunst und Leben. Dennoch sind die Unterschiede in der Ästhetik und in den weltanschaulichen Positionen markant genug, um diese

Expressionismus und Avantgarde

diversen Strömungen der Avantgarde hinreichend scharf voneinander trennen zu können. So wäre es etwa den allermeisten Expressionisten bei aller Skepsis gegenüber der bürgerlich erstarrten und von der Werbung missbrauchten Sprache unmöglich gewesen, so wie die Dadaisten alle gewohnten Regeln und Konventionen der Grammatik und Syntax in ihren literarischen Texten völlig hinter sich zu lassen.

Periodisierung des Expressionismus

Obwohl sich bereits während der 1910er Jahre mit dem Dadaismus und dem Surrealismus avantgardistische Nachfolge-Bewegungen des Expressionismus formieren und sich mit der Neuen Sachlichkeit eine dezidierte Gegenströmung zu ihm ausbildet (vgl. Becker 2000, 1, 97–108), gelten im Allgemeinen die Jahre 1910 und 1925 als die untere und die obere zeitliche Grenze der Epoche. Diese Periodisierung ist mit guten Argumenten zu begründen. In dieser Zeit entstehen und erscheinen die zentralen literarischen Texte, die dem Expressionismus zugeordnet werden können, und finden die wichtigsten dramatischen Werke der Epoche ihren Weg auf die Bühnen. Gleichzeitig handelt es sich hier um die Kernjahre des Bestehens ihrer bedeutendsten Zeitschriften und Buchreihen. Der Erfolg reißt mit dem Aufkommen neuer ästhetischer Tendenzen nicht ab, im Gegenteil. Die zweite Hälfte dieser Periode der deutschsprachigen Literatur erst bringt – auch mit weiteren Neuerscheinungen – den kommerziellen Erfolg für die Expressionisten und ihre breitere Wahrnehmung bei Kritikern, Publikum und in der Wissenschaft. Gerade deswegen ist die geläufige und immer wieder aufgegriffene Rede von einem expressionistischen Jahrzehnt, das rechnerisch ja nur bis 1919 dauern dürfte, problematisch und wird in der neueren Forschung zumeist vermieden.

Untere Epochengrenze

Die Epochenschwelle zum Expressionismus ist nach dem einhelligen Urteil der Forschung um das Jahr 1910 festzusetzen. Als konkrete Kandidaten für den Beginn der Epoche sind die Erscheinungsdaten einer Reihe von außerordentlich wirkungsmächtigen Texten namhaft gemacht worden. Dazu zählen insbesondere die Herausgabe von Filippo Tommaso Marinettis (1876–1944) *Manifest des Futurismus* am 20. Februar 1909 und die Veröffentlichung des Gedichts *Weltende* durch Jakob van Hoddis (eig. Hans Davidsohn, 1887–1942) in der Zeitschrift *Der Demokrat* (1909–1911) am 11. Januar 1911. Die enorme Wirkung dieser Texte auf die jungen Intellektuellen jener Zeit ist unbestritten und durch entsprechende autobiographische Aufzeichnungen gut dokumentiert. Als eines der zentralen Zeugnisse über die Anfänge des Expressionismus gilt Gottfried Benns berühmt gewordene Rede *Probleme der Lyrik* von 1951 (vgl. Schmidt-Bergmann 1991, 81). Allerdings sind solche Retrospektiven aus der Distanz von vier Jahrzehnten immer auch kritisch auf mögliche Mystifizierungen, Gedächtnislücken und Geschichtsfälschungen hin zu befragen. Anders gesagt, die späteren Erinnerungen von Zeitzeugen, der eine oder andere Text habe dazumal als die eine und absolute Initialzündung für eine ganze literarische Bewegung gewirkt, können lediglich bedingt überzeugen. Vielmehr ist davon auszugehen, dass eine ganze Reihe von ästhetisch neuartigen und wegweisenden Texten, die seit 1910 erscheinen, auf bestimmte Kreise von jungen Intellektuellen eine enorme Wirkung ausüben und auch als Beginn einer neuen Ära von Kunst und Literatur empfunden werden. Entscheidend ist dabei das Veröffentlichungs-, nicht das Entstehungsdatum. Einige maßgebliche Texte, die in der Frühzeit des Expressionismus publiziert werden, sind schon Jahre zuvor entstanden, so etwa Alfred Döblins erste Erzählsammlung (vgl. V.1.). Mindestens ebenso wichtig wie das Erscheinen, die Wirkung und die produktive Rezeption einiger prototypischer Texte sind für die Fixierung der unteren Epochengrenze die massiven Veränderungen im Sozialsystem Literatur um 1910, welche durch die junge Generation von Schriftstellerinnen und Schriftstellern veranlasst werden. Innerhalb kürzester Zeit entwickeln sich an diversen Orten im deutschsprachigen Raum mehr oder weniger stark organisierte und institutionalisierte, teils auch bloß informelle Kreise junger Autoren mit ähnlichen innovativen Vorstellungen. Im selben Moment entstehen neue Verlage, die sich des Vertriebs und der Verbreitung der Texte dieser Bewegung annehmen, neue Buchreihen, neue Zeitschriften – und mit alledem ein ganz neues Netzwerk von gleich gesinnten Avantgardisten in der Kulturszene. Gleichzeitig beginnt sich ein – wenn auch vorerst kleines, teils selbst künstlerisch produktives – Publikum zu formieren, das sich für die neuen Veröffentlichungen interessiert, vielleicht sogar mehr als für die Publikationen der älteren Modernisten, und somit den weiteren Bestand dieses jungen Sektors am Buchmarkt sichert. Erst in der Zusammenschau all dieser Faktoren ergibt sich eine adäquate Rekonstruktion der Epochenschwelle zum Expressionismus, die nicht allein durch das Erscheinen einiger weniger Texte zu definieren ist.

Das Ende der Epoche wird in den Jahren 1920 bis 1925 von expressionistischen Autoren selbst wie auch von Kritikern, die der Bewegung nicht nahe stehen, intensiv diskutiert (vgl. z.B. Brinkmann 1980, 217–223). Eine Reihe von unterschiedlichen Gründen für das Ende dieser Periode der Literaturgeschichte wird namhaft gemacht. Dazu gehören, so paradox dies auf den ersten Blick klingt, der zunehmende materielle Erfolg und die sukzessive Popularisierung expressionistischer Texte (vgl. z.B. Wyrsch 1981 [1922], 165). Die Avantgardisten von 1910 wenden sich anderthalb Jahrzehnte später von ihren eigenen ästhetischen Positionen ab, weil diese in ihren Augen inzwischen verbürgerlicht, zur Konvention, zum Allgemeingut geworden sind. Kasimir Edschmid formuliert spitzzüngig: „[I]ch bin gegen Expressionismus, der heute Pfarrerstöchter und Fabrikantenfrauen umkitzelt." (Anz/Stark 1982, 103) Hinzu kommt die sukzessive steigende Konkurrenz durch die jüngeren avantgardistischen Strömungen, die dem Expressionismus den Rang einer modernen und zeitgemäßen literarischen Verarbeitung der aktuellen Wirklichkeit abstreiten. Darüber hinaus wird immer wieder ein Erschlaffen, ein Verschleiß der typischen Gestaltungsmittel der Epoche konstatiert. Schließlich signalisiert für viele Expressionisten auch die politische Entwicklung in Deutschland das Ende der

Obere
Epochengrenze

Epoche. Besonders für die linksaktivistischen Autoren der Bewegung gehören die literarischen Gestaltungsweisen, die dichterischen Organisationsformen und die ideologischen Ziele der Bewegung untrennbar zusammen. Die Hoffnungen, die sie an das Ende des Ersten Weltkriegs, den Zusammenbruch der Monarchie und den Aufbau einer kommunistischen Gesellschaft geknüpft haben, erscheinen ihnen mit dem Scheitern der Revolution und der Installierung der Weimarer Republik somit ebenso zerstört wie die gesamte expressionistische Idee (vgl. z. B. Anz/Stark 1982, 108f.). Trotzdem markiert die Mitte der 1920er Jahre keineswegs das definitive oder absolute Ende der ästhetischen und ideologischen Grundpositionen, der charakteristischen Gestaltungsweisen und der Publikationsorgane der Epoche. Manche Schriftsteller der expressionistischen Generation halten noch Jahre, ja Jahrzehnte, vereinzelt gar ihr Leben lang an ihren Stilvorstellungen und an ihren politischen Idealen fest. Die beiden wichtigsten Zeitschriften der Epoche, *Der Sturm* und *Die Aktion* (gegr. 1911), stellen erst 1930 respektive 1932 ihr Erscheinen ein.

Binnengliederung der Epoche

Versuche einer Binnenstrukturierung des Expressionismus setzen üblicherweise drei Phasen der Epoche an (vgl. z. B. Fähnders 1998, 135). Die ersten Jahre der Bewegung werden häufig als Frühexpressionismus bezeichnet. Der Terminus zielt auf die ideelle, soziale, organisatorische und publizistische Konstitution der Epoche ab. Hierzu gehören unter anderem die ersten Veröffentlichungen, die Formulierung und Diskussion der grundlegenden ästhetischen und politischen Vorstellungen, die Sammlung in Kreisen und die Etablierung neuer Publikationsorgane. Als signifikantes Ende dieser Frühphase und als Beginn des Kriegsexpressionismus gilt der Ausbruch des Ersten Weltkriegs im August 1914. Diese historische Zäsur bedeutet gleichzeitig einen tiefen Einschnitt in die Biographien vieler Autoren, weil sie sich zum Wehrdienst melden oder aber eingezogen werden, – und somit auch einen radikalen Eingriff in die poetischen Arbeitsbedingungen und -kontexte dieser Schriftsteller. Dazu kommt eine massive Veränderung der literarischen Themen. Die affirmative oder kritische Auseinandersetzung mit dem Krieg avanciert für lange Zeit zum beherrschenden dichterischen Stoff. Konsequenzen ergeben sich ferner für die Wahl der literarischen Gattungen, sei es zum Beispiel die gelegenheitsbedingte Abfassung von Soldatenliedern – so etwa durch Klabund – oder die intensive essayistische Auseinandersetzung mit den aktuellen Ereignissen. Nicht zuletzt zwingen die veränderten publizistischen Rahmenbedingungen, vor allem die Kriegszensur, zahlreiche pazifistische Autoren – beispielsweise Albert Ehrenstein (1886–1950) oder Yvan Goll – zu einer Emigration in neutrales Ausland, vor allem in die Schweiz. Mit dem Ende des Kriegs und der Revolution von 1918/19 wird der Anfang des Spätexpressionismus angesetzt. Kennzeichnend für diese letzten Jahre der Bewegung sind die zunehmende Breitenwirkung und zugleich die immer schärfer programmatisch formulierte Bankrotterklärung der expressionistischen Literatur. Diese übliche dreiphasige Gliederung der Epoche spielt freilich in der Forschungsdiskussion bloß eine untergeordnete Rolle. Denn eine Periode der Literatur, die ohnehin nur etwa anderthalb Jahrzehnte andauert, braucht nicht zwingend noch in mehrere Unterabschnitte geteilt zu werden.

Beinahe unzählige Male ist in der Forschung bestritten worden, dass es überhaupt möglich sei, den Expressionismus angemessen und überzeugend zu definieren (vgl. Brinkmann 1980, 1). Hierfür werden etwa die Äußerungen gewisser Autoren ins Treffen geführt, die sich zu irgendeinem Zeitpunkt dagegen verwahrt haben, ihr Werk oder gar sich selbst als Person der Epoche zugeordnet zu sehen. Freilich leistet die Periodisierung der Literaturgeschichte die Wissenschaft, nicht der Schriftsteller. Viel wichtigere Gründe für jene Skepsis sind lange Zeit allzu einseitige und substantialistische Epochendefinitionen gewesen. Wenn einerseits der Expressionismus allein anhand von spezifischen Kennzeichen einer einzelnen, ganz bestimmten theoretischen Grundlage – zum Beispiel von gewissen stilistischen Gestaltungsmustern oder aber einer gewissen fundamentalen Ideologie – bestimmt wird, beginnen sich in vielen Fällen die Unterschiede zu angrenzenden literarischen Strömungen zu verflüssigen. Wenn auf der anderen Seite ganz bestimmte Merkmale als absolut und unabdingbar notwendige Kennzeichen eines expressionistischen Textes begriffen werden, so finden sich immer Beispiele aus dem Oeuvre eines Schriftstellers der Epoche, die einer solchen Einordnung nicht gehorchen. Der Versuch, den Expressionismus auf der Grundlage einiger weniger, theoretisch zusammengehöriger und zwingend notwendiger Merkmale der ihm subsumierten Texte zu definieren, wird offenkundig der Komplexität dieser literaturgeschichtlichen Periode nicht gerecht. Eine konstruktivistische Eingrenzung des Phänomens verfügt hingegen über die erforderliche Breite des Definitionsansatzes und die gebotene Relativität in der Merkmalbestimmung der Epoche. Sie kann sich dabei auch auf eine gängige literaturgeschichtliche Praxis stützen und berufen, die seit Jahrzehnten Gewinn bringend und innovativ über den Expressionismus forscht und lehrt, obwohl andauernd die Berechtigung dieses Begriffs vehement bestritten wird. In die Definition der Epoche gehen demnach Merkmale ganz unterschiedlicher theoretischer Provenienz neben einander ein. Sie ist sowohl von stil- und ästhetik- als auch ideologiegeschichtlichen Kennzeichen und – inhaltlich betrachtet – von einem „Grundbestand von Handlungsmustern, Geschehensabläufen […] und Rollenfiguren", von bestimmten Themen, Bildern und Figuren geprägt (Rothe 1979, 7). Dabei muss – und kann – nicht jeder Text, welcher der Epoche zugeschlagen wird, jedes einzelne Merkmal aufweisen, sondern nur hinreichend viele, um ihn als expressionistischen Text zu charakterisieren. Umgekehrt müssen nicht alle Merkmale ausschließlich in Texten dieser einen Epoche nachzuweisen sein, sondern können sich auch in anderen Strömungen der Zeit aufspüren lassen. Dies gilt zum Beispiel für messianische oder utopische Ideen, die sich gleichzeitig in unterschiedlichen Ausprä-

Möglichkeiten der Epochendefinition

gungen avantgardistischer Literatur finden (vgl. z. B. Gehrke 1990). Typisch für den Expressionismus allerdings ist die spezifische Bündelung von die Epoche charakterisierenden Kennzeichen. Auf einer solchen methodischen Grundlage ist es im Folgenden möglich, eine Reihe von Merkmalen aufzuzählen, welche es erlauben, trotz ihrer je unterschiedlichen Gewichtung und Kombination einen Text dem Expressionismus zuzuordnen.

2. Definition der Epoche

Fiktionalisierungs-
leistung

Zuerst einmal ist der Expressionismus durch eine spezifische Leistung hinsichtlich der Fiktionalisierung von Wirklichkeit geprägt. Sein zentrales Thema ist die zeitgenössische Kultur. Er widmet sich Phänomenen der Gegenwart um 1910, und zwar fast durchgängig in negativer Weise, sei es durch Polemik gegen Erscheinungen der Moderne, sei es durch Konstruktion kontrastiver utopischer Gegenwelten. Der Expressionismus ist somit eine literarische Reaktion auf eine tief greifende Gesellschafts- und Kulturkrise (vgl. dazu III. 2. und III. 3.). Die Autoren setzen sich daher intensiv mit Phänomenen wie der rasanten Industrialisierung und ihren Konsequenzen auseinander, mit dem ungezügelten Wachstum der Großstädte und seinen Auswirkungen für den Einzelnen, mit der Verarmung der breiten arbeitenden Massen, mit der Entstehung von als unmenschlich empfundenen Bürokratien, mit der Technisierung des Alltagslebens und mit der einhergehenden Etablierung neuer Medien. Dabei wird das Bürgertum als mutmaßlicher Träger dieser Modernisierungsprozesse zum besonderen Angriffsziel der oft aggressiven literarischen Kritik. Thema vieler Texte ist deshalb der Zwiespalt zwischen dessen fast bedingungsloser Teilhabe an der Fortschrittsideologie und dem materiellen Gewinn daraus hier und einer dem widersprechenden, verbrauchten Moral aus dem 19. Jahrhundert dort. Eingeschlossen in diese Attacken sind die Institutionen des Bürgertums und die staatlichen Einrichtungen. Nicht zuletzt hat die literarische Konstatierung einer problematischen, ja krisenhaften Veränderung der Gesellschaft eine Aktualisierung von Handlungselementen aus der Tradition der christlichen Apokalyptik zur Folge.

Typische Figuren

Die zentralen Themen der Epoche stehen in engem Wechselverhältnis mit dem typischen Personal der expressionistischen Dichtung (vgl. dazu IV. 2.). Hierzu gehört die Figur des wirtschaftlich erfolgreichen, oft gegenüber den Untergebenen ausbeuterischen und zugleich sich sittenstreng gerierenden Spießers. In Widerspruch zu ihm werden Künstler gesetzt, die eine radikale Gesellschaftskritik vertreten. Das Gegensatzpaar von Bürger und Artist wird zugleich häufig mit dem Generationenkonflikt zwischen Vätern und Söhnen identifiziert. Diese Figuren aus der erfolgreichen Mitte der modernen Gesellschaft ergänzen die expressionistischen Autoren durch den Blick auf die sozialen Ränder. Im Zentrum vieler Texte stehen

Verlierer, Außenseiter und Ausgestoßene. Die poetische Diagnose einer zeitgenössischen Krise sucht nach deren Symptomen bei denjenigen, die von der Gesellschaft ausgeschlossen worden sind, bei Bettlern, Prostituierten oder Kriminellen. Dazu gesellen sich körperlich und psychisch Kranke. Der Blick auf diese Gruppen schärft die Einsicht in die Fragwürdigkeit und Relativität von vorgeblich eindeutigen bürgerlichen Werten wie Normalität, Anständigkeit und Gesundheit. Die Leiden der Randständigen werden nicht als deren persönliches Schicksal begriffen, sondern als Indikatoren für die zentralen Probleme des Modernisierungsprozesses.

In der zeitgenössischen Entwicklung der Gesellschaft sehen viele Expressionisten jedoch nicht bloß eine massive äußere Bedrohung des Menschen. Das Individuum hat nicht allein mit der Angst vor Krankheit oder Versagen und einem daraus folgenden sozialen Abstieg zu kämpfen. Die industrielle Entwicklung, die technischen und medialen Innovationen nehmen vielmehr massiv Einfluss auf den Wahrnehmungsapparat und das Erkenntnisvermögen des Einzelnen (vgl. Vietta/Kemper 1997). Die gerade in der Großstadt überaus rasch voranschreitenden Veränderungen – ihr rasches Wachstum, die Elektrifizierung, das Entstehen von unkontrollierbaren Verkehrsströmen – können von den Menschen nur noch schwer kognitiv verarbeitet werden. Sie führen zu einem Gefühl der Instabilität bei der Verarbeitung der sinnlichen Eindrücke, das literarisch ebenso thematisiert wird wie die rasanten äußerlichen Wandlungsprozesse selbst. Die Rasanz der Entwicklungen wird gar als ständige Beschleunigung des gesamten Lebens wahrgenommen, für die nach einer adäquaten poetischen Umsetzung gesucht wird. Die unausgesetzte Akzeleration aller Sinneseindrücke führt schlussendlich eine Dissoziation des Ich herbei. Die Einheit des Subjekts zerbricht unter dem reizüberflutenden Bombardement mit den unterschiedlichsten starken Wahrnehmungen. Äußerlich wird das Individuum durch die Einbindung in maschinelle Abläufe am Arbeitsplatz wie in den Massenverkehrsmitteln oder im Kino entmenscht, innerlich durch den Verlust eines homogenen Erkenntnisvermögens. Die Fiktionalisierung der Herabwürdigung des Subjekts zum Tier oder zum Ding liegt konsequenterweise ebenso nahe wie umgekehrt die poetische Vermenschlichung von Fauna, Flora und leblosen Gegenständen.

> Kognitive Voraussetzungen

Für eine angemessene Literarisierung ihrer radikalen Gesellschaftskritik suchen die Autoren der Epoche nach spezifischen Gestaltungsweisen (vgl. IV.2.). Da die Expressionisten den Anspruch verfolgen, eine gänzlich neue Deutung der gegenwärtigen Welt zu leisten, greifen sie zu unterschiedlichen innovativen, teils experimentellen Formen der poetischen Darstellung. Zu den profiliertesten neuen Gestaltungsmustern gehört auf dem Gebiet der Lyrik die Reihentechnik. Disparate, scheinbar unzusammenhängende Fragmente aus der Wirklichkeitswahrnehmung erscheinen unverbunden aneinander gereiht. Diese Schreibstrategie verarbeitet die Überforderung des Subjekts durch das Chaos an Wahrnehmungen in der modernen Großstadt und die daraus hervorgehende Ich-Dissoziation. Im

> Typische Gestaltungsweisen

Dienste einer der zeitgenössischen Moderne adäquaten Fiktionalisierung von Realität steht auch die demonstrative Sprengung eingespielter sprachlicher und ästhetischer Normen. Wessen Erkenntnisvermögen tief greifend durch die übermäßig auf ihn einstürzenden Eindrücke gestört ist, der besitzt nicht mehr mit Sicherheit in jedem Moment die Vollmacht über die korrekte grammatische oder syntaktische Form seiner Äußerungen. Oder der Reim etwa in einem Gedicht gaukelt mit seinem Gleichklang eine trügerische harmonische Textgestalt vor und muss daher verabschiedet werden. Oder die Logik eines klassischen fünfaktigen Tragödienaufbaus steht zur Brüchigkeit, Zufälligkeit und Sinnlosigkeit moderner Biographien in einem so schneidenden Missverhältnis, dass sie im Stationendrama zugunsten der Aneinanderreihung einer Kette von relativ unzusammengehörigen Szenen aufgegeben wird. Typisch für den Expressionismus ist des Weiteren die Tendenz zur Abstraktion. Einzelheiten in der Darstellung eines Gegenstandes werden dezidiert vernachlässigt, soziale Schichten in ihrer Gesamtheit durch eine Figur repräsentiert. Hierin manifestiert sich eine Absage an die als defizient empfundene Wirklichkeit ebenso wie der Wille zu einem radikalen Blick auf die Moderne, der nicht über einer Beschäftigung mit den Details deren essentielle Krise übersehen möchte. Die Ästhetik schließlich kann nicht mehr als die Lehre vom Schönen begriffen werden. Die Moderne hat für die Sinne keine angenehmen Erfahrungen mehr zu bieten – es sei denn den längst hinfälligen Schein der verlogenen bürgerlichen Poesie. Die jungen Autoren setzen daher ostentativ auf die Verkehrung der bisherigen Werte der Kunst. Sie propagieren und praktizieren eine Ästhetik des Hässlichen, die sich auf die Poetisierung des Abstoßenden, Ekel Erregenden, Widerlichen, Düsteren kapriziert (vgl. z. B. Eykman 1985).

Stilistik und Rhetorik

Im Dienste der effektvollen Vermittlung ihrer modernekritischen Vorstellungen entdecken die Expressionisten das Instrumentarium der Rhetorik wieder für die Poesie. Vor allem die Lehre von der Wirkfunktion des *movere*, des Bewegens des Publikums, der durch die Mittel der Redekunst gezielt gesteuerten Erregung von Affekten, erhält große Aufmerksamkeit. Wer die Welt tadeln und verändern möchte, benötigt ein passendes Werkzeug für die Verbreitung seiner Kritikpunkte und Erneuerungsideen. Deshalb finden sich in vielen Texten der Epoche in auffällig großer Zahl und außerordentlicher Massierung bestimmte rhetorische Strategien eingesetzt, die von der *elocutio*, der Lehre vom Redeschmuck, traditionell als besonders dienlich für die Erzeugung von starken Emotionen bei den Rezipienten angesehen worden sind. Dazu zählen unter anderem die Hyperbel (Übertreibung), die Klimax (Steigerung), die *congeries* (Worthäufung), die *exclamatio* (Ausruf), der Imperativ oder die Anapher (gleich lautender Beginn mehrerer Sätze nacheinander). Über diese die Affekte stimulierenden Stilmittel hinaus kommen in expressionistischen Texten weitere spezifische rhetorische Techniken zum Einsatz, die besonders geeignet für die literarische Umsetzung der zentralen ideologischen Positionen erscheinen. Die Antithese bietet die Möglichkeit einer sprachlichen Zuspitzung der unlösbaren Widersprüche der Moderne, welche die Expressionisten allenthalben, zum Beispiel im Bürgertum, konstatieren. Die Synekdoche erlaubt es, die inhumane Reduktion eines Menschen auf eine einzelne Eigenschaft oder ein einziges Körperteil, etwa innerhalb eines Klinikbetriebs auf ein krankes Organ ohne Rücksicht auf die Gesamtbefindlichkeit des Patienten, darzustellen. Die Prosopopöie ermöglicht die Verlebendigung von Tieren oder leblosen Gegenständen. Die Synästhesie unterstützt nicht nur die Wirkung eines Textes auf mehrere oder sogar alle Sinne des Menschen, sondern zielt auch, etwa in der forcierten Musikalisierung der lyrischen Sprache, auf die Aufhebung der Grenzen zwischen den Künsten (vgl. III.5.). Besondere Bedeutung gewinnen schließlich alle Formen von Bildlichkeit. Vergleiche, Metaphern oder Allegorien können nicht allein zur wirkungsreichen Fiktionalisierung der verhassten gegenwärtigen Realität dienen. Sie eröffnen vielmehr auch die Möglichkeit einer bildkräftigen Illustration der von den Expressionisten entworfenen poetischen Gegenwelten. Sinnenfällig können sie die für die Bewegung typische, vitalistische Glorifizierung organischer Prozesse, ihren Erdenkult, ihre Diesseits- und Kriegsverherrlichung veranschaulichen (vgl. Martens 1971, 148–166 u.ö.).

Der rationalismusfeindliche und modernekritische Affekt, der in den Texten des Expressionismus literarisiert erscheint, ruht auf einem ideologischen Fundament, das die Autoren der Epoche mit Intellektuellen anderer Strömungen und Bewegungen der Zeit teilen. Die Grundlage dafür bildet der Vitalismus, die Rückbesinnung auf die kreatürlichen Kräfte der Natur, die durch das in seinen spießigen Normen und seiner Arbeitsmoral leblos gewordene Bürgertum unterdrückt werden (vgl. III.3.). Der Vitalismus ist gleichermaßen die ideologische Grundlage der seit 1900 weite Kreise ziehenden Lebensreformbewegung wie auch der literarischen Bewegungen des Expressionismus und des Dadaismus. Der Mechanisierung, Technisierung und Maschinensteuerung der modernen Welt werden die urtümlichen Kräfte des Lebens gegenüber gestellt, dem lauten, schmutzigen, verwirrenden Lebensraum der Großstadt die undomestizierten Räume der Natur, dem vernünftigen, rechnenden und kalkulierenden Denken die spontane, ungebändigte Irrationalität und die Hingabe an das augenblickliche Gefühl. Insbesondere für die Expressionisten ergibt sich daraus ein drängendes Interesse an der Vormoderne und ein fast adorativ-neidischer Blick auf außereuropäische, vorzivilisatorische Kulturen. Die Unzufriedenheit mit der eigenen Lebenswirklichkeit provoziert Projektionen einer lebendigeren, natürlicheren Existenz in die Vergangenheit der eigenen Nation oder in die räumlich ferne Gegenwart fremder exotischer Völker. In beiden Fällen jedenfalls setzen die Expressionisten dem eigenen Dasein die Utopie von einem neuen, ganz anderen Menschen entgegen, der die Ketten bürgerlicher Normen und die Zwänge der Moderne zugunsten einer freien Entwicklung seiner Lebenskräfte sprengt. Der direkte oder

Erneuerungs-ideologie

indirekte Bezug zum Nihilismus und zur Übermenschenlehre des außerordentlich wirkungsmächtigen Philosophen Friedrich Nietzsche (1844–1900) ist in solchen literarischen Erneuerungsideologien stets präsent. Gleichzeitig ist der Widerspruch zur Ich-Dissoziation unübersehbar. Es ist schwer vorstellbar, wie ein völlig aufgelöstes Subjekt aus sich selbst heraus wieder zur Einheit und noch dazu zu einer höheren, lebensvolleren neuen Existenz gelangen soll (vgl. Krause 2000, 41). Zur Lösung dieses Problems beschreiten die Expressionisten sehr unterschiedliche Wege. Manche von ihnen verfolgen zum Beispiel urchristlich inspirierte, messianische Erlösungsideen, andere favorisieren eine Erneuerung der europäischen Gesellschaft aus einer anderen Kultur, viele schließlich wählen den – häufig radikalen – politischen Aktivismus.

II. Forschungsbericht

1. Von den Anfängen bis zur Expressionismus-Debatte

Die avantgardistische Kunst und die expressionistische Literatur, mit denen um 1910 eine junge Generation von Intellektuellen an die Öffentlichkeit tritt, fordern von Anfang an zur theoretischen Diskussion heraus. Die Auseinandersetzungen um die neue Ästhetik, ihre philosophischen Grundlagen und ihre ideologischen Ziele finden während der ersten Jahre vor allem innerhalb der Bewegung in Form von Manifesten und Programmen, aber auch von poetologischen Essays und literaturkritischen Arbeiten statt. Sukzessive jedoch nehmen bereits etablierte, ältere Schriftsteller und Theoretiker Notiz von der sich ausbildenden Sub- respektive Gegenkultur und reflektieren sie (vgl. z.B. Waller 1986, 10–23). Eines der frühesten Zeugnisse hierfür ist ein Pamphlet des Wiener Schriftstellers und Journalisten Karl Kraus (1874–1936) in der von ihm herausgegebenen Zeitschrift *Die Fackel* (1899–1936) gegen die Berliner avantgardistischen Kreise. Diese bezeichnet er, einem geläufigen Sprachgebrauch der Zeit folgend, als „Neutöner" und tituliert sie – nahe an der Denunziation – unter anderem als Repräsentanten einer „rabiaten Geistesarmut" (Anz/Stark 1982, 85f.). Das markanteste und heute bekannteste Beispiel für die frühe Auseinandersetzung mit der Bewegung ist der 1916 publizierte Band *Expressionismus* von Hermann Bahr, die erste wichtige selbstständige Publikation zum Thema (vgl. Bahr 1916). Die Abhandlung, hervorgegangen aus einem populärwissenschaftlichen Vortrag, widmet sich in erster Linie den jungen Malern der Bewegung. Die Schriftsteller hingegen, die uns heute als die zentralen Repräsentanten der Epoche geläufig sind, scheint der Autor überhaupt nicht zu kennen, abgesehen von Albert Paris Gütersloh (eig. Albert Conrad Kiehtreiber, 1887–1973). Dies ist ein deutliches Indiz dafür, dass die expressionistische Dichtung zu diesem Zeitpunkt nach wie vor nicht die breitere literarische Öffentlichkeit erreicht hat. Bedeutsam ist Bahrs Beitrag dennoch, da er nicht allein zentrale ästhetische Positionen der Bewegung wie auch einige ihrer theoretischen Grundlagen konzise herausarbeitet, sondern sie auch richtig als den Versuch einer radikalen Erneuerung aller Künste, ja der gesamten Gesellschaft begreift (vgl. Bahr 1916, 42f.). In den folgenden Jahren intensivieren sich die öffentlichen Äußerungen zum Expressionismus, die freilich nur zum Teil auf einer profunderen Sachkenntnis basieren als die Einlassungen Bahrs. Auch arrivierte Autoren wie Hermann Hesse, Thomas Mann oder der dem Ästhetizismus verpflichtete Lyriker und Literaturwissenschaftler Friedrich

Erste theoretische Diskussionen

Gundolf (1880–1931) nehmen nach und nach Stellung (vgl. z. B. Anz/ Stark 1982, 86–97).

Erste literarhistorische Darstellungen

1925 erscheinen zwei erste Versuche eines wissenschaftlichen Resümees der Epoche. Albert Soergels (1880–1958) umfänglicher Band *Im Banne des Expressionismus* (vgl. Soergel 1925) liefert einen ausführlichen Überblick zu den poetischen Traditionen, an welche die Autoren der Bewegung anschließen, beispielsweise an die Dramen August Strindbergs (1849–1912), und präsentiert, gegliedert nach literarischen Gattungen, detaillierte Autorenporträts mit zahlreichen Textbeispielen. Die Lyrik ist sehr stark vertreten, die Prosa hingegen bleibt unterrepräsentiert (vgl. Arnold 1972, 13). In Ansätzen reflektiert werden hier auch schon die ideen- und sozialgeschichtlichen Kontexte der Epoche (vgl. Allen 1983, 3). Im selben Jahr erscheint die von Ludwig Marcuse (1894–1971) herausgegebene *Literaturgeschichte der Gegenwart*, die längere Abschnitte zur Dichtung des Expressionismus enthält (vgl. Marcuse 1925). Auch während der folgenden Jahre wird die Epoche in weiteren monographischen und lexikographischen Überblicksdarstellungen zur Geschichte der deutschsprachigen Literatur ausführlich gewürdigt (vgl. Gärtner 1997, 74–81). Oskar Walzel (1864–1944) beispielsweise setzt sich 1930 mit der Bewegung im zweiten Band seiner Monographie *Deutsche Dichtung von Gottsched bis zur Gegenwart* auseinander und betont dabei den subjektivistischen und utopischen Charakter des Expressionismus (vgl. Rötzer 1976, 6).

Erste wissenschaftliche Einzeluntersuchungen

Seit Mitte der 1920er Jahre erscheint eine Reihe von Einzeldarstellungen zu verschiedenen Aspekten der Epoche, sowohl in Form von wissenschaftlichen Aufsätzen als auch von Monographien. Gleichwohl avanciert die Bewegung nicht zu einem bevorzugten Gegenstand der Neugermanistik. Der letztlich recht geringe Umfang der Auseinandersetzung mit der Epoche wird immer wieder von harschen negativen Urteilen über sie begleitet, etwa mit Bezug auf ihre vorgeblich übertriebene Bildsprache (vgl. Gärtner 1997, 78 u. ö.). Charakteristisch für eine besonders wichtige Facette der frühen literaturwissenschaftlichen Expressionismus-Rezeption ist die 1927 erschienene Studie *Der expressive Mensch und die deutsche Lyrik der Gegenwart* (vgl. Schneider 1927). Auf der einen Seite konzentriert sich die Untersuchung auf die Lyrik der Epoche, genauer gesagt vor allem auf vor 1914 entstandene Gedichte, insbesondere von Yvan Goll, Georg Heym, Ernst Stadler und Franz Werfel. Damit wird durch die Monographie einer wirkungsreichen und außerordentlich starken Verengung eines überschaubaren und ästhetisch extrem überhöhten Höhenkamms einiger weniger kanonisierter Autoren und Texte zugearbeitet. Andererseits wird der Expressionismus mittels allgemein-anthropologischer und substantialisierender Kategorien konstituiert. Grundlage der Epochendefinition ist die Annahme eines ‚expressiven Menschen' und dessen spezifischen ekstatischen Lebensgefühls. Dieser humane Typus trete zu verschiedenen Zeiten der Geschichte immer wieder auf und produziere Literatur – und so auch um 1910 (vgl. Allen 1983, 3). Ein derartiger, tendenziell unhistorischer Zugang zur Epoche wird erst um 1970 endgültig zugunsten einer vorrangig sozial- und kulturgeschichtlichen Perspektivierung verabschiedet. Allerdings handelt es sich hier nur um einen – wenn auch sehr wichtigen – Strang der frühen Expressionismusforschung. Dem stehen schon bald Arbeiten gegenüber, die mit der Einbettung der Epoche in ihre engeren philosophischen und politischen Kontexte befasst sind. Eine wichtige Differenzierung der vielfältigen Strömungen und Ausprägungen innerhalb der Bewegung wird beispielsweise 1935 in die Forschung durch die Untersuchung *Expressionismus und Aktivismus* eingebracht (vgl. Paulsen 1935). Demzufolge gilt es zwischen denjenigen Autoren zu unterscheiden, die primär lebensreformerische und somit metaphysisch fundierte Ideen verfolgen und literarisieren, und auf der anderen Seite solchen – den Aktivisten –, die sich vor allem politische und gesellschaftliche Ziele stecken (vgl. Allen 1983, 3f.). Einen anderen, nicht weniger wichtigen Akzent bei der Aufarbeitung der Epoche setzt eine etwas später publizierte Untersuchung zur *Geschichte der Ausdruckskunst* im 20. Jahrhundert (vgl. Duwe 1936). Hier wird besonders der antinaturalistische Affekt des Expressionismus betont, also die Rückbesinnung der jüngeren Autorengeneration um 1910 auf religiöse, spirituelle und mystische Traditionen in Absetzung von einer Ästhetik, die vorrangig an einer möglichst detailgetreuen dichterischen Repräsentation der äußeren Wirklichkeit interessiert ist (vgl. Allen 1983, 4). Um 1930 entstehen an deutschen Universitäten auch die ersten Dissertationen über Detailaspekte der expressionistischen Poetik und Poesie (vgl. z.B. Rittich 1933). Gleichzeitig beginnt auch im nichtdeutschsprachigen Raum, zum Beispiel in Großbritannien, die wissenschaftliche Auseinandersetzung mit der Epoche (vgl. Keith-Smith 1986, 4). Nur allzu bald jedoch wird eine seriöse Beschäftigung mit ihr nur noch außerhalb Deutschlands möglich sein.

Die scharfe, kompromisslose Ablehnung der expressionistischen Ästhetik ist bereits in Adolf Hitlers (1889–1945) politischer Programmschrift *Mein Kampf* von 1925/26 unzweideutig formuliert. Der spätere ‚Führer‘ polemisiert in diesem Text mehrfach in rabiater Weise gegen die avantgardistische Kunst – vor allem gegen ihre Abkehr von einer mimetischen Darstellungsweise, wider ihr Interesse am Hässlichen und an außereuropäischen Kulturen – und verleumdet ihre Vertreter teils als Geisteskranke, teils als Kriminelle (vgl. Anz 2002, 1). Auch nach der Einsetzung Hitlers als Reichskanzler verbinden sich die Ablehnung der vorgeblich ‚undeutschen‘ und ‚degenerierten‘ Ästhetik der Moderne, die Feindschaft gegen zahlreiche linksorientierte Repräsentanten der Avantgarde und der rassistische Hass gegen viele Künstler jüdischer Herkunft unter ihnen zu einem massiven antiexpressionistischen Affekt. Während der etwa anderthalb Jahre der Machtergreifung der Nationalsozialisten zwischen Januar 1933 und August 1934 wird – insbesondere in einer Auseinandersetzung zwischen den konkurrierenden Parteiideologen Joseph Goebbels (1897– 1945) und Alfred Rosenberg (1893–1946) – die vehemente Ablehnung

Ächtung durch die Nationalsozialisten

der modernen Kunst radikalisiert, zur Staatsdoktrin erhoben und in praktische Kulturpolitik umgesetzt (vgl. Demetz 1990, 146 u. ö.).

„Entartete Kunst"   Dies zeitigt vielfältige Konsequenzen. Erstens werden avantgardistische Künstler, sofern sie nicht bereits das Land verlassen haben, massiv angefeindet und persönlich verfolgt. Eine Reihe von ihnen wird in Konzentrations- und Vernichtungslagern ermordet, unter ihnen Erich Mühsam und Jakob van Hoddis. Viele nehmen sich in Deutschland das Leben, etwa der Dramatiker und Romancier Reinhard Goering (1887–1936), zahlreiche Expressionisten gehen auf der Flucht vor den Nazis in den Freitod, so Ernst Toller (1893–1939), Ernst Weiß (1882–1940) oder Walter Hasenclever (1890–1940). Zweitens unterbinden die faschistischen Machthaber durch die neu eingerichteten staatlichen Zensurbehörden systematisch eine Publikation avantgardistischer Kunst. Mehr noch, 1937 werden zentrale Gemälde des Expressionismus in die diffamierende Wanderausstellung *Entartete Kunst* aufgenommen (vgl. u. a. Barron 1992; Roh 1962; Zuschlag 1995). Drittens fügt sich die universitäre Germanistik im ‚Dritten Reich' sukzessive den politischen Vorgaben aus Berlin und stellt die ohnehin auch bisher nicht sonderlich umfängliche wissenschaftliche Auseinandersetzung mit der Epoche weitestgehend ein. Wenn sich denn Dissertationen aus dieser Ära mit der Bewegung beschäftigen, wird etwa dem massiven jüdischen Einfluss auf sie nachgegangen. In Überblicksdarstellungen werden einige zentrale Repräsentanten der Epoche immer wieder genannt, ihre literarischen Arbeiten jedoch ästhetisch und ideologisch scharf zurückgewiesen (vgl. Gärtner 1997, 85–94). Dadurch wird die fundierte Expressionismusforschung auf viele Jahre in das Exil gedrängt, wo sie sich vorderhand jedoch als nicht sonderlich ergiebig erweist. Einer der Gründe dafür ist, dass viele Forscher, die neue Wirkungsfelder an ausländischen, unter anderem an US-amerikanischen Universitäten finden, sich dort zuerst einmal – auch gegen die aktuelle Barbarei in ihrer Heimat – den älteren klassizistischen und humanistischen Traditionen der deutschsprachigen Literatur zuwenden. Hinzu kommt, dass paradoxer Weise gerade in jenen Monaten, als von den Nazis die Avantgarde publik als ‚entartete' Kunst diskreditiert wird, der Expressionismus im Rahmen einer der heftigsten Literaturstreitigkeiten des 20. Jahrhunderts außerhalb des ‚Dritten Reichs' in den Generalverdacht gerät, eine der maßgeblichen Wurzeln des deutschen Faschismus zu sein.

Vorläufer der Expressionismus-Debatte 1933/34   Diese außerordentlich wichtige und für lange Zeit wirkungsreiche Station in der Rezeptionsgeschichte der Epoche wird im Allgemeinen als Expressionismus-Debatte bezeichnet. Dabei handelt es sich um eine intensive und teils mit großem persönlichem und emotionalem Engagement ausgetragene Kontroverse zwischen linken, vorwiegend marxistischen Intellektuellen im Exil. Dieser zugleich ästhetisch und politisch motivierte Literaturstreit hat zumindest zwei bedeutsame Vorläufer in der öffentlichen Diskussion, ohne welche die Schärfe der Auseinandersetzung nicht zu verstehen ist. Zuerst einmal sind wichtige Argumente der Expressionismus-Debatte bereits im publik ausgetragenen Konflikt zwischen dem Exil-schriftsteller Klaus Mann (1906–1949) und Gottfried Benn angelegt (vgl. Holtz 2000, 166f.). Der berühmte Berliner Arzt und Dichter bleibt nach der Machtergreifung Hitlers nicht nur in Deutschland. Vielmehr begrüßt er öffentlich den politischen Wechsel. In seiner Rundfunkrede *Der neue Staat und die Intellektuellen* vom 24. April 1933 verkündet er das Ende der liberalen Ära und eine Verabschiedung der demokratischen Geistesfrei-heit zugunsten einer Indienststellung der literarischen Arbeit für eben die-sen ‚neuen Staat'. Klaus Mann, ein Verehrer der Lyrik des Dichters, ant-wortet ihm darauf aus der französischen Emigration entrüstet, irritiert und verständnislos. Benn reagiert darauf mit einem weiteren Rundfunkbeitrag. Darin erneuert er seine Proklamation, ja spitzt sie zu einer Vision von einem ‚neuen Menschen' unter dem nationalsozialistischen Regime zu. Gleichzeitig denunziert er die aus Deutschland geflohenen Schriftsteller. Diese Provokation bringt Benn trotz seiner späteren Schwierigkeiten mit der Hitler-Diktatur nachhaltig in großen Teilen der literarischen Öffent-lichkeit in Misskredit (vgl. Stark 1982, 54–73). Mehr noch, da der Autor als einer der prominentesten Repräsentanten des Expressionismus gilt, ge-rät bei manchen Intellektuellen die gesamte Epoche unter Generalver-dacht. Benn avanciert geradezu zum paradigmatischen Beispiel für einen bedeutenden Vertreter der Bewegung und gleichzeitig für ihre in Richtung auf den Faschismus weisende Ideologie (vgl. Cases 1996, 77; vgl. allge-meiner Grimm/Hermand 1980). Das entscheidende Zeugnis dafür ist zu-gleich der zweite zentrale Vorläufer der Expressionismus-Debatte. 1934 veröffentlicht der marxistische Literaturtheoretiker und Philosoph Georg Lukács (1885–1971) den viel beachteten Aufsatz *‚Größe und Verfall'* des *Expressionismus* (vgl. Dürr 1982). Darin wirft er den Vertretern dieser lite-rarischen Bewegung vor, sie hätten in ihren Dichtungen dem Publikum einen Aufstand gegen das Bürgertum bloß vorgegaukelt. Ihre antibour-geoise Wendung sei nicht mehr als ein „Scheinradikalismus" (Hucke 1980, 1). In Wahrheit jedoch hätten sie sich ideologisch niemals von spie-ßigem Philistertum und Kapitalismus verabschiedet, ja sie seien zeitweilig zu Pionieren des Imperialismus geworden (vgl. Pinthus 1971, XXVI).

Die eigentliche Expressionismus-Debatte ist eine intensive literatur-theoretische Diskussion, die 1937/38 von Emigranten aus dem ‚Dritten Reich' geführt wird (vgl. Cases 1996; Holtz 2000; Schmitt 1973). Das öf-fentliche Forum dafür bietet die Moskauer Exilzeitschrift *Das Wort* (1936–1939). Ausgelöst wird der Streit durch den kommunistischen Schriftsteller und Literaturtheoretiker Alfred Kurella (1895–1975). Er ist in jenen Jahren neben Johannes R. Becher der einflussreichste deutsche Kul-turpolitiker im Moskauer Exil. Unter einem Pseudonym veröffentlicht er nun im September 1937 im *Wort* einen Aufsatz, in dem er Lukács' These, der Expressionismus habe das von ihm so angefeindete Bürgertum tatsäch-lich niemals hinter sich gelassen, noch weiter radikalisiert. Er formuliert das scharfe Verdikt, dass „der Geist, der den Expressionismus hervorge-

Expressionismus-Debatte 1937/38

bracht habe, […] auch in den Faschismus geführt" habe (Schmitt 1973, 9). Diese Behauptung löst eine weit reichende Debatte aus, an der sich in der Zeitschrift *Das Wort* zahlreiche prominente Schriftsteller, Literaturkritiker und Kunsttheoretiker beteiligen, darunter auch viele ehemalige Vertreter der Bewegung wie Herwarth Walden und Rudolf Leonhard (1889–1953; vgl. Schmitt 1973, 9). Lukács, der sich ebenfalls in die Diskussion einmischt, geißelt den letztlich bourgeoisen Irrationalismus der für ihn präfaschistoiden Avantgarde der 1910er Jahre. Eine modernen marxistischen Ansprüchen genügende literarische Kunst will er allein in der Umsetzung des Modells eines sozialistischen Realismus sehen. Die poetischen Produkte des dekadenten Expressionismus jedoch könnten nicht in das kulturelle Erbe einer neuen kommunistischen Gesellschaft mitgenommen werden. Demgegenüber besteht vor allem der Philosoph Ernst Bloch (1885–1977) darauf, dass der Marxismus auf die Kunst der europäischen Avantgarde nicht verzichten könne und solle. Gerade die expressionistische Literatur sei im Kern humanistisch, volkstümlich und revolutionär und somit ein unabdingbares Erbe des zu Ende gehenden bürgerlichen Zeitalters. Offiziell wird die Debatte im *Wort* mit einem Resümee Kurellas abgeschlossen. In der kulturpolitischen Essayistik und in Korrespondenzen bleibt die Kontroverse allerdings über Jahre hin noch präsent, unter anderem in Äußerungen Lukács', Bertolt Brechts (1898–1956) und Anna Seghers' (eig. Netty Reiling, 1900–1983).

2. Vom Neuanfang 1945 bis zur problemgeschichtlichen Wende

Anthologien

Die nationalsozialistische Herrschaft verdrängt den Expressionismus nachhaltig auch aus dem kulturellen Leben in der Bundesrepublik Deutschland. Es dauert viele Jahre, bis wichtige Texte der Epoche wenigstens in Anthologien wieder greifbar werden. Die Initiative zu solchen Sammlungen expressionistischer Dichtung geht dabei immer wieder von ehemaligen Angehörigen der Bewegung aus, die sich nach ihrer Rückkehr aus dem Exil intensiv für die Wiederbesinnung auf die literarische Avantgarde einsetzen. Ein Beispiel dafür ist der rheinländische Schriftsteller und Journalist Karl Otten, der im Nachkriegsdeutschland durch Vorträge und Ausgaben den Expressionismus wieder heimisch zu machen versucht (vgl. z. B. Otten 1957; Otten 1959).

Zaghafter Neuanfang in der Forschung

Kurz nach dem Ende der nationalsozialistischen Herrschaft nimmt sich auch die deutsche Germanistik wieder der Epoche an. Von einem Neuanfang kann allerdings nur bedingt die Rede sein. Die wissenschaftliche Auseinandersetzung mit der Avantgarde wird zum Teil von Forschern wieder aufgenommen, die dem faschistischen Regime keineswegs ablehnend gegenüber gestanden haben und selbst erst kürzlich rehabilitiert worden sind. Demgemäß zeugen viele der damals erscheinenden, nicht übermäßig zahlreichen Arbeiten von einer problematischen, impliziten Prolongierung von Vorurteilen gegenüber der fortschrittlichen Kunst und Literatur der 1910er und frühen 1920er Jahre (vgl. Gärtner 1997, 97–133). Dennoch kommt etwa der Monographie *Was war Expressionismus?*, die Fritz Martini (1909–1991) im Jahre 1948 veröffentlicht, das Verdienst zu, im Nachkriegsdeutschland wenigstens wieder an die Epoche zu erinnern, sie von anderen poetischen Strömungen des frühen 20. Jahrhunderts abzugrenzen und in den größeren europäischen Kontext einzubetten (vgl. Martini 1948). Methodisch sind diese und andere zeitgenössische Arbeiten, auch die wenigen damals entstehenden Dissertationen, vorrangig geistesgeschichtlich orientiert und auf der Grundlage der damals dominierenden, immanenten Literaturinterpretation mit zentralen Themen und stilistischen Merkmalen des Expressionismus befasst (vgl. z. B. Rötzer 1961). Fragen zu den ideologischen Grundlagen und politischen Bezügen der Bewegung und ihrer Texte werden – charakteristisch für diese Phase der Germanistik – nach dem Sündenfall des Faches während der NS-Zeit geradezu penibel vermieden.

Zunehmend jedoch wird in der Germanistik deutlich, dass eine allein stilgeschichtlich fundierte Bestimmung des Expressionismus zu kurz greift und nicht zu einer trennscharfen Abgrenzung von den übrigen Strömungen und Tendenzen der literarischen Moderne geeignet ist (vgl. z. B. Rasch 1956). Dies ist auch eines der wichtigsten Ergebnisse eines Forschungsberichts, den Richard Brinkmann (geb. 1921) als Sonderheft der *Deutschen Vierteljahrsschrift für Literaturwissenschaft und Geistesgeschichte* im Jahre 1961 vorlegt (vgl. Brinkmann 1961, 75 u. ö.). Überhaupt ist das Resümee, das hier über die bisherige Expressionismusforschung in der Bundesrepublik Deutschland gezogen wird, dürftig. Die Germanistik hat nach 1945 keine neue literarhistorische Überblicksdarstellung zur Epoche hervorgebracht, sich vor allem an Spezialfragen der Lyrik einiger weniger Autoren wie Georg Trakl abgearbeitet und etwa die avantgardistische Prosa fast völlig vernachlässigt. Freilich erscheint Brinkmanns Bericht an einer einschneidenden Wende der Forschung. Der tatsächliche, nach 1945 noch nicht wirklich geleistete Neuanfang in der wissenschaftlichen Beschäftigung mit dem Expressionismus deutet sich in einem Nachtrag des Verfassers kurz vor der Veröffentlichung an, in dem er auf eine Reihe von aktuellen, eben erschienenen Publikationen zur Erforschung der Epoche verweisen kann (vgl. Brinkmann 1961, 79–95).

Der nur mäßig fruchtbaren und innovativen Expressionismusforschung der BRD-Germanistik steht keineswegs eine intensive Auseinandersetzung mit der Epoche in der DDR gegenüber. Im Gegenteil, die avantgardistische Dichtung der 1910er und frühen 1920er Jahre wird von der Literaturwissenschaft in Ostdeutschland wenn nicht ignoriert, dann nur mit den größten Vorbehalten behandelt. Als prototypisches Beispiel kann der einschlägige Band der offiziellen DDR-Literaturgeschichte gelten. Er reicht bis 1917, also bis zum Jahr der russischen Oktoberrevolution, und

Erstes Resümee 1961

Expressionismusforschung in der DDR

zerschneidet mit diesem Datum, dessen Bedeutung für die deutschsprachige Kultur – etwa gegenüber 1914 oder 1918/19 noch zu befragen wäre – die Zeit des Expressionismus in zwei Teile. Mehr noch, dieser ist als Periode der deutschsprachigen Literatur in der Darstellung gar nicht präsent. Der avantgardistische Aufbruch um 1910 wird als „vorrevolutionäre Situation" im Kontext des Niedergangs von Bourgeoisie und kapitalistischem Imperialismus begriffen, in der sich die vom Bürgertum geprägten und ihm letztlich verhaftet bleibenden jungen Autoren zum größten Teil „keine wirklich kritische Position" – nämlich die des Kommunismus – hätten erarbeiten können (Kaufmann 1974, 295, 299). In anderen Arbeiten werden die ideologischen Positionen der meisten expressionistischen Autoren gegenüber den Vertretern anderer Strömungen der literarischen Moderne allenfalls als Annäherung an die Arbeiterbewegung und an den Sozialistischen Realismus begriffen, die letztlich aber in einem leeren ästhetischen Formalismus und in einer bourgeoisen Dekadenz stecken geblieben sei (vgl. z.B. Weisbach 1973, 9). In solchen rigiden Verdikten zeitigt offenkundig die Expressionismus-Debatte eine jahrzehntelange, fatale Nachwirkung. Bis in die letzten Jahre der DDR bleibt die ostdeutsche Forschungsliteratur zur Epoche spärlich und in ihrer politisch begründeten, ablehnenden Haltung nahezu unverändert. So wird in Arbeiten, die kurz vor der politischen Wende von 1989 erscheinen, zwar der radikale antibürgerliche Affekt der Schriftsteller der Bewegung besonders hervorgehoben, zugleich jedoch die Unfähigkeit von vielen unter ihnen kritisiert, die fortschrittlichen politischen Kräfte zu erkennen und sich ihnen anzuschließen. Damit bleiben die vehementen Vorbehalte gegen die formalistischen, manieristischen und individualistischen Tendenzen der expressionistischen Dichtung unverändert erhalten (vgl. z.B. Rietzschel 1987).

Sokels Epochenüberblick   Der Neuansatz in der Expressionismusforschung um 1960, der sich im erwähnten Nachtrag zu Richard Brinkmanns Forschungsbericht andeutet, wird bezeichnender Weise lediglich zum kleineren Teil in der BRD initiiert und ist nur in geringem Maße der westdeutschen Universitätsgermanistik zu verdanken. 1959 erscheint eine Einführung in die Epoche, die rasch zu einem Meilenstein der Forschungsgeschichte avanciert (vgl. Sokel 1970). Entstehungs- und Publikationsort sind – auf den ersten Blick befremdlich – die Vereinigten Staaten von Amerika. Der Band mit dem Titel *The Writer in Extremis* wird von der Stanford University Press veröffentlicht. Sein Autor, Walter Herbert Sokel (geb. 1917), ist ein vor den Nationalsozialisten aus Wien geflohener und nach 1945 nicht nach Europa zurückgekehrter Literaturwissenschaftler. Höchstwahrscheinlich bietet die räumliche Distanz fernab von Europa und vom deutschsprachigen Raum, in der dieser grundlegende Beitrag entsteht, gerade während der fünfziger Jahre die besten Voraussetzungen für ein fundiertes Resümee des Expressionismus. Es gelingt ein gediegener Überblick, in dem die wichtigsten Autoren und ihre zentralen Werke ebenso erwähnt werden wie die bedeutendsten Themen und literarischen Tendenzen der Epoche. Ferner wird die Diskrepanz zwischen der Bürgerfeindlichkeit der Expressionisten hier und ihrer Unfähigkeit zu überzeugenden alternativen Weltentwürfen dort herausgearbeitet. Der theoretische Zugang ist einerseits ästhetikgeschichtlich, andererseits philosophiehistorisch geprägt, vor allem in der Betonung Friedrich Nietzsches für die Bewegung. Aus heutiger Sicht mag die Monographie da und dort etwas autorfixiert und adoratriv erscheinen, etwa in den Passagen über Franz Kafka und Georg Trakl. Doch im Vergleich zu der in jenen Jahren innerhalb der deutschen Germanistik dominierenden immanenten Literaturinterpretation setzt die Betonung der revolutionär-antibürgerlichen Poetik des Expressionismus und die Einbettung in die bestimmenden philosophischen Vorstellungen des frühen 20. Jahrhunderts Maßstäbe für die künftigen Arbeiten zur Epoche.

Ein weiterer entscheidender Anstoß zu einer neuen Auseinandersetzung mit der Epoche kommt aus der Schweiz. Der Literarhistoriker, Publizist und Politiker Walter Muschg (1898–1965) veröffentlicht Ende der 1950er Jahre eine Reihe von Essays zum Expressionismus, die er, ergänzt um einige weitere Aufsätze, schließlich auch in einem Sammelband vereinigt (vgl. Muschg 1961). Der Autor, Ordinarius für Germanistik an der Universität Basel, veröffentlicht seine Studien in einer populären Buchreihe und verzichtet demonstrativ auf eine allein wissenschaftliche Auseinandersetzung mit dem Thema. Er wirbt engagiert für eine ganz neue Bewertung der Epoche. Wichtig und wirkungsreich ist vor allem der grundlegende und titelgebende, sehr ausführliche Beitrag *Von Trakl zu Brecht*. Der glänzende Stilist Muschg unternimmt in dem Essay den Versuch, die eminente und in jenen Jahren weit unterschätzte ästhetische und ideologische Leistung der Expressionisten gebührend herauszuarbeiten und von hier aus in einer gewagten, aber Richtung weisenden Synthese eine Skizze zu einer künftigen Literaturgeschichte der Epoche zu entwerfen.

Muschgs Essays zum Expressionismus

Einen weiteren signifikanten Anstoß für die Expressionismusforschung gibt ein Archiv, das Schiller-Nationalmuseum zu Marbach am Neckar. Es veranstaltet 1960 eine viel beachtete Ausstellung zur Epoche. In dieser umfangreichen Schau wird eine immense Zahl an Dokumenten zu den Autoren und Werken des zweiten und dritten Jahrzehnts des 20. Jahrhunderts, primär aus den Beständen des Marbacher Deutschen Literaturarchivs, ausgebreitet. Ein in hoher Auflage verbreiteter Katalog begleitet dieses Großereignis im kulturellen Leben der frühen sechziger Jahre (vgl. Zeller 1990). Erklärte Absicht der Veranstalter ist es, die im deutschsprachigen Raum durch die Nationalsozialisten verfemte und nach 1945 nur unzureichend durch Publikum wie Wissenschaft rehabilitierte Epoche erneut mit Nachdruck in das Bewusstsein der lesenden und forschenden Öffentlichkeit zu rücken. Natürlich zeigt eine Institution, in deren Zentrum die Sammlung und Aufbewahrung von Zeugnissen dichterischer Produktion steht, zuerst einmal ihre wertvollen Schätze, die Werkmanuskripte, Briefe, Tagebücher herausragender Schriftsteller. Doch wird in der Ausstellung die Gefahr eines primär autorzentrierten Zugangs zum Expressionismus

Die Marbacher Expressionismus-Ausstellung

geschickt umschifft. Neben den Dokumenten zu einzelnen Gestalten der Epoche, zu ihren Lebensläufen, ihren Werken und ihren Beziehungen zueinander, werden vielfältige Materialien zu den wichtigsten Zentren der Bewegung und zu ihren Publikationsorganen dargeboten. Die Ausstellung gibt damit einen entscheidenden Impuls, die Geschichte der Avantgarde nach 1910 nicht nur aus der Perspektive einzelner ‚Genies‘, sondern auch innerhalb eines komplexen Systems sozialliterarischer Interaktionen zwischen Autoren, Künstlervereinigungen, Herausgebern, Verlegern, Vertriebs- und Marktmechanismen und nicht zuletzt dem Publikum zu betrachten.

Intensivierung und Neuorientierung der Forschung

In den Jahren nach der Marbacher Ausstellung ist eine deutliche Zunahme von germanistischen Arbeiten zur Epoche zu beobachten. Es erscheinen sukzessive neue Sammelbände, zu denen überwiegend jüngere Forscher Aufsätze beitragen (vgl. z. B. Steffen 1965), und weitere Überblicksdarstellungen (vgl. z. B. Krispyn 1964). Seit der Mitte der 1960er Jahre werden darüber hinaus eine Reihe von Dissertationen zu zentralen Aspekten des Expressionismus ausgearbeitet und publiziert, die in der Folge zum Teil zu Grundlagenwerken der weiteren Forschung avancieren (vgl. z. B. Denkler 1979, erstmals 1967; Drews 1969; Martens 1971). Dabei ist eine Reihe von auffälligen Tendenzen und entscheidenden Veränderungen im Blick auf die Epoche auszumachen. Mehr und mehr werden die Querverbindungen zwischen der expressionistischen Literatur und den ästhetischen Strömungen der Zeit in den anderen Künsten untersucht, auch im größeren Kontext der unterschiedlichen europäischen Avantgarde-Bewegungen (vgl. z. B. Willett 1970). Damit ist gleichzeitig eine Absage an die früher dominierende, immanente Interpretationspraxis formuliert. An deren Stelle tritt eine mehr gesellschaftsgeschichtlich und literatursoziologisch fundierte Sicht auf den Expressionismus (vgl. Rötzer 1976, 14). In den Blick kommen nun etwa der aktivistische Teil der Bewegung, ihre metaphysischen Grundlagen – unter anderem die zentrale Bedeutung der Lebensphilosophie (vgl. z. B. Martens 1971) –, ihre prä-existentialistische Psychologie (vgl. Anz 1977), ihre Soziallehre, ihre Bezüge zur Theologie der Zeit und ihre apokalyptischen Tendenzen (vgl. z. B. Eykman 1974). Gemeinsam mit den Methoden der Analyse und Interpretation der Texte verändern sich auch die Prinzipien ihrer Auswahl. Der bisherige, sehr enge Kanon an expressionistischen Autoren, mit dem sich die Germanistik beschäftigt hat, wird bedeutend erweitert. Hinzu kommen Arbeiten zur Dramatik (vgl. z. B. Durzak 1978/79; Göbel 1971; Hohendahl 1967) und zur Erzählkunst (vgl. z. B. Arnold 1972) der Epoche, die beide bis dahin allzu sehr im Schatten der intensiven Auseinandersetzung mit der Lyrik gestanden haben.

Raabes Nachschlagewerke

Unschätzbare Verdienste um die Materialgrundlage der Expressionismusforschung erwirbt sich in diesen Jahren der Bibliothekar Paul Raabe (geb. 1927). Zuerst publiziert er 1965 ein *Repertorium der Zeitschriften, Jahrbücher, Anthologien, Sammelwerke, Schriftenreihen und Almanache,* die aus der Bewegung hervorgegangen sind. Die künftige Aufarbeitung der Literatur der Epoche wäre ohne dieses zentrale Nachschlagewerk vielfach an fatale Grenzen gestoßen (vgl. Raabe 1964). 1972 erscheint dann der gleichfalls grundlegende 18-bändige *Index Expressionismus*, eine monumentale *Bibliographie der Beiträge in den Zeitschriften und Jahrbüchern des literarischen Expressionismus* (vgl. Raabe 1972). Mitte der 1980er Jahre schließlich folgt, vielleicht noch bedeutsamer, das umfassende, bald unverzichtbare *Handbuch* zu den *Autoren und Büchern* der Epoche. Dieses Lexikon verzeichnet alle zum Zeitpunkt der Erarbeitung bekannten Schriftstellerinnen und Schriftsteller des Expressionismus mit ihren Lebensdaten und ihren Veröffentlichungen sowie wichtiger Sekundärliteratur (vgl. Raabe 1992, erstmals 1985).

Die Intensivierung der Forschung auf einem Gebiet der Literaturgeschichte lässt sich häufig zugleich an der Erarbeitung von Werkausgaben ablesen – so auch im Falle des Expressionismus. Bis weit in die 1960er Jahre bedient sich die Wissenschaft bei ihrer Auseinandersetzung mit der Epoche entweder der Erstausgaben der Texte oder teilweise philologisch fragwürdiger Nachdrucke und Neuauflagen oder der neueren Anthologien. Erst nach und nach erscheinen zuverlässige, teils kommentierte Werkeditionen wichtiger Autoren, zum Beispiel von Gottfried Benn (vgl. Benn 1958/61), Alfred Döblin (vgl. Döblin 1960ff.) und Franz Werfel (vgl. u. a. Werfel 1967). Eine Ausnahme bleiben dagegen Ausgaben, die den gesamten handschriftlichen Nachlass eines Dichters der Öffentlichkeit präsentieren, so im Falle Georg Heyms (vgl. Heym 1960/68). Maßstäbe setzt die einzige historisch-kritische Edition eines expressionistischen Dichters, die in den 1960er Jahren erscheint, die *Dichtungen und Briefe* Georg Trakls. Nach dem Vorbild der Stuttgarter Ausgabe der Werke Friedrich Hölderlins (1770–1843) werden hier alle überlieferten Fassungen sämtlicher Texte des österreichischen Autors dokumentiert (vgl. Trakl 1987, erstmals 1969f.). Dennoch bleibt die editorische Lage auf dem Feld der Expressionismusforschung noch lange relativ unbefriedigend. Einerseits liegen philologisch solide Werkausgaben doch nur von wenigen auratisierten Schriftstellern vor. Indem die Germanistik sich während der folgenden Jahre gerade dieser Editionen bedient, entsteht sozusagen automatisch die Gefahr, einen außerordentlich engen Höhenkamm expressionistischer Dichtung weiterhin zu zementieren. Auf der anderen Seite werden der Wissenschaft durchaus bekannte, schwerwiegende Defizite in den vorliegenden Ausgaben aus rechtlichen oder verlagsstrategischen Gründen nicht behoben. So bleiben die von dem Prager Schriftsteller Max Brod (1884–1968) betreuten Ausgaben der nachgelassenen Werke Franz Kafkas für Jahrzehnte trotz ihrer offenkundigen, tief greifenden Mängel die einzige Grundlage für die germanistische Arbeit an den Texten.

Das Problem der unzureichenden editionsphilologischen Basis der Expressionismusforschung wird erst nach und nach – zuerst durch Reprints wichtiger Texte, Zeitschriften und Buchreihen, später durch weitere Werk-

Editionen der 1960er Jahre

Resümees Ende der 1970er Jahre

ausgaben – gelöst. Insgesamt sind die Ergebnisse der germanistischen Arbeiten zur Epoche, die in den beiden Jahrzehnten nach der Marbacher Ausstellung entstehen, außerordentlich vielfältig und reich. Eine neue Forschungsbilanz von Richard Brinkmann über diesen Zeitraum lässt dies unzweifelhaft erkennen. Der Berichterstatter selbst verweist bereits vorab auf die seit 1960 gänzlich veränderte Situation auf diesem Gebiet (vgl. Brinkmann 1980, IX), und in der Anlage des Bandes schlägt sich dies ebenfalls nieder. Die deutschsprachige Literatur des Expressionismus erscheint eingebunden in die europäischen Avantgarde-Bewegungen auf den unterschiedlichen Feldern der Kunst von der Musik bis zum Film, und Untersuchungen aus so divergierenden Perspektiven wie der Motiv-, der Sozial-, der Verlags- und der Rezeptionsgeschichte werden referiert. Resümees werden in jenen Jahren aber auch in mehreren neuen Einführungen und Überblicksdarstellungen zur Epoche (vgl. z.B. Hamann/Hermand 1977; Knapp 1979; Paulsen 1998, erstmals 1983) und zu einzelnen ihrer Gattungen gezogen (vgl. z.B. Denkler 1979; Krull 1984). Fast gleichzeitig erscheinen ferner zwei Literaturgeschichten zur Dichtung um 1900, die ebenfalls auf den Ergebnissen der unmittelbar voraufgehenden, intensiven Forschung fußen, einerseits eine methodisch etwas traditionellere Monographie (vgl. Lehnert 1978), andererseits eine dezidiert sozialhistorisch orientierte Aufsatzsammlung (vgl. Trommler 1982).

3. Aktuelle Forschung seit etwa 1980

Problemgeschicht- liche Wende

Eine weitere markante Zäsur in der Expressionismusforschung wird etwa anderthalb Jahrzehnte nach Sokels Pionierleistung wiederum durch eine neue Einführung in die Epoche gesetzt. 1975 erscheint die erste Auflage eines neuen Bandes der Reihe *Uni-Taschenbücher* zum Thema, gemeinsam von den Germanisten Silvio Vietta (geb. 1941) und Hans-Georg Kemper (geb. 1941) verfasst. In den zentralen Thesen dieser Monographie, die eine problemgeschichtliche Wende der Forschung einleitet (vgl. Krause 2000), stellen die Verfasser die inhaltlichen und stilistischen Merkmale der Epoche in einen direkten Zusammenhang mit den diversen historischen Prozessen der Modernisierung und ihren Konsequenzen für das Subjekt. So werden etwa die expressionistische Reihentechnik, die so häufig angewendete Synekdoche oder die Verdinglichung als literarische Verarbeitungen der Ich-Dissoziation in der Großstadt und der Entmenschlichung und Mechanisierung des Einzelnen unter den modernen Lebensbedingungen interpretiert. Ausführlich beschreiben Vietta und Kemper ferner die radikale Zivilisationskritik hier und messianische Konstruktionen eines neuen Menschen dort als die beiden zentralen ideologischen Zielrichtungen der Bewegung. Detaillierter als in der Forschung zuvor werden schließlich auch die philosophischen Grundlagen der Epoche, insbesondere Bezüge zu Friedrich Nietzsche und zu dem Psychoanalytiker Sigmund Freud (1856–1939), sowie die tief schürfende poetische Kritik der Expressionisten an den Wissenschaften ihrer Zeit herausgearbeitet (vgl. Vietta/Kemper 1997, erstmals 1975). Viele Facetten der reichhaltigen späteren Forschung sind stark von den Thesen dieses Bandes geprägt, sei es in Form von weiterer Differenzierung oder von Widerspruch. Zu den besonderen Arbeitsfeldern der folgenden Jahre zählen unter anderem die erkenntnistheoretische Reflexionsprosa der Expressionisten (vgl. z. B. Oehm 1993), ihre Utopiekonzeptionen (vgl. z. B. Gehrke 1990) oder ihre Fiktionalisierung des Kriegs (vgl. z. B. Korte 1981).

Seit den frühen 1980er Jahren ist darüber hinaus eine rege editorische Tätigkeit auf dem Gebiet des Expressionismus zu vermelden. Extraordinäre Anstrengungen investiert die Forschung einmal mehr in außerordentlich aufwändige Ausgaben einiger weniger, besonders auratisierter Autoren. So werden die Gedichte Georg Heyms erneut ediert, nun in sämtlichen überlieferten Fassungen und mit allen Varianten in ihrem entstehungsgeschichtlichen Zusammenhang (vgl. Heym 1993). Des Weiteren wird der Nachlass Franz Kafkas in kurzer Abfolge in zwei konkurrierenden Ausgaben aufgearbeitet, einer kritischen (vgl. Kafka 1982ff.) und einer historisch-kritischen in textgenetischer Darstellung, die noch dazu alle Handschriften im Faksimile darbietet (vgl. Kafka 1995ff.). Vergleichbaren Prinzipien folgt die neue, nach ihrem Entstehungsort benannte *Innsbrucker Ausgabe* aller Dichtungen und Briefe Georg Trakls (vgl. Trakl 1995ff.). Ferner erscheint eine Reihe kritischer Editionen mit detaillierten überlieferungsgeschichtlichen Textapparaten, insbesondere von Gottfried Benn (vgl. Benn 1982/90; Benn 1986/2003) und Else Lasker-Schüler (vgl. Lasker-Schüler 1996ff.). Mindestens ebenso bedeutsam wie diese verdienstvollen Aufarbeitungen der Hinterlassenschaften einiger kanonisierter Autoren ist aber eine breit einsetzende editorische Tätigkeit abseits des literarischen Höhenkamms. Sukzessive wird in den 1980er und 1990er Jahren eine große Zahl an Werkausgaben von weniger bekannten, teils sogar von vergessenen Dichtern erstellt und veröffentlicht. Zumeist handelt es sich dabei um pragmatische Studien- oder Leseausgaben, teils mit kritischem Apparat (vgl. z. B. Ehrenstein 1989/2004; Hasenclever 1990/97; Klabund 1998/2003), teils mit knappen Sprach- und Sacherläuterungen (vgl. z. B. Einstein 1992/96; Zech 1998f.), teils aber lediglich mit Einführungen oder Nachworten (vgl. z. B. Weiß 1982). In den allermeisten Fällen jedoch wird das vorrangige Ziel, nämlich die Texte von weniger bekannten expressionistischen Autoren wieder in zitierfähigen modernen Ausgaben zur Verfügung zu stellen, auf einem philologisch vertretbaren bis manchmal sogar exzellenten Niveau erreicht. Sukzessive wird auf diese Weise die Basis für eine weitere Erforschung des Expressionismus gelegt, welche sich auch abseits der immer gleichen ‚großen Namen' bewegt.

Die neuen Großstädte der Moderne sind nicht nur ein zentrales Thema der expressionistischen Dichtung, sondern auch der örtliche Mittelpunkt der kulturellen und politischen Aktivitäten ihrer wichtigsten Vertreter. Ber-

Neue Editionen

Expressionismus abseits der Metropolen

lin im Besonderen ist ohne Zweifel das Zentrum der Bewegung. Hier leben und arbeiten die meisten Autoren, hier erscheinen die meisten Texte in den ortsansässigen Verlagen (vgl. Anz 1992, 85f.). Die Orientierung an der Metropole verstellt der Forschung allerdings allzu lange den Blick für den Expressionismus in der Provinz und an den Peripherien des deutschsprachigen Raums, insbesondere nach den frühen, konstituierenden Jahren der Bewegung und während des Ersten Weltkriegs. Diesem Phänomen widmet sich nach 1980 zunehmend eine Reihe von Studien, unter anderem zur Avantgarde in Dresden (vgl. Lühr 2002) oder in Thüringen (vgl. Nowak/Schierz/Ulbricht 1999). Dabei werden nicht nur die Spezifika der unterschiedlichen expressionistischen Zirkel im jeweiligen kulturellen Kontext deutlich, etwa im Pragerdeutschen Milieu, und vergessene Autoren wiederentdeckt, beispielsweise Paul Leppin (1878–1945), sondern es kann auch der zeitgenössische Austausch mit Avantgardisten aus anderen Sprachräumen wie dem Tschechischen exemplarisch aufgearbeitet werden (vgl. Fiala-Fürst 1996). Gerade in den diversen Kronländern der Habsburgermonarchie lassen sich spannungsvolle Wechselbeziehungen zwischen dem deutschen und dem bulgarischen, kroatischen, polnischen, rumänischen, slowakischen oder slowenischen Expressionismus nachweisen (vgl. Konstantinovič 1978). Die Avantgarde in Österreich dokumentieren ein voluminöser Sammelband (vgl. Amann/Wallas 1994) und eine Bibliographie ihrer Zeitschriften (vgl. Wallas 1995). Der künstlerische Aufbruch um 1910 in der Schweiz ist durch eine zweibändige Anthologie erschlossen (vgl. Stern 1981).

Breite Forschung nach 1980
Die vergangenen zweieinhalb Dekaden können auch über die rege Editionstätigkeit und über die Untersuchung der regionalen Ausdifferenzierung der Bewegung hinaus als außerordentlich ertragreiche Jahre der Expressionismusforschung resümiert werden. Es erscheinen zahlreiche Monographien, Sammelbände und Aufsätze zu einer breiten Palette an Autoren und Themen der Bewegung aus der Perspektive unterschiedlicher theoretischer Fragestellungen und auf der Grundlage divergierender methodischer Voraussetzungen. Aus der Fülle der Arbeitsfelder können und sollen nur einige wenige exemplarisch herausgegriffen werden. Zuerst einmal werden, teils auf der Basis bislang nicht ausgewerteten Materials, zu einzelnen, oft weniger bekannten Schriftstellerinnen und Schriftstellern des Expressionismus zahlreiche umfassende Monographien (vgl. z. B. Dwars 1998; Faul 2003; Hornbogen 2001), auch einige Sammelbände (vgl. z. B. Engel/Müller 1992; Pazi 1987; Strelka 1990) und Editionen von Dokumenten erarbeitet (vgl. z. B. Exner/Kapfer 1999). Zudem kommen die literarischen Wege mancher Autoren der Bewegung nach 1925 deutlicher ins Blickfeld (vgl. z. B. Schommers-Kretschmer 2000). Auch einzelne Zeitschriften (vgl. z. B. Jones 1984; Müller-Feyer 1996; Pirsich 1985) und Verlage (vgl. z. B. Schumann 2000) werden detaillierter denn je untersucht. Die gegenüber der Lyrik der Epoche lange vernachlässigten Gattungen Drama und Erzählprosa erhalten größere Aufmerksamkeit als jemals

zuvor (vgl. z. B. Dierick 1987; Fähnders 2001; Kuhns 1997). Besonderes Interesse finden ferner die Frauengestalten innerhalb der Bewegung, die sowohl durch Anthologien (vgl. z. B. Vollmer 1996) als auch durch Studien zu einigen wichtigen Persönlichkeiten (vgl. z. B. Mahlow 1996) gewürdigt werden. Hinzu kommen Arbeiten auf der Grundlage der Gender Studies, etwa zu „ästhetischen Operationen an weiblichen Körperbildern" in der Prosa Alfred Döblins (Keck 1998, 10). Ein breit gefächertes Spektrum an Themen in der Forschungsliteratur verweist einmal mehr auf die ästhetische und kulturelle Vielfalt des Expressionismus. Interesse finden etwa die Subjektkonstruktionen (vgl. z. B. Krause 2000), die Raumkonzeptionen (vgl. z. B. Steutermann 2004) oder die Fiktionalisierung der Technik (vgl. z. B. Bergner 1998) in avantgardistischen Texten.

Die 1990er Jahre bringen auch eine intensive Reflexion auf die philosophischen und ideologischen Parallelen zwischen Expressionismus und Postmoderne. Beide Strömungen sind sich, wie in der Forschung festgehalten wird, verblüffend ähnlich in ihrem Unbehagen an gesellschaftlichen Modernisierungsprozessen und zugleich einer gewissen Faszination durch Technik und naturwissenschaftliche Innovationen. Zentrale Debatten der Gegenwart sind, wie sich ferner zeigt, bereits in der zweiten Dekade des 20. Jahrhunderts intensiv von den Expressionisten geführt worden. Dazu gehören die Diskussionen um die übermäßigen Herrschaftsansprüche der neuzeitlichen Rationalität, um den unerträglichen Eurozentrismus der westlichen Kultur und die scheinbar selbstverständlichen metaphysischen Gewissheiten des abendländischen Subjekts (vgl. Anz/Stark 1994; Murphy 1999). Nach und nach entstehen auch postmodernistische Studien zur Literatur des Expressionismus, etwa zu Diskursen der poetischen Körperdeformation (vgl. Metzler 2003) oder zur rhetorisch inszenierten *Unverständlichkeit* avantgardistischer Prosa (vgl. Baßler 1994).

Die vielfältigen und zahlreichen Anstrengungen der Literaturwissenschaft zur Aufarbeitung des Expressionismus werden immer wieder instruktiv referiert, zusammengefasst und ausgewertet, insbesondere um die Jahrtausendwende. Von 1983 und 1994 liegen Forschungsberichte über das gesamte Arbeitsfeld vor (vgl. Knopf 1983; Korte 1994). Hinzu kommen verstreute Referate der Studien zu Einzelaspekten (vgl. z. B. Jordan 1995). Ein Lehrbuch zu *Avantgarde und Moderne* bietet auch ausführliche Abschnitte zur Dichtung der Bewegung (vgl. Fähnders 1998). Ein in der Reihe *Sammlung Metzler* erschienener Band zur *Literatur des Expressionismus*, verfasst von dem Germanisten Thomas Anz (geb. 1948), einem der besten Kenner der Epoche, wertet sehr ausführlich und detailliert die neuere Forschung hierzu aus (vgl. Anz 2002). Unverzichtbare Resümees auf der Grundlage aktueller Studien leisten schließlich auch der einschlägige Band von *Hansers Sozialgeschichte der deutschen Literatur* (vgl. Mix 2000), eine monumentale neuere Geschichte der Literatur der beiden ersten Dekaden des 20. Jahrhunderts (vgl. Sprengel 2004) und eine Monographie zur *Geschichte der literarischen Moderne* (vgl. Kiesel 2004).

Expressionismus und Postmoderne

Neuere Forschungsberichte und Überblicksdarstellungen

III. Kontexte

1. Sozialisation der Autoren

Bürgerliche Herkunft In vielen Texten der Epoche wird eine radikale Bürger- und Bürgerlichkeitskritik artikuliert – sei es in Spottgedichten, in Erzählungen über wahnsinnig werdende Spießer (vgl. V. 1.) oder in Dramen über die Konflikte junger Männer mit ihren philiströsen Vätern. Solche Literarisierungen der Lebenspraxis und des Wertekanons einer tragenden Schicht der mitteleuropäischen Gesellschaften um 1900 rühren aus direkter persönlicher Erfahrung ihrer Autoren. Die meisten Expressionisten stammen aus gutbürgerlichen Elternhäusern (vgl. Raabe 1992, 8). Die Literatur der Bewegung entsteht somit unter den Sozialisationsbedingungen einer relativ homogenen gesellschaftlichen Gruppe. Anders gesagt, es handelt sich bei den Autoren der Epoche überwiegend um Intellektuelle, die unter ähnlichen äußeren Umständen innerhalb eines vergleichbaren Rahmens von Normen aufwachsen und strukturell relativ einheitliche Bildungsbiographien aufweisen.

Schulische Bildung Für die Bürgersöhne, die später als Expressionisten poetisch gegen ihre Herkunft rebellieren, ist der Besuch eines Gymnasiums beinahe selbstverständlich. Die Absolvierung einer angesehenen höheren Schule eröffnet den Weg zu den geistigen und Funktionseliten von Staat und Wirtschaft, denen in vielen Fällen die Väter der Autoren bereits angehören. Walter Hasenclevers Vater zum Beispiel ist Sanitätsrat, Ernst Stadler stammt von einem Ministerialrat ab, Klabund kommt aus einem Apothekerhaus, Alfred Lichtenstein (1889–1914) ist der Sohn eines Textilfabrikanten. Schriftsteller aus ärmlichen Lebensverhältnissen sind gelegentlich unter den Expressionisten zu finden. Aber auch sie – an Alfred Döblin (vgl. V. 1.) oder Albert Ehrenstein (vgl. V. 3.) sei erinnert – besuchen, etwa durch ein Stipendium unterstützt, erstklassige Gymnasien. Sie erhalten aus ihrem Schulbesuch eine exzellente, vor allem humanistische Ausbildung. Wenn sie sich als Dichter gegen die literarische Tradition wenden und die überlieferten poetischen Gestaltungsmuster radikal durchbrechen, wissen sie sehr genau, wogegen sie ästhetisch revoltieren. Der klassische Bildungskanon ist ihnen in der Schule auf höchstem Niveau vermittelt worden. Die Wendung gegen ihn dürfte in der Regel maßgeblich durch äußere Bedingungen, durch die Strenge und Enge des Schulsystems der Zeit, bestimmt worden sein. Jedenfalls deuten darauf zahlreiche kritische Literarisierungen der Pädagogik um 1900 hin, auch von Zeitgenossen, die nicht der Bewegung angehören, etwa Hermann

Hesses *Unterm Rad* (1906) oder Robert Musils (1880–1942) *Die Verwirrungen des Zöglings Törleß* (1906; vgl. Mix 1995).

Die meisten Expressionisten absolvieren nach dem Gymnasium ein Universitätsstudium, und die größere Zahl von ihnen schließt dieses auch erfolgreich ab, zu bedeutenden Teilen sogar mit dem Doktorat. Das Spektrum der Fächer, das die späteren Autoren belegen, ist sehr breit. Es reicht von verschiedenen Disziplinen an den Philosophischen Fakultäten über die Jurisprudenz bis zur Medizin. Eine künstlerische Hochschule hingegen besucht kaum einer der Expressionisten. Die wenigen unter ihnen, die nicht ein Studium abschließen, beispielsweise Franz Werfel oder Georg Kaiser, durchlaufen eine kaufmännische, buchhändlerische oder vergleichbare Ausbildung (vgl. Raabe 1992, 7f.). Akademische
Ausbildung

Viele Expressionisten entscheiden sich nach dem Studium für einen bürgerlichen Beruf, arbeiten mithin als Arzt, Rechtsanwalt oder Wissenschaftler. Daher liegen von zahlreichen wichtigen Repräsentanten der Epoche nicht nur dichterische Texte, sondern auch Fachveröffentlichungen vor. Hier sind zu allererst die Doktorarbeiten zu nennen, mit denen zahlreiche Autoren ihr Studium abschließen. So verfasst eine Reihe namhafter Expressionisten zum Beispiel rechtswissenschaftliche Dissertationen, unter anderem Ernst Blass, Kurt Hiller, Alfred Lichtenstein oder Walter Serner (eig. Walter Eduard Seligmann, 1889–1942). Manche dieser „Dichterjuristen" (Wambach 2002) legen sogar nach dem Eintritt in das Berufsleben weitere Fachveröffentlichungen vor, etwa Franz Kafka, oder setzen sich mit der von ihnen studierten Disziplin und ihren aktuellen Diskussionen publizistisch auseinander, so beispielsweise Rudolf Leonhard, Ernst Toller oder Alfred Wolfenstein (1883–1945; vgl. Wambach 2002). Nicht wenige Expressionisten treten demnach nicht bloß als Dichter an die Öffentlichkeit. Sie publizieren nicht allein lyrische oder dramatische Texte in belletristischen Verlagen oder Zeitschriften und präsentieren in Vortragsabenden ihre Produktion dem literarisch interessierten Publikum. Ihr Autorprofil ist viel differenzierter. Sie revoltieren in ihrer Poesie gegen die bürgerlichen Normen und versuchen, die traditionellen Konventionen der Ästhetik zu sprengen (vgl. Bollenbeck 1999, 126). Gleichzeitig treten sie an eine fachwissenschaftliche Öffentlichkeit, immer wieder durchaus kritisch und kontroversiell, aber doch stets in die Zwänge ihres beruflichen Daseins als Grundlage ihrer Existenz eingebunden. Anders formuliert, die radikal antibourgeoisen Selbstbilder vieler Autoren des Expressionismus und deren reale Lebensläufe, vor allem deren Berufsbiographien, stehen häufig in einem krassen Missverhältnis zueinander. Bürgerliche
Berufswahl

So selbstverständlich für die Expressionisten als Bürgersöhne eine hervorragende Ausbildung ist und so deutlich vorgezeichnet dadurch ihr Weg in eine führende Position in Staat oder Wirtschaft zu sein scheint, so wenig bietet sich ihnen in der Regel die Alternative, auf der Basis elterlichen Kapitals oder einer Erbschaft einen einigermaßen gesicherten Eintritt in die Existenz eines Schriftstellers zu wagen. Dagegen sprechen nicht bloß sym- Freie Schriftsteller bolische Gründe, seien es die Selbstbilder der Autoren, die einen solchen Weg ablehnen, oder die Weigerung der Väter, einen nicht-bürgerlichen Berufsweg ihres Nachwuchses zu befürworten. Vor allem stehen im Bürgertum des späten Wilhelminismus und der ausgehenden Habsburgermonarchie trotz des erheblichen Standesdünkels gar nicht die entsprechenden finanziellen Ressourcen zur Verfügung. Konsequenz ist, dass nur wenige Autoren das große Wagnis eingehen, nach dem Studium eine Laufbahn als freier Schriftsteller einzuschlagen. Gerade für die Avantgardisten ist das damit verbundene, existentielle Risiko extrem hoch, da sie nicht nur ihren eigenen Namen am literarischen Markt platzieren, sondern zugleich mit einer ganz neuen, dem Publikum noch unbekannten Ästhetik reüssieren müssen. Die Honorare für die Veröffentlichung eines literarischen Werkes in einem jungen Verlag, das – zumindest kurzfristig – wenig Aussicht auf breiten Erfolg verspricht, bleiben bescheiden. Ein heutzutage selbstverständliches System von Preisen und Stipendien für junge Künstler entwickelt sich erst langsam. Für die freien Schriftsteller unter den Expressionisten, etwa für Yvan Goll und Klabund, bleibt daher die Abfassung von Essays und Artikeln, auch von programmatischen Texten, für Zeitungen und Zeitschriften ebenso eine notwendige regelmäßige Einkommensquelle wie die Tätigkeit als literarischer Übersetzer. So stehen manchen idealistischen theoretischen Konzepten ein starker materieller Zwang und eine massive Abhängigkeit vom Publikumsinteresse und von Konjunkturschwankungen gegenüber (vgl. Knauf 1996, 41f.). Bei manchen Autoren der Epoche führt die kompromisslos praktizierte freie Schriftstellerexistenz in lebenslange Armut, zum Beispiel im Falle Albert Ehrensteins, oder gar in den Hungertod wie bei Otfried Krzyzanowski (1886–1918).

Literatur einer Generation

Die jungen Schriftsteller, die seit etwa 1910 mit einer neuen Ästhetik an die Öffentlichkeit drängen, werden nicht zu Unrecht schon von den Zeitgenossen als eine gemeinsame Generation begriffen. Tatsächlich wird ein Großteil der heute bekannten Expressionisten zwischen 1885 und 1895 geboren (vgl. Raabe 1992, 7). Jüngere Vertreter, zum Beispiel Bertolt Brecht, Georg Kulka (1897–1929) und Carlo Mierendorff (1897–1943), stoßen erst in der Spätphase zur Bewegung oder sind ihr nur bedingt zuzurechnen. Eine besondere Bedeutung für die Epoche kommt jedoch ihren etwas älteren Repräsentanten zu. Herwarth Walden oder Franz Pfemfert (1879–1954) machen auf Grund ihres früheren Eintritts in den literarischen Markt bereits vor 1910 einschlägige Erfahrungen und avancieren vor allem als erfahrene Organisatoren zu Zentralfiguren des Expressionismus.

Geographische, religiöse und ethnische Herkunft

Die Autoren der Bewegung kommen aus allen Teilen des deutschsprachigen Raums. Neben vielen Berlinern, Preußen und Schlesiern finden sich zahlreiche Rheinländer oder Wiener. Der Expressionismus ist somit keine literarische Bewegung, die sich in irgendeiner Weise regionalisieren ließe (vgl. Raabe 1992, 8). Viele der späteren Autoren verbringen ihre

Kindheit und Jugend in der Provinz, andere wachsen in den Metropolen Berlin, München, Wien oder Prag auf. Die meisten allerdings gehen zumindest zum Studium oder zu Beginn ihrer beruflichen Tätigkeit in eine Großstadt. Des Weiteren finden sich sowohl protestantisch als auch katholisch sozialisierte Schriftsteller unter ihnen. Die Konfession spielt in den frühen Jahren der Bewegung freilich eine untergeordnete Rolle. Viel wichtiger ist – abgesehen von seltenen Ausnahmen wie dem katholischen Dichter Konrad Weiß (1880–1940, vgl. Kühlmann 1989) – die den meisten Autoren gemeinsame Ablehnung der als erstarrt, verkrustet und verbürgerlicht empfundenen Amtskirchen jedweder Couleur. Manche von ihnen, etwa Jakob van Hoddis, durchleben religiöse Phasen, die sich auch poetisch manifestieren, bleiben letztlich aber auch vom Christentum als identitätsstiftender Ideologie enttäuscht (vgl. Läufer 1996, 229–250). Erst viel später entdecken manche lutherischen Autoren den Katholizismus für sich als Form eines stark mystisch geprägten, irrationalen Glaubens. Sehr viele Expressionisten allerdings sind nicht christlich sozialisiert, sondern stammen aus einem jüdischen Milieu. Hier wäre, um nur einige Namen zu nennen, an Carl Einstein (1885–1940), Jakob van Hoddis, Franz Kafka, Else Lasker-Schüler, Kurt Pinthus oder Franz Werfel zu erinnern. Jüdische Herkunft und Identität führen freilich innerhalb der expressionistischen Bewegung nicht zu speziellen Gruppenbildungen oder eigenständigen Organisationsformen (vgl. Cepl-Kaufmann 2002, 160). Vielmehr versuchen die Autoren der Epoche ja gerade gegen die sie in Kindheit und Jugend prägenden Traditionen – auch die religiösen – gemeinsam zu rebellieren. Zu bedenken gilt es auch, dass die meisten jüdischen Expressionisten aus säkularisierten und assimilierten Familien stammen und daher schon allein während ihrer schulischen und universitären Ausbildung relativ stark in die christlich geprägte Mehrheitskultur integriert sind. Unübersehbar allerdings ist, dass die jüdischen Autoren eine Reihe von wichtigen Themen und Darstellungsweisen aus dem Bewusstsein ihrer differenten Prägung und Identität in die Literatur der Epoche einbringen. Dazu gehören insbesondere die Rolle von Außenseitern, der Verlust von metaphysischen Gewissheiten oder der zur Groteske neigende Humor (vgl. Cepl-Kaufmann 2002, 160f. u. ö.).

Die radikale Traditions- und Institutionenkritik der Bewegung auf dem Gebiet der Dichtung weist vielfältige Parallelen zu Reformbewegungen von etwa gleichaltrigen Zeitgenossen auf anderen gesellschaftlichen und kulturellen Feldern auf. So sind beispielsweise bemerkenswerte Ähnlichkeiten zwischen den zentralen ästhetischen und gedanklichen Positionen der Expressionisten und der wichtigsten Vertreter der philosophischen Phänomenologie zu erkennen. Die Poeten der Epoche und zum Beispiel den einflussreichen Denker Edmund Husserl (1859–1938) verbindet die Ablehnung des wissenschaftlichen Positivismus des 19. Jahrhunderts, das Misstrauen gegenüber einer in ihren Erscheinungen als selbstverständlich betrachteten äußeren Wirklichkeit und die Tendenz zur radikalen Abstrak-

Andere Reformbewegungen innerhalb der Generation

tion der äußeren Erscheinungen (vgl. Fellmann 1982). Als vielleicht noch größer könnten sich bei genauerer Analyse die Parallelen zwischen dem Expressionismus und der Philosophie von Husserls Schüler Martin Heidegger (1889–1976) erweisen (vgl. Anz 2002, 63). Ferner ist aufschlussreich, dass Hermann Bahr in seiner Monographie zur Bewegung aus dem Jahr 1916 als ihre Theoretiker einige Denker nennt, die heute – vielleicht zu Unrecht – nicht unbedingt dem Expressionismus zugeschlagen zu werden pflegen (vgl. Bahr 1916, 42, 44, 53). Hierzu gehören unter anderem der Soziologe Georg Simmel (1858–1918) und der Religionsphilosoph Martin Buber (1878–1965), der dem allzu menschlichen System theologischer Dogmen und kirchlicher Riten das unbedingte Gefühl des Glaubens gegenüberstellt (vgl. Rothe 1977, 45). In diesem Zusammenhang wäre schließlich auch an die für den Protestantismus eminent wichtige Dialektische Theologie zu denken. Ihre Vertreter, zum Beispiel Karl Barth (1886–1968) und Eduard Thurneysen (1888–1974), revoltieren während und nach dem Ersten Weltkrieg gegen die ihrer Ansicht nach staatstragend gewordenen, verweltlichten protestantischen Kirchen, gegen die bourgeoise „Anbiederung an einen ‚lieben Gott'" (Rothe 1977, 44). In einer hochgradig rhetorisierten, beinahe dichterisch pathetischen Sprache fordern sie – ähnlich radikal wie die Expressionisten auf dem Gebiet der Literatur – den Abschied von wissenschaftlichem Relativismus, Liberalismus und Fortschrittsglauben und eine Rückbesinnung auf den theologischen Kern der göttlichen Botschaft in der Bibel.

2. Politische und soziale Geschichte

Ära der Widersprüche und Umbrüche

Die Zeit, in der die Expressionisten ihre wichtigsten literarischen Leistungen abfassen und veröffentlichen, ist eine Ära tiefer gesellschaftlicher Widersprüche und radikaler geschichtlicher Umbrüche. Nach dem Krieg gegen Frankreich 1870/71 erlebt das neu gegründete Deutsche Kaiserreich unter der Führung Preußens eine mehr als vier Jahrzehnte während Periode des Friedens. Gleichzeitig aber wird der Staat, insbesondere unter Wilhelm II. (1859–1941, reg. 1888–1918), in einem noch niemals da gewesenen Maße militarisiert. Auf allen Gebieten der Kriegskunst betreibt man eine immense Aufrüstung, und militärisches Gebaren im Alltag, Uniformen in sämtlichen Lebensbereichen und die Verherrlichung der eigenen Nationalgeschichte in Umzügen und Paraden bekommen eine immer größere Bedeutung (vgl. Halder 2003, 90f.). Die zentralen politischen Positionen nehmen im Deutschen Kaiserreich wie in den Habsburgischen Ländern Adlige ein. Doch die blaublütigen Eliten an den Spitzen der beiden Monarchien wirken verbraucht und anachronistisch. Franz Josef I. (1830–1916, reg. 1848–1916) feiert – bezeichnend für diese Situation – 1908 sein 60-jähriges Thronjubiläum. Dem Adel, der die Fäden der Politik nach wie vor in seinen Händen zu halten versucht, steht das Bürgertum gegenüber, das durch seinen außerordentlichen wirtschaftlichen Erfolg nach und nach indirekt immens an Einfluss und Macht gewinnt. Darüber hinaus geraten zu der weitgehend erstarrten adligen Führungsschicht die massiven demographischen Veränderungen und der rasante Strukturwandel, zunehmend auch eine kaum mehr überblickbare, geschweige denn steuer- und kontrollierbare technische Entwicklung in ein geradezu groteskes Missverhältnis (vgl. Eberhard 1991, 94). Dabei beziehen die überkommenen politischen Eliten massiv Stellung gegen neue gesellschaftliche Kräfte wie zum Beispiel die Sozialdemokratie und forcieren gleichzeitig zum Teil revolutionäre gesetzliche Neuerungen und Reformen, etwa den Durchbruch zum modernen Interventions- und Wohlfahrtsstaat. Es werden des Weiteren Parlamente eingerichtet, aber in Deutschland beispielsweise gilt das ‚allgemeine‘, ‚freie‘ und ‚gleiche‘ Wahlrecht nur für Männer über dem 25. Lebensjahr, die nicht Empfänger einer öffentlichen Armenunterstützung sind. Außerdem bleiben die wichtigsten politischen Entscheidungskompetenzen, etwa die Bestellung des Reichskanzlers, der Oberbefehl über das Heer und die Kriegserklärung gegenüber anderen Staaten, uneingeschränkt in der Macht des Kaisers (vgl. Halder 2003, 8f., 14f.). Die Führung der Habsburgermonarchie stilisiert sich selbst zum Garanten für den Frieden unter den zahlreichen verschiedenen Ethnien ihres Territoriums. Doch nur mühsam können die schwerwiegenden Auseinandersetzungen zwischen den deutschsprachigen Eliten und den tschechischen, slowenischen oder polnischen Untertanen, die eigene politische und kulturelle Rechte fordern, beschwichtigt werden. Die Illusion des friedlichen Vielvölkerstaates scheitert deutlicher denn je, als Österreich im Zuge des Zerfalls des Osmanischen Reichs auf dem Balkan erhebliche Gebietszugewinne verzeichnen kann, sich zugleich aber die Nationalitätenkonflikte weiter zuspitzen.

Dem veralteten politischen Gefüge im deutschsprachigen Raum stehen in den Jahrzehnten um 1900 unerhörte gesamtgesellschaftliche Wandlungsprozesse gegenüber. Seit etwa 1850 ist eine massive Veränderung der Sozialstruktur zu beobachten. Grund dafür ist das gegenüber Frankreich und Großbritannien verspätete Einsetzen einer rapiden industriellen Revolution. Viele Menschen vom Land streben als gering qualifizierte Arbeitskräfte unter anderem in die rasch wachsende Textilindustrie und in den florierenden Bergbau. Die Löhne des schlecht ausgebildeten Personals sind gering. Die niedrigen Produktionskosten ermöglichen hohe Profite, die vor allem dem wirtschaftlich erstarkenden Bürgertum zu Gute kommen. Die ideologische Rechtfertigung dafür liefert der Liberalismus (vgl. Eberhard 1991, 40–42). Innerhalb weniger Jahrzehnte mutiert Deutschland nach der Märzrevolution von 1848 zu einem hochindustrialisierten Land. Auf eine Phase der Depression nach der Wirtschaftskrise 1873 folgt gegen Ende des Jahrhunderts ein erneuter, massiver ökonomischer Aufschwung mit tief greifenden Folgen für viele Bereiche der Gesellschaft (vgl. Eberhard 1991, 43f.).

Industrialisierung

Urbanisierung   Integraler Bestandteil dieses Modernisierungsprozesses ist die Urbanisierung (vgl. z. B. Vietta 1992, 273–282). Bereits in der ersten Hälfte des
19. Jahrhunderts, vermehrt und in stetig zunehmendem Maße jedoch
nach 1850, ist – wie bereits erwähnt – eine breite Wanderungsbewegung
der Landbevölkerung in die Städte zu den dort in großen Mengen neu entstehenden Arbeitsmöglichkeiten zu erkennen. Der deutschsprachige
Raum wandelt sich innerhalb weniger Dekaden von einer Agrar- zu einer
Industriegesellschaft. Statistische Zahlen belegen dies eindrücklich. Im
Wilhelminischen Kaiserreich steigt der Anteil von Personen an der Ge-
samtbevölkerung, die in Großstädten mit mehr als 100.000 Einwohnern
leben, von 4,8% im Jahre 1871 auf 21,3% in den Jahren vor dem Ersten
Weltkrieg (vgl. Becker 1993, 24). 1850 gibt es erst vier Großstädte, 1910
bereits achtundvierzig (vgl. Becker 1993, 26). Unter diesen wiederum
wachsen die Metropolen in fast sprunghafter Art und Weise. Die Einwoh-
nerzahlen von Berlin und Wien zum Beispiel überschreiten vor dem
Ersten Weltkrieg die Zwei-Millionen-Grenze (vgl. Vietta/Kemper 1997,
36). Landflucht und Urbanisierung werden überdies von einem massiven
Bevölkerungswachstum begleitet. Am Beginn des 19. Jahrhunderts leben
in Europa circa 200 Millionen Menschen, um 1914 hat sich diese Zahl
etwa verdreifacht (vgl. Jurkat 1993, 48). Diese Entwicklungen zeitigen unter anderem die Konsequenz, dass die Metropolen nicht allein hinsichtlich
ihrer Einwohnerzahl wachsen, sondern auch ganze neue Stadtviertel für
die Zuwanderer vom Land aus dem Boden gestampft werden, so zum Beispiel im Osten Berlins oder im Nordwesten Wiens. Die Arbeiter leben auf
engstem Raum unter oft erbärmlichen Umständen. Der Strukturwandel
bringt somit auch eine breite urbane Proletarisierung mit sich.

Technisierung   Zu dieser bislang in Mitteleuropa nicht da gewesenen Konzentration
und großstädtische   von Menschenmassen kommt die radikale Veränderung des urbanen Le-
Infrastruktur   bensraums durch den Anstieg der Mobilität und die technische Entwicklung. Die Pferdekutsche wird sukzessive durch das Automobil verdrängt,
und die Straßenbahn durchfährt in kurzen Abständen die Hauptver-
kehrsadern der Städte. Ihren Einwohnern scheint es, als würde die Zeit
sich ständig beschleunigen. Neben den vielfältigen Verkehrslärm, den
Schmutz der Abgase und den Ruß aus den Fabrikschloten treten als neue,
irritierende Sinneseindrücke etwa die elektrische Beleuchtung oder die
Neonreklamen. Gerade diese unglaublichen Veränderungen der Existenz
in der Stadt und der Wahrnehmung des modernen urbanen Lebens avancieren zu einem zentralen Thema in der Dichtung der Expressionisten, die
diese Prozesse selbst während ihrer eigenen Kindheit und Jugend miterle-
ben (vgl. z. B. Großklaus/Lämmert 1989). Dabei ist die Haltung vieler
Schriftsteller zu diesem rasanten und fundamentalen Modernisierungs-
schub zwiespältig. Auf der einen Seite artikulieren viele von ihnen eine
scharfe Ablehnung der neuen Großstädte. Andererseits bilden diese nicht
allein ein zentrales, unverzichtbares Thema der Literatur der Epoche. Vielmehr stellen die Metropolen die für die Autoren unentbehrliche Infrastruk-

tur zur Verfügung, Zeitungen, Zeitschriften, Kinos oder Cafés – und nicht zuletzt das urbane Publikum. Anders gesagt, die Entstehung der Bewegung ist ohne die Großstadt in dieser Weise gar nicht vorstellbar (vgl. Läufer 1992, 24).

Mit der Ermordung des österreichisch-ungarischen Thronfolgers Franz Ferdinand (1863–1914) in Sarajevo durch serbische Nationalisten Ende Juni 1914 ist nicht mehr als der direkte Anlass für den Ersten Weltkrieg benannt. Die tieferen Gründe für diese mehr als vier Jahre währende, globale militärische Auseinandersetzung sind in einem komplexen Geflecht von politischen Auseinandersetzungen, wirtschaftlichen Spannungen und kulturellen Differenzen vor allem zwischen den wichtigsten Staaten Europas zu suchen. Hinzu kommen eine verbreitete Kriegsmentalität in der politischen Führung wie in der Bevölkerung, imperialistische Weltmachtbestrebungen und ungelöste innere Probleme der beteiligten Nationen (vgl. Wolfrum 2003, 102). Der Weltkrieg transferiert diese Konflikte auf das Schlachtfeld. Er wird von bedeutenden Teilen der Bevölkerung und insbesondere von großen Teilen der Intellektuellen, auch von vielen Expressionisten, enthusiastisch begrüßt. Manche von ihnen wie etwa Klabund melden sich trotz schwerer Krankheit freiwillig für den Kriegsdienst und empfinden ihre Ausmusterung als heftige Enttäuschung. Auf die anfänglichen Erfolge der Mittelmächte, also vor allem Deutschlands, Österreich-Ungarns und Italiens, folgt alsbald eine weitgehende Stagnation der Auseinandersetzungen an festgefahrenen Fronten. Der Waffengang mutiert zur zermürbenden Materialschlacht, in der viele Millionen von Menschen ihr Leben lassen. Der Einsatz an der Front hat nur noch wenig mit traditionellen Vorstellungen vom Soldatendasein gemein. An dessen Stelle tritt der Kampf um das Überleben unter den widrigsten Bedingungen und gegen eine Maschinerie des Tötens (vgl. Wolfrum 2003, 107). Auch zahlreiche Expressionisten gehen im Krieg zugrunde, zum Teil bereits in dessen ersten Monaten. Beispielhaft wäre hier an Alfred Lichtenstein, Ernst Stadler oder Georg Trakl zu erinnern. Die ersten Bombardements ziviler Ziele aus der Luft und der Einsatz neuer Waffensysteme wie Giftgas verschärfen die inhumane Brutalität der Auseinandersetzung. Nach dem Kriegseintritt der Vereinigten Staaten von Amerika 1917 ist der Krieg auf Grund der produktiven Überlegenheit der Entente für die Mittelmächte nicht mehr zu gewinnen (vgl. Wolfrum 2003, 105).

Der Erste Weltkrieg bedeutet das Ende von vier Großmächten, nämlich Österreich-Ungarns, des Deutschen Kaiserreichs, des zaristischen Russischen und des Osmanischen Reichs. Es entstehen zahlreiche Nachfolgestaaten, und die politische Landkarte Europas verändert sich nachhaltig. Die Nachkriegsordnung wird in einer Reihe von Friedensschlüssen, benannt nach Pariser Vororten, vertraglich besiegelt. Das Deutsche Kaiserreich wandelt sich in der Revolution von 1918/19 zur Weimarer Republik. Auch zahlreiche Expressionisten beteiligen sich aktiv an den radikalen politischen Reformen, unter ihnen Erich Mühsam und Ernst Toller (vgl.

Der Erste Weltkrieg

Friedensschluss und Nachkriegsordnung

z. B. Köglmeier 1999). Breite Kreise der Bevölkerung einschließlich vieler Intellektueller stehen der neuen Demokratie skeptisch gegenüber, aus Verbundenheit entweder mit der früheren Monarchie oder mit den Zielen einer kommunistischen Staats- und Gesellschaftserneuerung nach dem Vorbild der jungen Sowjetunion. Die immensen Reparationszahlungen an die alliierten Kriegsgewinner und eine massive Inflation destabilisieren die Republik zusätzlich. Auch Österreich erlebt schwerwiegende politische Veränderungen. Dazu zählen die Abdankung und Landesverweisung von Kaiser Karl I. (1887–1922, reg. 1916–1918), die Reduktion des Staatsgebietes auf die vorwiegend deutschsprachigen Territorien, die Aufhebung aller Vorrechte des Adels und die demokratische Neugründung der Ersten Republik. In Wien beteiligen sich Expressionisten ebenfalls aktiv an der Revolution, unter ihnen beispielsweise Robert Müller (1887–1924; vgl. Fischer 1994). Wie die Weimarer Republik leidet auch Österreich während der folgenden Jahre unter akuter politischer und wirtschaftlicher Instabilität, unter den Reparationszahlungen und zusätzlich unter den Auseinandersetzungen um eine Vereinigung mit Deutschland. In der Schweiz hingegen gibt es, weil das Land nicht am Krieg teilgenommen hat, 1918/19 keine Revolutionswirren, denen sich Expressionisten anschließen hätten können. Die meisten von ihnen hegen vielmehr eine enthusiastische Hoffnung auf Erneuerung des Landes und der helvetischen Gesellschaft in einer evolutionären Entwicklung (vgl. Stern 1981, 2, 266).

3. Philosophie und Ideologie

Kritik des Modernisierungsprozesses

Die philosophischen und ideologischen Grundlagen des Expressionismus wurzeln zu wichtigen Teilen bereits in den letzten Dekaden des 19. Jahrhunderts. Sie konzentrieren sich um eine Reihe von Denkerpersönlichkeiten, die dem Geist und den dominanten Diskursen ihrer Zeit massiv widersprochen haben. Den Expressionisten erscheinen diese Auseinandersetzungen um und nach 1910 aktueller denn je. Die primären Angriffsziele bilden der Rationalismus, die Wissenschaftseuphorie, der Fortschrittsglaube, die Technikversessenheit und der Nützlichkeitswahn als integrale Paradigmen und Leitideologien der zweiten Hälfte des 19. und des beginnenden 20. Jahrhunderts. Die expressionistischen Autoren berufen sich somit auf einige der bedeutendsten Kritiker des neuzeitlichen Modernisierungsprozesses und der Fortschrittsideologie und ihrer Konsequenzen für Individuum und Gesellschaft.

Nietzsche

Eine tragende Rolle kommt dabei dem deutschen Philosophen Friedrich Nietzsche zu, dessen Werke etwa seit der Jahrhundertwende eine außerordentlich breite und intensive Rezeption erfahren. Zentrale Positionen seines Denkens, die er selbst niemals in die Form eines schlüssigen Systems zu überführen vermag, lassen sich mit dem Begriff des Nihilismus beschreiben. Nietzsche konstatiert eine Auflösung aller übergreifenden

Weltdeutungen und eine Zersetzung der metaphysischen Grundlagen des westlichen Abendlandes. Der Verlust des Glaubens an ein höheres Wesen und eine göttlich legitimierte Ordnung der menschlichen Gesellschaft führt freilich nicht in eine Apologie der modernen Naturwissenschaften. Im Gegenteil kritisiert Nietzsche mit radikaler Schärfe den beinahe religiösen Fortschrittswahn seiner Zeit und ihren ebenso banalen wie problematischen szientischen Wahrheitsbegriff. Dem für ihn längst überkommenen, körperfeindlichen und müden Christentum – einer Metaphysik der Schwachen und Kranken – wie auch dem klein karierten, wissenschaftsgläubigen Spießer des ausgehenden 19. Jahrhunderts stellt er in seiner Schrift *Also sprach Zarathustra* (1883/85) die – allerdings etwas vage – Idee eines starken, lebensfreudigen und leibfreundlichen, kreativen ‚Übermenschen' gegenüber (vgl. Martens 1971, 43 u. ö.; Vietta/Kemper 1997, 134–143).

Eine entscheidende Bedeutung für die ideologischen Grundlagen des Expressionismus kommt auch dem französisch-belgischen Schriftsteller Maurice Maeterlinck (1862–1949) zu. In seinen Dramen bringt er eine Welt auf die Bühne, in welche immer wieder unbegreiliche und geheimnisvolle Mächte des Kosmos einbrechen. Er verzichtet dabei vollständig auf eine naturalistisch-illusionistische Gestaltung seiner theatralischen Fiktionen, da er die naturwissenschaftlich-positivistische Erklärbarkeit des Daseins radikal verleugnet. Er führt den Menschen auf seine *condition humaine* zurück, auf seine gefährdete Existenz als von allen Seiten bedrohtes Lebewesen abseits aller sozialen Differenzierungen, Psychologisierungen und individuellen Charaktermerkmale (vgl. Brincken 1997, 20f.). Auch in seinen viel beachteten Essays figuriert Maeterlinck als Denker, der einem platten Rationalismus, einer naiven Wissenschaftsgläubigkeit oder einem blinden Vertrauen in das Funktionieren menschlicher Kommunikation mittels Sprache vehement den Kampf erklärt. Konsequenz seiner Rückbesinnung auf die Seele als Mittelpunkt des Menschen ist die Verkündigung eines neuen, mystischen Zeitalters.

Große Bedeutung erlangt für die Avantgardisten auch der französische Philosoph Henri Bergson (1859–1941). Dieser wendet sich ebenfalls energisch wider das materialistisch-mechanische Weltbild der Zeit, die Maschinisierung, Verdinglichung, Entpersonalisierung und Entwertung des Lebens. Gegen die naturwissenschaftlich-rationalistischen Methoden der Welterklärung auf der Grundlage von Versuchsanordnungen und Experimenten setzt er die Erkenntnis durch Intuition (vgl. Martens 1971, 57f.).

Eine tragende Rolle innerhalb der denkerischen Grundlagen des Expressionismus kommt schließlich dem Wiener Nervenarzt Sigmund Freud zu. Er stellt dem Vertrauen in die Vernünftigkeit humanen Handelns die Einsicht entgegen, dass der Mensch in einem unerhört hohen Maße von seinen – teils nicht bewussten und völlig irrationalen – Trieben gelenkt sei. Als erstes Prinzip des Daseins sieht er nicht die verstandesmäßig gesteuerte, wohl geordnete Einrichtung einer bürgerlichen Existenz an, sondern

Maeterlinck

Bergson

Freud

die Befriedigung untergründiger Leidenschaften oder gar abartiger Wunschvorstellungen. Das menschliche Leben erscheint Freud immer nur scheinbar als rational organisiert, unter der Oberfläche jedoch als Tummelplatz unmoralischer Emotionen und zwanghaft verdrängter Perversionen. Auf dieser Basis wird natürlich die gesamte bildungsbürgerliche Fassade von philiströser Wohlanständigkeit ebenso zu Schanden wie alle aufklärerisch-idealistischen Vorstellungen von einem vernünftigen Individuum und überhaupt die Idee einer einheitlichen und für sich selbst verantwortlichen Subjektivität (vgl. Strohmeyer 1984).

Vitalismus · Alle genannten, für den Expressionismus außerordentlich wichtigen Denker stimmen in ihrer Ablehnung eines übersteigerten Rationalismus zugunsten einer Betonung der Kräfte des Lebens und des Leibes überein. Als brauchbarer Begriff für diese ideologische Position hat sich der Terminus Vitalismus etabliert. Abgehoben wird damit auf die zentrale Stellung des Phänomens ‚Leben' innerhalb vieler Diskurse des beginnenden 20. Jahrhunderts und die Verherrlichung der unterschiedlichsten kreatürlichen Kräfte und Vorgänge im Gegensatz zur Glorifizierung der kalten Vernunft. Damit ist beispielsweise die auf Gedanken Nietzsches beruhende Vorstellung gemeint, dass das Denken und Erkennen kein eigenständiger, autarker Prozess im menschlichen Bewusstsein, sondern stets rückgebunden an physiologische Abläufe des Leibes sei. Mehr noch, die vitalen Vorgänge von Zeugung und Vernichtung entziehen sich letztlich einer rationalen Erklärung. Konsequenz daraus ist eine starke und vorbehaltlose Bejahung des Körpers und des Lebens in deren ganzer Unberechenbarkeit und Irrationalität (vgl. Martens 1971, 41 u. ö.). Dies impliziert eine Begeisterung für die Jugend, für das Gefühl und den Affekt, für den Rausch und überhaupt jede Form der Intensivierung der Empfindungen, für die Sexualität und schließlich auch für Gewalt (vgl. Anz 2002, 49–60). Unausweichlich ist dabei für die Expressionisten die Konsequenz, dass eine allein auf das Gute und Schöne und somit auch Vernünftige konzentrierte Ästhetik der Vielfalt der Erscheinungen des menschlichen Daseins nicht gerecht werden könne und die Kunst daher ihren Gegenstandsbereich demonstrativ auch auf das Böse, Unvernünftige und Hässliche als ebenso berechtigte Phänomene des Lebens auszudehnen habe, um dessen Vielfalt nicht zu verkürzen (vgl. Martens 1971, 43). Freilich eignen einer solchen Glorifizierung vitaler Kräfte und Vorgänge weniger scharfe gedankliche Konturen als den damit angefeindeten Theorien des Positivismus und Materialismus (vgl. Martens 1971, 16). Charakteristisch für den Expressionismus ist stattdessen gerade die Ungreifbarkeit eines einheitlichen Konzepts, die fehlende logische Stringenz der tragenden Vorstellungen. Durchgängige Rationalität, Schlüssigkeit und Konsequenz werden sozusagen systematisch durch das Prinzip einer ständigen Bewegung aller Lebensvorgänge und einer unaufhörlichen Opposition gegen jede Art von Stillstand und Erstarrung konterkariert und verhindert (vgl. Martens 1971, 289f.).

Die unterschiedlichen vitalistischen Denkansätze erlangen in den Jahrzehnten um 1900 nicht allein theoretisch eine starke Rezeption in allen Ländern Europas, insbesondere unter Intellektuellen, Künstlern und weiten Kreisen der jüngeren Generation aus dem bürgerlichen Milieu. Die Ablehnung der beherrschenden Stellung von Naturwissenschaft und Technik und die Skepsis gegenüber dem Rationalismus finden auch ihren praktischen Niederschlag in der so genannten Lebensreformbewegung. Unter dieser Bezeichnung werden diverse Strömungen und Gruppen jener Jahre subsumiert, die alternative Konzepte der Gestaltung des eigenen Daseins zu realisieren versuchen. Sie stecken sich damit das Ziel, sowohl die vitalistische Kulturkritik als auch verschiedene theosophische Modelle, die seit etwa 1880 vorwiegend aus den USA auf den Alten Kontinent gelangen, in eine persönlich gelebte, oppositionelle Wirklichkeit umzusetzen. Das weit verzweigte Spektrum an lebensreformerisch geprägten Erneuerungsbestrebungen reicht hierbei in vielfältigen Vermischungen und Überlappungen von der Wandervogel-, der Freikörper-, der Abstinenz-, der Vegetarismus- oder der Frauenbewegung über die Reformpädagogik und den Anarchismus bis hin zu Okkultismus und Spiritismus und zur Bildung einer Reihe von Freikirchen, Sekten und Konventikeln (vgl. z.B. Rothe 1977, 41 u.ö.; Stern 1981, 2, 227). Gemeinsam ist allen diesen Strömungen der Wille zur Loslösung aus den verkrusteten bürgerlichen Traditionen und aus dem dominanten materialistischen Weltbild. Die Expressionisten nun nehmen in individuell divergierender Weise viele Ansätze der Lebensreformbewegung auf oder zeitweise sogar an einer ihrer verschiedenen praktischen Ausprägungen Teil. Bei aller Radikalität des Bruchs mit der unmittelbar voraufgehenden Generation sind in dieser Hinsicht vielfältige Kontinuitäten zwischen den Repräsentanten des Expressionismus und etwas älteren, ebenfalls stark lebensreformerisch geprägten Autoren wie beispielsweise Rainer Maria Rilke zu erkennen (vgl. Martens 1971, 13).

Bei aller Nähe zu unterschiedlichen zeitgenössischen Erneuerungsbewegungen bleiben die tief greifenden Forderungen der Vertreter der Epoche nach einer grundlegenden Neuorientierung der europäischen Gesellschaften, ja nach einem gänzlich neuen Menschen während der frühen Jahre der Bewegung inhaltlich relativ vage und unkonkret. Georg Heyms Ausfälle zum Beispiel gegen das preußische Beamtentum sind affektive Hasstiraden, aber nicht das Resultat eines fundierten theoretischen Reflexionsprozesses oder auch nur Manifestation einer sich überhaupt politisch begreifenden Opposition (vgl. Korte 1982, 23). Aufschrei, Pathos und rhetorische Übertreibung in der frühen Dichtung des Expressionismus sind nicht nur Ausdrucksformen für Anklage und messianische Verkündigung, sondern auch Kompensation inhaltlicher Verschwommenheit und Unklarheit hinsichtlich der philosophischen Grundlagen und der ideologischen Ziele (vgl. Knauf 1996, 46). Erst im Verlauf des Ersten Weltkriegs präzisieren viele Autoren ihre Reformkonzepte. Dabei gehen die unterschiedli-

Lebensreformbewegung

Ideologische Separationen in der Spätzeit

chen Schriftsteller äußerst divergente Wege (vgl. Riedel 1970). Ernst Toller etwa entwickelt einen pazifistischen, anti-nationalistischen Sozialismus. Reinhard Johannes Sorge hingegen wendet sich der römischen Kirche zu. Auch das avantgardistische Dichterpaar Emmy Hennings und Hugo Ball (1886–1927) vollzieht Anfang der 1920er Jahre eine radikale Wendung zu einem mystischen Katholizismus. Ball macht dies auch durch die Publikation eines Textes über drei Märtyrer mit dem Titel *Byzantinisches Christentum – Drei Heiligenleben* (1923) öffentlich (vgl. Süllwold 1999). Eine wiederum gänzlich andere Richtung nimmt der Dramatiker Hanns Johst (1890–1978). Mit seinen frühen Arbeiten aus der Mitte der 1910er Jahre tritt er für eine pazifistische, internationalistische Verbrüderung aller Menschen ein. Nach dem Scheitern der Revolution vollzieht er einen radikalen Gesinnungswandel hin zu einer extrem rechtslastigen Kollektivideologie. In seiner Schauspielproduktion wendet er sich dem Konzept eines heroisch-kultischen Dramas zu, das um Schlagworte wie ‚Volk‘, ‚Führer‘, ‚Heimat‘ und ‚Kameradschaft‘ kreist, und avanciert zum Begründer der nationalsozialistischen Theaterkonzeption. Die Machtergreifung Hitlers bringt ihm schließlich auch Erfolg in der Kulturpolitik. Von 1935 bis 1945 leitet er als Präsident die Reichsschrifttumskammer und ist maßgeblich an der faschistischen Gleichschaltung des literarischen Lebens im ‚Dritten Reich‘ beteiligt (vgl. Pfanner 1970, 17).

4. Druck-, Verlags- und Organisationsgeschichte

Revolution auf dem literarischen Markt

Der Expressionismus ist nicht nur eine ästhetisch außerordentlich innovative Epoche der Poesiegeschichte, sondern bringt auch markante Veränderungen auf dem literarischen Markt der deutschsprachigen Länder mit sich. Mit der Bewegung entsteht und entwickelt sich eine Vielzahl an Verlagen, an Zeitschriften und Jahrbüchern und an anderen Foren für die öffentliche Vermittlung der neuen avantgardistischen Dichtung. Hierfür sind mindestens zwei entscheidende Gründe zu nennen. Erstens müssen viele expressionistische Autoren die Erfahrung machen, dass sie bei dem Versuch, ihre Texte in den traditionellen, eingeführten Verlagen und Zeitschriften unterzubringen, scheitern. Die Ästhetik der Bewegung ist den meisten Lektoren und Redakteuren zu fremd und zu radikal, als dass sie sich zu einer Publikation entschließen wollten, und darüber hinaus erscheinen ihnen die kommerziellen Erfolgsaussichten zu gering und das Risiko zu hoch. Die bedeutenden Literaturverlage der Zeit, Georg Müller, Albert Langen, Eugen Diederichs, Insel oder Samuel Fischer, nehmen nur wenige expressionistische Texte in ihre Programme auf und senden – etwa im Falle Georg Trakls – Manuskripte zurück, die ihnen Jahre später erhebliche Gewinne hätten bescheren können (vgl. Füssel 2001, 159). Zweitens weisen nicht nur etablierte Zeitschriften die ihnen zugesandten Beiträge von Expressionisten ab, sondern hegen auch viele unter diesen

selbst Zweifel an den einschlägigen Organen als geeigneten Publikations-
orten für ihre Texte. Die wichtigen zeitgenössischen literarischen Periodika erscheinen den avantgardistischen Autoren als Inbegriff der bürgerlichen Kultur, gegen die sie sich ja gerade auflehnen. Die Konsequenz
daraus ist, dass um 1910 innerhalb kürzester Zeit eine ganze Reihe von
neuen Verlagen, Buchreihen und Zeitschriften entsteht, durch welche die
Expressionisten abseits der eingeführten Distributionswege sich schriftlich
äußern und an die Öffentlichkeit treten können. Oftmals handelt es sich
dabei um Medienverbünde, also Verlage, die Bücher, Zeitschriften, Jahrbücher, Almanache und Heftreihen gleichzeitig herausgeben. In vielen
Fällen bestehen überdies Affinitäten zu spezifischen Autorenkreisen, oder
die Lektoren und Redakteure treten – sozusagen in Personalunion – auch
gleichzeitig als Autoren auf, zum Beispiel Robert Müller, René Schickele
oder Franz Werfel.

Als zweifellos wichtigster Verlag des Expressionismus darf der Leipziger   Verlage
Betrieb von Kurt Wolff (1887–1963) gelten (vgl. Göbel 1976f.; Schumann
2000). Hier erscheinen zwar nicht nur avantgardistische Texte der jüngs-
ten deutschsprachigen Dichter, sondern auch die Werke von lebenden
Autoren anderer literarischer Strömungen – zum Beispiel von Hermann
Bahr oder Franz Blei (1871–1942) – und von wichtigen ausländischen
Schriftstellern des 19. Jahrhunderts wie Charles Baudelaire (1821–1867)
oder Émile Zola (1840–1902). Im Mittelpunkt von Profil wie Programm
des Verlags stehen aber stets die neuesten Werke der Expressionisten.
Wolff veröffentlicht unter anderem Texte von Walter Hasenclever, Georg
Heym, Franz Kafka, Else Lasker-Schüler und Carl Sternheim. Besondere
Bedeutung kommt der in dem Verlag zwischen 1913 und 1921 in 86 Bän-
den erscheinenden Buchreihe *Der jüngste Tag* zu. Hier werden in rascher
Folge expressionistische Neuerscheinungen zu einem relativ günstigen
Preis veröffentlicht (vgl. Göbel 1976f., 577). Die Reihe kann anfangs lediglich ein geringes publizistisches Echo und nur wenige Leserinnen und
Leser erreichen, entwickelt sich jedoch in den späteren Jahren der Bewegung zu einem zentralen Multiplikator der expressionistischen Ästhetik
und Ideologie (vgl. Göbel 1976f., 590f.). Als weitere wichtige Verlegerper-
sönlichkeiten der Epoche wären exemplarisch Heinrich F. S. Bachmair
(1889–1960) in München, Hermann Meister (1890–1956) in Heidelberg,
Alfred Richard Meyer (1882–1956) in Berlin und Ernst Rowohlt
(1887–1960) in Leipzig zu nennen. Ein bedeutender Teil der expressionistischen Texte erscheint allerdings in keinem dieser etwas größeren und
überregional agierenden Häuser, sondern in einem der circa 450 Kleinver-
lage, die der Bewegung nahe stehen (vgl. Füssel 2001, 163). Dabei handelt es sich häufig um kurzlebige Ein-Mann-Unternehmen mit wechsel-
vollen Schicksalen, die in der Überzahl noch nicht hinreichend von der
Forschung aufgearbeitet worden sind.

Mindestens ebenso wichtig wie die Veröffentlichung von Büchern ist   Zeitschriften
den Expressionisten die Verbreitung von Zeitschriften (vgl. Schacherl

1957). Sie sind in einem hohen Maße als Foren der aktuellen ästhetischen, poetologischen und ideologischen Selbstverständigung der Autoren innerhalb der Bewegung zu verstehen, wenden sich aber nach und nach auch an die breitere Öffentlichkeit. Das Spektrum der in den Zeitschriften abgehandelten Inhalte und Themen ist außerordentlich reich und steht in starker Abhängigkeit von den jeweiligen zeitgenössischen Ereignissen und Debatten. Hinsichtlich der literarischen Formen reicht die Skala von Lyrik und Prosa über „Aufrufe und Manifeste, kulturkritische Beiträge, Glossen und Satiren" bis hin zu „Pressekritik und Rezensionen" (Haefs 2000, 437). Typisch für die Ausstattung sind ein großes, flugblatt- oder plakatähnliches Format und zahlreiche Illustrationen. Oft markieren bereits die Titel der Organe ein spezifisches Programm. So verweist zum Beispiel *Pan* (1910–15) auf den griechischen Hirtengott als Symbolfigur einer Befreiung aus den zivilisatorischen Nötigungen (vgl. Kühlmann 2002, 377 u. ö.). Der Erfolg der allermeisten expressionistischen Zeitschriften ist gering. Zu den Ausnahmen zählt der von Herwarth Walden herausgegebene *Sturm*, ein künstlerisch-literarisches Organ, das zeitweise eine Auflage von 30.000 Exemplaren erreicht (vgl. Haefs 2000, 439–442; vgl. Jones 1984; Pirsich 1985). Die ebenfalls recht erfolgreiche *Aktion* setzt demgegenüber vor allem politische Akzente. Der Herausgeber Franz Pfemfert versucht mit seinem Blatt allen antibürgerlichen und staatskritischen ideologischen Richtungen der Zeit ein Forum zu bieten (vgl. Haefs 2000, 443f.; vgl. Peter 1972). Für den österreichischen und süddeutschen Expressionismus ist vor allem *Der Brenner* (1910–1954) bedeutsam (vgl. Detsch 1991). Hier ermöglicht der Herausgeber Ludwig von Ficker (1880–1967) zum Beispiel Georg Trakl die erste Gedichtpublikation. Zu den wichtigsten und wirkungsreichsten Zeitschriften der Epoche gehören nicht zuletzt die von wechselnden Redakteuren betreuten *Weißen Blätter* (1913–21), die nach 1914 zum publizistischen Zentrum der intellektuellen und künstlerischen Opposition gegen den Ersten Weltkrieg avancieren (vgl. Noe 1986). Hierbei geraten dieses Organ wie eine Reihe weiterer demokratischer, pazifistischer und antimilitaristischer Periodika, beispielsweise Wilhelm Herzogs (1884–1960) Blatt *Das Forum* (1914–15 und 1918–29), in schwerwiegende Konflikte mit der Zensur (vgl. Müller-Stratmann 1997). In vielen Fällen gehen die Herausgeber ins Exil, häufig in die Schweiz, und versuchen in der Eidgenossenschaft die Zeitschriften fortzuführen (vgl. Stern 1981, 1, 8). Die Nennung der wenigen kanonisierten Periodika der Bewegung soll freilich die immense Masse an weniger einflussreichen, oft nicht sehr langlebigen und kommerziell erfolglosen, dazu teilweise nur regional verbreiteten Zeitschriften des Expressionismus keinesfalls in Vergessenheit geraten lassen. Auch sie bilden einen unverzichtbaren, unendlich reich differenzierten Teil der literarischen Kultur der Epoche, der medialen Selbstinszenierung ihrer Repräsentanten, ihrer kritischen Selbstreflexion und ihrer Positionierung innerhalb der jeweils aktuellen Diskurse und Debatten.

Zu den expressionistischen Zeitschriften gehört in einer Reihe von Fällen ein größeres organisatorisches Umfeld, das den Texten der jungen Autoren eine breitere Öffentlichkeit verschaffen und ihre Vermarktung unterstützen soll. Ein charakteristisches Beispiel dafür sind die vielfältigen Aktivitäten, die Herwarth Walden rund um die Redaktion des *Sturm* entfaltet. Er ist ständig eifrig darum bemüht, seine Tätigkeit als Herausgeber in verschiedene „Vereine, Förder- und Mitgliederorganisationen" einzubinden. Er geht dabei von der Überzeugung aus, „daß ein Einzelner keine Chance im herrschenden Kulturleben habe, speziell nicht, wenn er eine den herrschenden Kulturbetrieb bewußt ausschließende Richtung vertrete". Er gründet daher einen „Verein für Kunst", eine *Sturm*-Bühne, eine Galerie und einen Verlag, veranstaltet Kunstabende und ruft eine Kunstschule ins Leben (Pirsich 1985, 334 u.ö.). Franz Pfemfert versucht als führender „Avantgarde-Kommunikator" eine ähnliche Art von „Medienverbund" aufzubauen, gründet dabei auch mehrere Publikationsreihen und ruft für den Vertrieb schließlich eine von seiner Frau geleitete Buchhandlung ins Leben (Haefs 2000, 444). Die literarische Interaktion innerhalb der Bewegung, die Vermittlung ihrer Ästhetik und Ideologie an das Publikum und ihr schließlich einsetzender, breiter Erfolg sind ohne diese organisatorischen Rahmenbedingungen und Vermarktungsstrategien nicht denkbar.

Literaturvermarktung

5. Musik, Bildende Kunst, Film und Hörspiel

Der Expressionismus ist nicht allein eine Epoche der Literatur, sondern aller Kunstrichtungen des frühen 20. Jahrhunderts. Gestaltungsweisen, die typisch für die Dichtung der Bewegung sind, lassen sich auch in der Musik, in der Bildenden Kunst oder in der Architektur nachweisen (vgl. z. B. die Beiträge in Bauer Pickar/Webb 1979). Zentrale Elemente der expressionistischen Ästhetik sind dabei in allen Künsten unter anderem der radikale Traditions- und Tabubruch, die scharfe Abkehr von einer Abbildung der äußeren Wirklichkeit und das Prinzip der Abstraktion, der gesteigerte Einsatz wirkungsmächtiger, suggestiver und affekterregender Darstellungsmittel, die Betonung des Organischen, Lebendigen, Irrationalen und Emotionalen. So sind etwa die Parallelen zwischen der Ästhetik Georg Trakls und des Malers Franz Marc (1880–1916) unübersehbar. Beide arbeiten demonstrativ antinaturalistisch, beide sind vergleichbar in der vollkommen gegenrealistischen Farbgestaltung in ihren Werken. Sie stellen zum Beispiel gelbe Wälder oder einen purpurnen Himmel dar (vgl. Neri 1996, 107f.). Kennzeichnend für schreibende und malende Expressionisten ist ferner das immense Interesse an der Masken- und Dämonenkunst vorzivilisierter und exotischer oder – wie es im Sprachgebrauch der Zeit heißt – ‚primitiver' Völker (vgl. Lloyd 1991; vgl. auch Reif 1975, 30, 78–98 u.ö.). Viele bildende Künstler beschäftigen sich intensiv und produktiv mit diesen Werken, während Carl Einstein, einer der bedeutendsten

Expressionistische Poesie, Malerei und Musik

Prosaisten der Epoche, 1915 eine umfängliche Abhandlung über die *Negerplastik* veröffentlicht (vgl. Kiefer 1994, 134–145 u.ö.). Auch zwischen der Poesie und der Musik des Expressionismus, hier vor allem den Kompositionen der Wiener Schule, lassen sich vielfältige Übereinstimmungen ausmachen. Das betrifft nicht allein die gemeinsamen Vorbilder und Bezugspunkte, unter ihnen der Sprachkritiker Karl Kraus, der Dramatiker August Strindberg oder der Essayist Maurice Maeterlinck. So ist etwa die Lyrik Trakls ebenso vom starken Einsatz klangästhetischer Gestaltungsweisen – beispielsweise von Assonanzen, Alliterationen, Anaphern, Parallelismen – geprägt, wie die Musik Arnold Schönbergs (1874–1951) und Alban Bergs (1885–1935) von der intensiven Nutzung effektreicher musikalischer Ausdrucksmittel. Der Literatur- wie der Tonsprache der Epoche eignet aber gleichzeitig die Strategie, den Wohllaut ostentativ in schrillen Dissonanzen zu durchbrechen und die eingefahrenen Lese- und Hörgewohnheiten vehement zu verabschieden (vgl. Doppler 2001, 113f. u.ö.). Dabei verbindet die Werke Schönbergs wie vieler Dichter des Expressionismus ein geradezu „messianischer Wahrheitsanspruch" (Gratzer 1994, 160). Nicht zuletzt lassen sich zwischen Literatur und Tanz der Zeit Querverbindungen herstellen. So wird zum Beispiel im expressionistischen Ballett ein zentrales Thema der Epoche, die Maschinisierung des modernen Menschen, durch seelenlos wirkende, mechanisch agierende Tänzer im Gegensatz zu lebensvoll springenden Figuren auf die Bühne gestellt (vgl. Weissenböck 1994, 179).

Doppel- und Dreifachbegabungen

Über die ästhetischen Parallelen zwischen den unterschiedlichen Künsten hinaus ist die Bewegung durch eine auffällige Zahl an Mehrfachbegabungen gekennzeichnet. So sind viele wichtige Autoren zugleich bildkünstlerisch tätig und arbeiten viele Maler auch schriftstellerisch. Zu den prominentesten Doppelbegabungen zählt Ernst Barlach (1870–1938), dessen Skulpturen wie Dramen mit größter Ausdrucksintensität die Erdgebundenheit des Menschen einerseits und die unlösbaren Widersprüche der Moderne andererseits thematisieren (vgl. z.B. Richter 1992). Arnold Schönberg kann gar als Dreifachbegabung gelten. In der Tonkunst stellt er radikal die bisherigen Konventionen – etwa die Form und Struktur der Akkorde – in Frage, als abstrakter Maler schließt er sich um 1910 dem „Blauen Reiter" an und präsentiert seine Bilder gemeinsam mit denen dieses Kreises der Öffentlichkeit (vgl. Stuckenschmidt 1965, 253f.), als Schriftsteller verfasst er eine Reihe von Textbüchern für Musikdramen, zum Beispiel *Moses und Aron* (1930–32), und etliche kunsttheoretische Abhandlungen, darunter die *Harmonielehre* (1911). Albert Paris Gütersloh entwickelt bereits in seiner Jugend vielfältige Talente. Jahrelang übt er den von ihm erlernten Beruf, die Schauspielerei, aus, bis er 1909 auch als Maler an die Öffentlichkeit tritt und ein Jahr später zusätzlich mit seinem Roman *Die tanzende Törin* (1910) reüssiert. Auch in der Folge pflegt er alle diese Talente nebeneinander, um schließlich darüber hinaus noch als Bühnenbildner und Regisseur zu wirken.

Die besondere Pflege von Mehrfachbegabungen in der Epoche ist kein Zufall, vielmehr – wie sich am Exempel der musikalisierten Lyrik Trakls oder der Vereinigung von Librettist und Komponist in der Person Schönbergs bereits angedeutet hat – ein konstitutiver Bestandteil des ästhetischen Programms der Bewegung, das viele Expressionisten in ihrem Oeuvre umsetzen. Für sie gehört die starke Ausdifferenzierung der unterschiedlichen zeitgenössischen Künste wie etwa die Urbanisierung oder die Technisierung zu einem der problematischen Prozesse der Modernisierung, den sie in und mit ihren Werken wenigstens partiell wieder aufheben möchten. Sie sind daher auf mehreren künstlerischen Gebieten tätig oder versuchen diese sogar möglichst miteinander zu verbinden, zu verschmelzen oder wenigstens gegenseitig zu befruchten. Das „synästhetische Zusammenspiel von Licht, Farbe, Wort, Musik und Körpersprache" zielt auf eine „Intensivierung" des „Ausdrucks" und der „Wirkung" (Anz 2002, 149). Deutlicher Ausweis dieser Bestrebungen ist zum Beispiel die reiche graphische Ausstattung zahlreicher expressionistischer Zeitschriften. Ein besonders bemerkenswertes literarisches Dokument einer exemplarischen Text-Bild-Kombination datiert aus den Anfängen der Bewegung. 1909 legt der österreichische Zeichner Alfred Kubin (1877–1959) einen *phantastischen Roman* mit dem Titel *Die andere Seite* vor, den er selbst mit 52 eindrücklichen Illustrationen versieht. Die Dramen des Malers, Graphikers und Schriftstellers Oskar Kokoschka (1886–1980), etwa *Mörder, Hoffnung der Frauen* (1910), sind richtiggehend auf die Verwirklichung der Idee eines Gesamtkunstwerks hin angelegt. Sie sind geprägt von einer pathetisch-ekstatischen, stark musikalisierten Sprache und beziehen in die szenische Gestaltung expressive Farb- und Lichteffekte sowie tänzerische und pantomimische Elemente mit ein (vgl. z.B. Lischka 1972). Der Versuch einer Überschreitung der eingefahrenen Grenzen zwischen den Künsten wird freilich nicht allein von Expressionisten mit auffälligen Mehrfachbegabungen unternommen. Auch die Zusammenarbeit von Schriftstellern, Malern oder Komponisten bei der Schaffung eines gemeinsamen Werks erlangt besondere Bedeutung. So erscheint etwa Albert Ehrensteins erste Prosaarbeit *Tubutsch* mit zwölf zu dem Text gezeichneten Illustrationen von Oskar Kokoschka (vgl. V. 3.).

Das Interesse der Expressionisten an der Überschreitung der tradierten Grenzen zwischen den verschiedenen Künsten dokumentiert auch ihre Nutzung von neuen Publikationsmöglichkeiten, welche die moderne urbane Gesellschaft bietet. Dazu gehören auf der einen Seite Litfaßsäulen, auf denen Anschläge plakatiert werden können, Flugblätter oder Zeitungsinserate, die ihrerseits wieder innovative Gestaltungsweisen bei der Abfassung der literarischen Texte provozieren (vgl. Fähnders 1997, 26). Andererseits richten viele Autoren der Bewegung große Aufmerksamkeit auf den Film und das Hörspiel. Bereits 1913 veröffentlicht Kurt Pinthus eine Anthologie mit dem Titel *Kinobuch*, in der sich Arbeiten zahlreicher wichtiger Expressionisten, unter anderem von Albert Ehrenstein, Walter Hasen-

Entgrenzung der Künste

Die neuen Medien Film und Hörspiel

clever, Else Lasker-Schüler, Ludwig Rubiner (1881–1920) und Paul Zech (1881–1946), für das neue Medium versammelt finden. Viele Schriftsteller der Bewegung schreiben während der folgenden Jahre immer wieder Drehbücher (vgl. Cossart 1985). Nach dem Ersten Weltkrieg entsteht eine ganze Reihe von expressionistischen Streifen, die in die Filmgeschichte eingehen, darunter Robert Wienes (1880–1938) *Das Cabinett des Dr. Caligari* (1920), Paul Wegeners (1874–1948) *Der Golem* (1920) und F. W. Murnaus (eig. Friedrich Wilhelm Plumpe, 1888–1931) *Nosferatu* (1921). Das Kino transferiert dabei aus der Literatur vielfältige phantastische und groteske Gestaltungselemente, dazu Themen vom Rand der Gesellschaft wie Wahnsinn oder Mord, ferner eine oft radikale Zivilisationskritik und vor allem vom Theater die Techniken des Stationendramas. Die expressionistische Dichtung wiederum nimmt ebenfalls diverse Anleihen bei den bewegten Bildern. Hierzu gehören etwa die Verabschiedung des auktorialen Erzählers und der traditionellen Psychologisierung der Figuren, der Einsatz von raschen Schauplatzwechseln nach dem Vorbild des Filmschnitts oder Formen der literarischen Montage (vgl. Fähnders 1998, 152f.). An der Entstehung des Hörspiels Mitte der 1920er Jahre nehmen ebenfalls etliche namhafte Expressionisten lebhaften Anteil. Das neue, auditive Medium bietet bisher ungeahnte Möglichkeiten der sinnlich eindrucksvollen und breitenwirksamen Vermittlung literarischer Texte an die Öffentlichkeit. Manche Autoren nutzen auch die Chance, ihre prosaischen oder dramatischen Texte für den Hörfunk zu adaptieren, beispielsweise Alfred Döblin mit *Die Geschichte vom Franz Biberkopf* (1930) und Albert Ehrenstein mit *Mörder aus Gerechtigkeit* (1931).

IV. Aspekte und Geschichte der Literatur

1. Theoretische Grundlagen

Die wichtigsten theoretischen Grundlagen der Epoche werden nicht von Expressionisten selbst entwickelt. Zentrale Bausteine der philosophischen und ideologischen Basis der Bewegung übernehmen die Autoren aus den Schriften einiger einflussreicher Denker des 19. und frühen 20. Jahrhunderts (vgl. III. 3.). Hinzu kommen aus den Jahren um 1910 einige maßgebliche avantgardistische Programmschriften von Theoretikern und Künstlern, die selbst nicht der expressionistischen Literaturbewegung angehören, die innerhalb derselben jedoch außerordentlich produktiv aufgenommen werden.

Ältere theoretische Grundlagen

An erster Stelle ist hier der Kunsthistoriker Wilhelm Worringer (1881–1965) zu nennen. Insbesondere seine Dissertation *Abstraktion und Einfühlung* (1908) erfährt eine breite Rezeption in der jungen Autorengeneration. Hier wird einer Ästhetik zu ihrem Recht verholfen, die sich von naturalistischen und mimetischen Kunstidealen entfernt und die – nach dem Vorbild vorzivilisierter Kulturen – radikal von den einzelnen Erscheinungen der äußeren Wirklichkeit abstrahiert. Eine ähnliche Position vertritt der Maler, Schriftsteller und Kunsttheoretiker Wassily Kandinsky (1866–1944), etwa in seiner Programmschrift *Über das Geistige in der Kunst* (1911; vgl. z. B. Perkins 1974, 47–68). In diesem Manifest wird die besondere affektive und emotionalisierende Wirkung der ungegenständlichen, entmaterialisierten Kunst hervorgehoben, die sich nicht vorrangig eine Abbildung der empirischen Welt zum Ziel setzt (vgl. z. B. Erhart 1996, 167). Große Bedeutung erlangt auch Filippo Tommaso Marinettis *Manifest des Futurismus* (1909) mit seiner Apologie von Dynamik, Geschwindigkeit, maschineller Produktion und Revolutionierung der Verkehrswege und Nachrichtensysteme und seiner rauschhaften Begeisterung für die neuartigen Erlebnisse, welche die Technik dem Menschen gewährt, wenn sich auch viele Expressionisten explizit gegen die tendenziell modernefreundliche Ausrichtung dieses Programms aussprechen (vgl. z. B. Daniels 1987, 352f. u. ö.).

Worringer, Kandinsky, Marinetti

Der Expressionismus ist, wie bereits erwähnt (vgl. I. 1.), als eine literarische Bewegung zu begreifen, die – im Kontrast zu anderen Strömungen der Avantgarde – ihre Programme primär innerhalb der poetischen Praxis entwickelt und erst im Nachhinein ästhetisch reflektiert. Hinzu kommt, dass viele Autoren, zum Beispiel Georg Heym, ausgesprochen theoriefeindlich eingestellt sind oder – wie etwa Alfred Döblin – in ihren theoretischen Arbeiten nicht gerade durch terminologische Konsequenz und sys-

Theorie des Expressionismus

tematische Stringenz hervorstechen. Dennoch kommt den Programmen und Manifesten der Epoche – schätzungsweise einige Hundert an der Zahl (vgl. Stark 1997, 239) – die wichtige Rolle zu, die poetische Entwicklung des Expressionismus kritisch-reflektierend zu begleiten. Zu den wichtigsten diesbezüglichen Zeugnissen gehören – um nur einige Beispiele zu nennen – Theodor Däublers (1876–1934) Aufsätze *Expressionismus* (1916) und *Simultanität* (1916), Paul Hatvanis *Versuch über den Expressionismus* (1917), Herwarth Waldens *Das Begriffliche in der Dichtung* (1918), Alfred Döblins *Von der Freiheit eines Dichtermenschen* (1918) oder Kurt Hillers *Ortsbestimmung des Aktivismus* (1919). Zentrale Themen sind unter anderem die radikale Zivilisationskritik und die Apotheose vorzivilisatorischer Gesellschaften, die Vernunftkritik und die Apologie des Irrationalismus, Forderungen nach einer Umbildung und Zerstörung der traditionellen Sprache sowie die emphatische Ausrufung eines neuen Menschen. Die Programme und Manifeste des Expressionismus lassen sich freilich, gerade weil sie aktuell auf die poetische Produktion reagieren, von dieser nicht trennen. Auch changieren viele Texte zwischen Lyrik, Prosa, Drama, programmatischem Dialog und poetologischem Manifest, so beispielsweise *Die Versuchung* Franz Werfels, *Ein Gespräch des Dichters mit dem Erzengel und Luzifer* (1913). Hieraus ergibt sich, dass eine klare Abgrenzung zwischen Manifest und dichterischer Praxis häufig gar nicht eindeutig möglich erscheint. Die theoretischen Grundlagen der Bewegung werden daher innerhalb der vorliegenden Einführung auch am jeweiligen Ort gesondert referiert. An dieser Stelle wird lediglich ein eminent wichtiger programmatischer Text der Epoche exemplarisch in einigen Grundzügen vorgestellt.

Edschmid   Kasimir Edschmids Aufsatz *Expressionismus in der Dichtung*, am 13. Dezember 1917 als Rede gehalten und im Jahr darauf erstmals veröffentlicht (vgl. Anz/Stark 1982, 42–55), kann möglicherweise als die wichtigste theoretische Auseinandersetzung mit der Literatur der Bewegung aus der Feder eines ihrer eigenen Repräsentanten gelten. Der Autor betont ausdrücklich, dass er seinen Beitrag nicht als Programm, sondern als Reflexion einer künstlerischen Praxis begreift. Eine Poesie, die auf vorab konstituierten Regeln basiert und diese umzusetzen versucht, wird vehement abgelehnt. „Nur die Unproduktiven eilen mit Theorie der Sache voran." (Anz/Stark 1982, 45) Mindestens ebenso brüsk wendet Edschmid sich gegen jede Form einer mimetischen Kunst. Die „Künstler der neuen Bewegung", so drückt er es aus, „photographieren nicht", sondern haben „Gesichte", also „Vision[en]", sie geben „nicht wieder", sondern „gestalten". Anders gesagt: „Die Realität muß von uns", also von den Avantgardisten, „geschaffen werden". Näherhin gemeint ist damit eine künstlerische Verarbeitung von Wirklichkeit, die nicht vorrangig die diversen einzelnen Erscheinungen der Welt abbildet, sondern „das tiefere Bild des Gegenstands" erfasst. „Der Kranke", so Edschmid weiter, sei dann „nicht nur der Krüppel, der leidet. Er wird die Krankheit selbst, das Leid der ganzen

Kreatur scheint aus seinem Leib" (Anz/Stark 1982, 46). Zum Zentrum der Dichtung avanciert somit der Mensch in seiner Kreatürlichkeit. Konsequenterweise werden mit einem solchen Konzept alle Formen und Gestaltungsweisen der bürgerlichen Poesie verabschiedet, seien es der Naturalismus oder der Impressionismus mit ihren wirklichkeitsnahen Darstellungsintentionen oder die mutmaßlich oberflächlichen Psychologisierungen im Roman des späten 19. Jahrhunderts (vgl. Anz/Stark 1982, 47). Die Konzentration auf „das Eigentliche" hat zugleich eine radikale „Verkürzung" zur Folge. Anders formuliert: „Alles Nebensächliche fehlt." Dementsprechend beschreibt Edschmid die Dichtung des Expressionismus als eine Poesie, in der auf allen Zierat und jegliche „Füllwörter" verzichtet wird. Im Gegenzug erhalten die bedeutungstragenden Wörter, insbesondere die Verben, eine herausragende Rolle (Anz/Stark 1982, 49). Der theoretische Text selbst gehorcht diesen programmatischen Anforderungen. Er präsentiert sich sprachlich außerordentlich verknappt. Sein letzter Teil ist einer Aufzählung der wichtigsten Repräsentanten der Bewegung gewidmet. Edschmid hebt dabei einerseits die jeweiligen individuellen Charakteristika im Werk der einzelnen Autoren hervor. Auf der anderen Seite freilich ist er deutlich bestrebt, seine im vorauf gehenden Text formulierten Thesen zum literarischen Expressionismus beispielhaft zu belegen. Der dichterische Parnass, den Edschmid zeichnet, deckt sich auffällig mit dem heute noch geläufigen Kanon zentraler Schriftsteller der Bewegung. Allenfalls Heinrich Mann oder Robert Walser (1878–1956) gelten in der gegenwärtigen Literaturgeschichtsschreibung nicht mehr eindeutig als Expressionisten, und Paul Adler (1878–1946) ist inzwischen weitgehend vergessen.

2. Zentrale Themen und Gestaltungsweisen

Es ist ein Spezifikum des Expressionismus, dass seine Autoren auf ein zwar weit gespanntes, aber *grosso modo* recht einheitliches Ensemble von Themen als stoffliche Grundlage für ihre Texte zurückgreifen. Maßgebliche Gründe dafür sind unter anderem die relativ große Homogenität der ästhetischen und ideologischen Positionen der Bewegung, die relativ ähnlichen Angriffsziele in der literarisch-gesellschaftskritischen Polemik und die einschneidenden zeitgeschichtlichen Ereignisse und Tendenzen wie der Erste Weltkrieg und die diversen Revolutionen in Europa um 1918, die zu dichterischer Stellungnahme herausfordern. Nicht zuletzt ist auch der geringe zeitliche Umfang des Epochenkonstrukts zu bedenken, der – etwa gegenüber Perioden der Literaturgeschichte, die ganze Dezennien oder Jahrhunderte umfassen – eine gewisse inhaltliche Kohärenz gewährleistet. Über welche Facette, welchen Autor und welches Werk der Epoche man daher aus welcher Perspektive auch immer spricht – fast unweigerlich wird dabei ein zentrales Thema des Expressionismus berührt, sei es die Kritik am Bürgertum oder der Vater-Sohn-Konflikt, sei es die Großstadtwahrneh-

Themen als Epochenmerkmale

mung oder die vitalistische Skepsis gegenüber der Vernunft, sei es die Exotismus-Begeisterung oder die Suche nach einem neuen Menschen. Die Darstellung kann sich daher im Folgenden auf einige wenige, ausgewählte Aspekte beschränken und ansonsten auf die übrigen Teile dieses Lehrbuchs verweisen.

Außenseiter

Das besondere Interesse der expressionistischen Autoren gehört den Existenzen am Rande der Gesellschaft, den Ausgestoßenen, Ausgeschlossenen, Geächteten und von ihren Mitmenschen Verworfenen. Dazu zählen Kranke, Wahnsinnige, Behinderte, Bettler, Verbrecher oder Prostituierte. Viele Repräsentanten der Bewegung, die aus der Perspektive ihrer Sozialisation und teilweise auch ihres beruflichen Status eigentlich der Mitte des prosperierenden Bürgertums angehören, stilisieren dabei den Künstler ebenfalls zum Außenseiter und lassen in ihren Texten dessen Rolle mit derjenigen anderer gesellschaftlicher Randgruppen verschmelzen. So ist beispielsweise die Hauptfigur von René Schickeles Roman *Benkal, der Frauentröster* (1914) ein alkoholkranker, politisch subversiver Bildhauer, der zuletzt in einer Nervenklinik endet (vgl. Wagener 2000, 70f.). Entscheidend ist, dass die Fokussierung von Außenseitern im Expressionismus keineswegs auf die Erweckung von Mitleid mit einzelnen gesellschaftlichen Gruppen oder auf konkrete Sozialkritik zielt. Die Literarisierung von Gefängnisinsassen zum Beispiel ist nicht als poetischer Angriff gegen spezifische Missstände im Wilhelminischen Strafvollzug zu verstehen. Die poetische Kritik, welche die expressionistischen Texte formulieren, ist viel prinzipieller und fundamentaler (vgl. Steiner 1993, 183f.). Die Fiktionalisierung der Situation eines Strafgefangenen kann die Enge, Öde und Ausweglosigkeit der Existenz des Menschen in der Welt überhaupt illustrieren. Sie ist ein Bild für die „gefesselte Vitalität" des Einzelnen „in der bürgerlichen Gesellschaft" (Anz 2002, 97). Bezeichnenderweise nennt Oskar Maria Graf (1894–1967) das autobiographische *Bekenntnis* über seine expressionistischen Jugendjahre *Wir sind Gefangene* (1927). Mit anderen Randgruppen verhält es sich ähnlich. Die Geisteskranken erscheinen vielen Avantgardisten als die eigentlich psychisch Gesunden. Sie lassen sich von den gesellschaftlichen Zwängen nicht zu Maschinen und Automaten umfunktionieren, die sich in strengster Selbstdisziplin in all die bis ins Letzte geregelten Prozesse des modernen Daseins einfügen. Sie erhalten sich vielmehr ihre lebendige Kraft, ihre kreatürliche Vitalität, sie verleugnen nicht ihre Gefühle. Da sie sich nicht in die Regeln der Gesellschaft einfügen, werden sie freilich konsequenter Weise für wahnsinnig erklärt und weggesperrt.

Krankheit

Die Kranken als weitere soziale Randgruppe verweisen auf eine allzu gerne verdrängte Grundbefindlichkeit des menschlichen Daseins. Der Leib ist hinfällig, schwach und letztendlich immer Tod und Verwesung preisgegeben. Viele Expressionisten versuchen ostentativ, diese einfache existentielle Wahrheit literarisch an ihr Publikum zu vermitteln. Alle großartigen Phrasen, alle selbstherrlichen Überlegenheits- und Allmachtsphantasien der bürgerlichen Ideologie werden unbarmherzig als gewaltiger Selbstbetrug demaskiert. Diese wichtige Position der Epoche ist in einer Formulierung von Gottfried Benn aus seinem Gedichtzyklus *Der Arzt* (1917) nachgerade zum geflügelten Wort geworden: „Die Krone der Schöpfung, das Schwein, der Mensch –" (Benn 1982/90, 1, 88). Mehr noch, die Kranken repräsentieren für viele Expressionisten die leibhaftigen Ergebnisse der Deformation des Menschen durch die Existenz in der Gegenwart der Großstädte. Diejenigen, die auf Grund des Verlustes ihrer Gesundheit an die Ränder der Gesellschaft gedrängt werden, können exemplarisch für deren wahre Mitte stehen, das krank machende, ja durch und durch kranke Leben in der Moderne. Darstellungen von körperlichen Leiden übernehmen in der Literatur der Epoche aber noch eine Reihe weiterer Funktionen. Sie dienen etwa zur Attacke gegen ein naturwissenschaftliches Menschenbild, das allzu sehr an Kategorien von Durchschnittlichkeit, Konformität und Regelhaftigkeit orientiert ist (vgl. Hoffmann 2001, 88), zur Polemik gegen die Gesundheits- und Normalitätsideologie des Bürgertums oder zur Kritik an der vorwiegend materialistisch-mechanistischen Schulmedizin der Zeit. Schließlich kann die Fiktionalisierung von seltsamen oder ungewöhnlichen Krankheiten auch die Entfesselung von organischen Kräften illustrieren, die weder rational-positivistisch erklärbar noch durch die üblichen Heilmethoden kurierbar sind (vgl. Rothe 1979, 169–239).

Eine der gesellschaftlich marginalisierten Gruppen, denen sich viele Expressionisten in besonderer Weise zuwenden, sind die Prostituierten, so etwa Alfred Lichtenstein in seiner so genannten „Dirnenlyrik" (Vollmer 1988, 64). Käufliche Frauen werden zum Gegenstand vielfältiger literarischer Projektionen und Phantasien der zumeist männlichen Autoren und erfüllen eine Reihe unterschiedlicher Funktionen. Innerhalb einer als weitgehend erstarrt betrachteten bürgerlichen Gesellschaft figuriert die Prostituierte als Prototyp des nicht in den gesellschaftlichen Konventionen befangenen Lebens. Dem toten Bürger wird die lebendige ‚Dirne‘ als Personifikation von Vitalität, Wahrhaftigkeit, Lebenserfahrung und existentieller Menschlichkeit gegenüber gestellt (vgl. Schönfeld 1996, 2f.). Sie repräsentiert in einem degenerierten Umfeld das Wilde, Ungebändigte, Zügellose im Menschen (vgl. Schönfeld 1996, 57). Darüber hinaus steht sie für die Entdeckung des Leiblichen, des Sinnlichen, des Sexuellen in einer von sittlichen Normen und Vorschriften fast erstickten bürgerlichen Umwelt (vgl. Schönfeld 1996, 74). Zugleich aber erscheint die Prostituierte als das typische Opfer des kapitalistischen Wirtschaftssystems, als der arme geknechtete Mensch, der von den Reichen, den Herrschenden zur Ware degradiert und herabgewürdigt wird. Der Bürger bedient sich in seiner zynischen Doppelmoral der ‚Hure‘, die er verachtet, zur Befriedigung der Triebe wie eines toten Gegenstandes – und auch dies bringen zahlreiche Expressionisten in teils krasser Form literarisch zum Ausdruck (vgl. Schönfeld 1996, 78–93). Schließlich gilt die ‚Dirne‘ auch als typische Repräsentantin eines modernen Großstadtmenschen, als potentielle Verbün-

Prostituierte

dete politisch radikaler Gruppierungen und nicht zuletzt als sakralisierte, heilige Leiderin, Dulderin und Märtyrerin unter den gegebenen gesellschaftlichen Verhältnissen (vgl. Schönfeld 1996) – oder es werden gar Erlösungshoffnungen in sie projiziert. Forschungen hingegen, in denen behauptet wird, käufliche Frauen seien deswegen zum bevorzugten Gegenstand expressionistischer Dichtung geworden, weil die Autoren tiefes Mitleid mit ihnen empfunden hätten (vgl. z.B. Froehlich 1990, 112–122), können heute nicht mehr überzeugen.

Frauen   Die Darstellung der Prostituierten im Expressionismus legt zwingend auch die allgemeinere Frage nach der Literarisierung der Frau in der Epoche nahe. Die Programme und Manifeste geben dazu theoretisch nur wenig Auskunft. Die Vision von einem neuen Menschen wird in der Überzahl der Fälle rein männlich gedacht und beinhaltet nur sehr selten auch Vorstellungen von einer ‚neuen Frau‘. Die Rolle des weiblichen Geschlechts erweist sich vielmehr zumeist als ziemlich konservativ nach traditionellen symbolischen Kodierungen von Weiblichkeit definiert (vgl. Febel 1997, 85 u.ö.). Pate stehen dabei die üblichen und eingespielten, scheinbar objektiven, biologistischen Theorien, denen zufolge die Frau ihrer natürlichen Bestimmung als Begleiterin des Mannes und Mutter gerecht zu werden habe. Das Ich des ‚anderen Geschlechts‘ wird demnach auch als nicht grundsätzlich dissoziiert gedacht, da es ja auf Grund seiner viel größeren Nähe zum kreatürlichen Ursprung des Menschen viel weniger anfällig für die negativen Konsequenzen der Modernisierung sein soll. Rigorose Fremdzuschreibungen an das feminine Subjekt stehen also häufig den kühnen Ich-Experimenten der männlichen Individuen gegenüber (vgl. Mahlow 1996, 8–10). Diese Geschlechterrollen gehen auch immer wieder in die literarischen Fiktionen der Expressionisten ein. In der Prosa Otto Flakes (1880–1963) zum Beispiel wird der weiblichen Emanzipation eine klare Absage erteilt. Der Mann figuriert hier als der Denker, die Frau als das vor allem von Emotionen bewegte und auf maskulinen Schutz angewiesene Wesen (vgl. Stockebrand 1986, 128). In den Romanen von Ernst Weiß erscheinen weibliche Figuren immer wieder primär auf ihre erotische Ausstrahlung und ihre sexuelle Attraktion reduziert. Den Männern sind sie allerdings auf Grund ihrer Fähigkeit, Kinder gebären zu können, körperlich überlegen, wodurch sie gleichzeitig noch eine viel größere Affinität zu ihren natürlichen Wurzeln und Kräften besitzen (vgl. Steinke 1994, 224, 228 u.ö.). Auch in den Werken Fritz von Unruhs (1885–1970) treten zahlreiche Frauen auf, die vornehmlich durch ihren ungezügelten Geschlechtstrieb beherrscht werden (vgl. Kasang 1980, 191f.). Diesen fiktionalen Weiblichkeitsbildern korrespondiert im Übrigen die geringe tatsächliche Präsenz von Autorinnen innerhalb der expressionistischen Bewegung (vgl. Vollmer 1993; Vollmer 1996). Einigermaßen bekannt geworden sind allein Claire Goll (1891–1977), Emmy Hennings und Else Lasker-Schüler. Dabei mangelt es nicht an schreibenden Frauen innerhalb der avantgardistischen Kreise. Die meisten allerdings gelangen nicht über die Veröffentlichung einiger Gedichte oder Prosatexte in den Zeitschriften der Bewegung hinaus. In den Kreisen und Medienverbünden des Expressionismus, die von ehrgeizigen, wortgewaltigen und selbstbewussten jungen Männern dominiert werden, welche noch dazu häufig keine besonders hohe Meinung vom Intellekt des ‚anderen Geschlechts‘ hegen, werden Buchpublikationen von Dichterinnen nur in Ausnahmefällen protegiert (vgl. Vollmer 1993, 16f.).

Die allermeisten Expressionisten vermeiden vor dem Ersten Weltkrieg eine öffentliche Positionierung in strittigen politischen Fragen (vgl. Garstka 2000, 140). So wenig wie ihre Literarisierungen von Außenseitern als konkrete Sozialkritik zu verstehen sind, so gering ist ihr Interesse an der poetischen Auseinandersetzung mit der Tagespolitik. Ihre Konzepte für die Veränderung der Welt und für die Entwicklung eines neuen Menschen sind dichterische Utopien, nicht Appelle an eine direkte, sofortige Umsetzung ihrer Ideen. Zu den seltenen Ausnahmen von dieser unter den Expressionisten sehr verbreiteten Haltung gehört Ludwig Rubiner, der 1912 in der *Aktion* den sozialrevolutionären Aufruf *Der Dichter greift in die Politik* veröffentlicht (vgl. Garstka 2000, 145; Peter 1972, 25–29). Der Erste Weltkrieg jedoch markiert im Hinblick auf das politische Engagement der Autoren eine signifikante Zäsur. Von zahlreichen Schriftstellern der Bewegung wird im Sommer 1914 der anstehende Waffengang stürmisch begrüßt, im Voraus ästhetisiert und zum außerordentlichen, den Alltag sprengenden, aus der geordneten bürgerlichen Welt hinausführenden Erlebnis stilisiert (vgl. Korte 1981, 96). Die Expressionisten haben somit maßgeblichen Anteil an der Entfaltung und Propagierung der so genannten ‚Ideen von 1914‘ (vgl. Korte 1981, 115–129 u. ö.; vgl. allgemein Falk 1977; Schneider/Schumann 2000), auch wenn sie durch ihre Befürwortung der staatlichen Aggression gegen andere Länder eigentlich die rebellisch-oppositionelle Haltung und den antibürgerlichen Gestus aus der Vorkriegszeit zurücknehmen (vgl. Korte 1981, 116). Zu den Befürwortern des Kriegs, die sowohl die militärische Auseinandersetzung publizistisch unterstützen als auch selbst enthusiastisch an ihr teilnehmen möchten, gehören unter anderem Gottfried Benn, Ernst Blass, Alfred Döblin, Walter Hasenclever, Rudolf Leonhard, Fritz von Unruh und Paul Zech (vgl. Anz/Vogl 1982). Klabund zum Beispiel veröffentlicht schon wenige Monate nach Beginn des Ersten Weltkriegs ein Heft mit *Soldatenliedern* (1914). Mit Begeisterung registriert er alsbald Pressemeldungen, wonach einige seiner Kriegsgedichte tatsächlich an der Front gesungen würden. Es folgen ein *Kleines Bilderbuch vom Krieg* (1914), *Das deutsche Soldatenlied wie es heute gesungen wird* (1915) und *Dragoner und Husaren* (1916). Die Verherrlichung der militärischen Auseinandersetzung als Überwindung des öden Großstadtlebens und der dekadenten westlichen Zivilisation gehen hier einher mit kruden nationalistischen und chauvinistischen Tönen und regelrechten Hasstiraden gegen den Feind Frankreich (vgl. Klabund 1998/2003, 4,2, 984–988).

Krieg und
Kriegseuphorie

Kriegskritik und Pazifismus

Klabund kann auch insofern als paradigmatisches Beispiel für die Haltung vieler Expressionisten zum Ersten Weltkrieg gelten, als er im Jahr 1916 offenbar seine bisherige Euphorie für den aktuellen Waffengang als schwerwiegenden Irrtum erkennt. Er bekundet seinen Gesinnungswandel auch öffentlich, unter anderem durch einen Gedichtband mit dem Titel *Irene* (1918), bekanntlich die altgriechische Vokabel für den Frieden. Der Schriftsteller gesellt sich damit zu jenen Autoren, die von Beginn des Ersten Weltkriegs an eine pazifistische Position vertreten und auch öffentlich artikuliert haben, zum Beispiel die Mitarbeiter des *Sturm* und der *Weißen Blätter* (vgl. Kolinsky 1970). Dabei gehen die Dichter, die sich kritisch zu der militärischen Auseinandersetzung äußern, poetisch und argumentativ das Thema durchaus sehr unterschiedlich an. Auch haben sie zum Teil außerordentlich stark divergierende Motive für ihre Haltung. Die einen entwickeln ihre Ablehnung aus ihren demokratischen Gesinnungen und der daraus folgenden Zurückweisung der militaristischen Wilhelminischen Monarchie, die sie auf keinen Fall durch eine Beteiligung an deren Aggressionspolitik unterstützen möchten. Andere stoßen sich an der fast durchgängigen, allzu unüberlegten Begeisterung der europäischen Intelligenz für den Waffengang. Andere wiederum argumentieren auf der Grundlage ihrer schockierenden Fronterlebnisse (vgl. Noe 1986), insbesondere der erschütternden Erfahrung, dass die Soldaten in den Materialschlachten des Ersten Weltkriegs vor allem als ,Kanonenfutter' von den Mächtigen und Heeresleitern ,verheizt' werden (vgl. Segeberg 2003, 20–22). Spätestens ab 1916 gehören zahlreiche expressionistische Schriftsteller zu den maßgeblichen Wortführern des Pazifismus innerhalb der deutschsprachigen Publizistik (vgl. Koester 1977, 343–368), und viele von ihnen gehen während jener Jahre in die Emigration, um sich der Zensur im Deutschen Kaiserreich zu entziehen, unter ihnen Albert Ehrenstein, Leonhard Frank (1882–1961) oder Yvan Goll (vgl. z. B. Dettelbacher 1993). Im Pazifismus und in der Gegnerschaft zum Wilhelminischen Militarismus sind nicht zuletzt auch wichtige Wurzeln der späteren Beteiligung vieler Avantgardisten an der Revolution 1918/19 zu suchen.

Apokalypse

Ein weiteres zentrales Thema der expressionistischen Literatur, das sowohl mit der Bürgerkritik als auch mit dem aktiven politischen Engagement vieler Autoren in direktem Zusammenhang steht, ist die Apokalypse. Zahlreiche Autoren der Epoche greifen die bis auf die biblische *Offenbarung des Johannes* zurückreichende Tradition der Literarisierung des Weltendes auf (vgl. Jurkat 1993; Vondung 1994). Fast jeder Künstler der Bewegung lässt „Endzeitstimmung oder Untergangsvorstellungen in sein Oeuvre einfließen" (Jurkat 1993, 11). Dazu gehören Großstadtbilder, die von Ausbrüchen der Gewalt und Zerstörungsszenerien geprägt sind, Literarisierungen des sich selbst vernichtenden technischen Fortschritts, Visionen des völligen Niedergangs aller menschlichen Beziehungen, aber auch der prospektive Blick auf eine grundlegende geistig-religiöse Erneuerung der westlichen Zivilisation (vgl. Eykman 1974, 44–62). Apokalyptischen Texten, die einen völligen Untergang der entseelten und inhumanen Industriegesellschaft fiktionalisieren, stehen also eher utopistisch ausgerichtete Darstellungen eines revolutionären Umbruchs gegenüber, mit denen die bürgerliche Welt, der bourgeoise Spießer, die Großstadt und die moderne Technik, die aktuelle monarchistische Staatsform und alle ihre Institutionen ein grausames, totales Ende nehmen, um eine vollständige und grundlegende, vitalistische Wandlung von Mensch und Gesellschaft zu ermöglichen.

Die Vorstellungen von einem tief greifenden historischen Umbruch, der das Antlitz Europas und seiner Einwohner radikal verändern soll, fußen bei den verschiedenen Autoren auf einem breit differenzierten Spektrum an ideologischen Fundamenten, die vom Kommunismus bis hin zu christlichen Heilslehren reichen. Auch lehnen einzelne Schriftsteller wie zum Beispiel Franz Werfel massiv jede Form des politischen Engagements ab. Dennoch ist es unverkennbar, dass sich während der zweiten Hälfte des Weltkriegs unter den Expressionisten eine starke aktivistische Opposition konstituiert, die überwiegend linkssozialistisch orientiert und mit großer Entschiedenheit publizistisch in die Entwicklung von Staat und Gesellschaft einzugreifen bemüht ist (vgl. z.B. Stark 2000). Die Umstürze in Deutschland und Österreich nutzen viele der Schriftsteller, um sich sowohl direkt an den politischen Veränderungen zu beteiligen, indem sie etwa in revolutionären Gremien und Kommissionen praktisch tätig sind, als auch propagandistisch mit Proklamationen, Pamphleten und Kampfliedern in den Dienst der Sache zu stellen (vgl. Weinstein 1990). Zu den bedeutendsten expressionistischen Aktivisten zählen Kurt Hiller (vgl. Habereder 1981), Erich Mühsam, Robert Müller und Ernst Toller. Mühsam zum Beispiel nimmt eine wichtige Position innerhalb der Münchener Räterepublik ein. Er engagiert sich als Mitglied im „Revolutionären Arbeiterrat", einer der stärksten Triebkräfte der politischen Erneuerungsbewegung in Bayern. Gleichzeitig ist er unermüdlich als Autor politischer Texte tätig. Insbesondere verfasst er eine große Zahl an Propagandagedichten. Bei aller stilisierten Schlichtheit, welche durch die zumeist beabsichtigte Sangbarkeit bedingt ist, bleibt Mühsam auch hier ein typischer Expressionist. Diese Lyrik, die eine kompromisslose politische Veränderung aller Verhältnisse fordert, ist trotz der populären Machart von einer für die Epoche typischen, intensiven stilistischen Durchformung geprägt, von zahlreichen Anaphern, Amplifikationen, Metaphern oder Alliterationen. Eine massive Appellstruktur und die Wirkfunktion einer starken Affekterregung – zentrale Gestaltungsweisen der Expressionisten von den Anfängen der Bewegung an – werden nun für den tagespolitisch-publizistischen Kampf eingesetzt (vgl. Köhnen 1988, 168–183).

Die wichtigsten Themen der Epoche einerseits und die für sie konstitutiven poetischen Gestaltungsweisen andererseits stehen in einem unverbrüchlichen Wechselverhältnis zueinander. Das zeigt sich beispielsweise am Zusammenhang zwischen der besonderen Hinwendung zu Außensei-

Aktivismus und Revolution

Rhetorik

tern und der Ästhetik des Hässlichen oder zwischen der fundamentalen Bürger- und Staatskritik und dem Rückgriff auf apokalyptische Darstellungsmuster zur bildkräftigen Illustration des drohenden Untergangs der westeuropäischen Gesellschaften. Gleiches gilt auch für die Rhetorik als einem Instrumentarium für die wirkungsmächtige Herstellung von Texten, dem im Expressionismus eine immense Bedeutung zukommt (vgl. z. B. Erhart 1996). Eine Wurzel dafür ist der Versuch einer umfassenden Erneuerung der modernen Sprache. Sie wird von den Expressionisten, etwa von Gustav Sack, als verkitscht von den verlogenen Sentimentalitäten des Bürgertums und als verbraucht von den Phrasen der Medienindustrie angesehen. Die leichtfertige, schablonenhafte Art und Weise, in der nach Ansicht der avantgardistischen Autoren die Zeitgenossen miteinander kommunizieren, kollidiert mit deren existentieller Suche nach Verbindlichkeit (vgl. Eibl 1970). Der Einsatz der Rhetorik erscheint dabei als eine der Möglichkeiten, wie die Sprache erneuert, intensiviert, die gesprochenen oder geschriebenen Worte wieder mit Leben, Kraft und nachhaltiger Geltung erfüllt zu werden vermögen. Eine andere Wurzel ist der Zusammenhang von Rhetorik und Affektenlehre. Ein wichtiger Aspekt der traditionellen Redekunst ist die enorme Macht, welche die Worte in spezifischer Auswahl und Anordnung über die Leidenschaften der Menschen erlangen können. Da die Expressionisten auf eine starke Wirkung ihrer Texte und in der Folge auch auf eine Veränderung der gesellschaftlichen und politischen Verhältnisse zielen, bedienen sie sich konsequenter Weise des dafür höchst tauglichen Mittels der Rhetorik. Hieraus resultiert zum Teil die manchen Lesern affektiert oder übersteigert erscheinende stilistische Gestaltung der expressionistischen Poesie, die freilich in ihrer Spezifik gewollt ist und maßgeblich auch in einer enthusiastischen Rezeption von Friedrich Nietzsches emphatischem Pathos-Begriff gründet (vgl. Stücheli 1999). Ein Aphorismus Rudolf Leonhards bringt diese Haltung knapp und konzise auf den Punkt: „Man kann nur in Hypertropen dichten, denn beim Superlativ fängt das Dichten erst an." (Anz/Stark 1982, 583) Zu den für die Epoche konstitutiven rhetorischen Strategien zählen neben allen Formen von Bildlichkeit unter anderem die Alliteration, die Antithese, die Ellipse, die Hyperbel, der Parallelismus, die Prosopopöie, die Synekdoche, die Wiederholung und die Worthäufung, alle jeweils mit ihren spezifischen affektiven und ideologischen Funktionen (vgl. I. 2.).

3. Literarische Gattungen

Lyrik Die Lyrik nimmt unter den Gattungen der expressionistischen Dichtung in der Wirkungsgeschichte seit jeher eine herausragende Stellung ein. Dafür mögen vielfältige Gründe geltend zu machen sein. Die ersten in der literarischen Szene Aufsehen erregenden Publikationen der Expressionisten sind in der Mehrzahl Gedichte, etwa von Jakob van Hoddis, Gottfried

Benn und Albert Ehrenstein. Ferner sind einige während der ersten Jahre der Bewegung besonders kreative, dann früh verstorbene und bald stark verklärte Autoren ebenfalls vor allem lyrisch tätig, insbesondere Georg Heym, Ernst Stadler und Georg Trakl. Nicht zuletzt enthält die bekannteste, außerordentlich weit verbreitete und bis zur Gegenwart im Buchhandel greifbare Anthologie der expressionistischen Literatur, die erstmals 1919 erschienene, von Kurt Pinthus herausgegebene *Symphonie jüngster Dichtung* mit dem einprägsamen Titel *Menschheitsdämmerung*, ausschließlich Lyrik (vgl. Pinthus 1919; vgl. Roberts 1983). Die heutige Germanistik freilich sieht die Prosa und die Dramatik des Expressionismus als ebenso interessante Forschungsfelder an wie die Lyrik der Epoche und betont, dass sich deren wichtigste Themen und Gestaltungsmuster in allen drei Gattungen nachweisen lassen (vgl. Anz 2002, 178). Dadurch bleibt natürlich die rezeptionsgeschichtliche Tatsache unangetastet, dass einige Gedichte und Lyriksammlungen der Bewegung nach wie vor zu den zentralen poetischen Leistungen des 20. Jahrhunderts in deutscher Zunge gerechnet werden.

Die metrische Gestaltung der Lyrik des Expressionismus präsentiert sich in der denkbar größten Diversifikation. Ein Teil der Autoren schließt bruchlos an die Traditionen des 19. Jahrhunderts an und bedient sich zum Beispiel ausgiebig der Form des Sonetts. Allerdings werden gerade die Leseerwartungen, die sich mit Gedichten in althergebrachten Vers-, Reim- und Strophenformen verbinden, oft durch provokante Inhalte, schockierende Bilder oder rabiate semantische Sprünge respektive Brüche massiv enttäuscht, beispielsweise bei Georg Heym (vgl. V. 2.) oder Paul Zech. Andere Schriftsteller lassen alle konventionellen metrischen Regeln, weil sie als unerträglicher Zwang und als einschnürende Ketten der abgenutzten bürgerlichen Poesie empfunden werden, hinter sich und fassen ihre lyrischen Texte in freien Rhythmen ab. Das Spektrum reicht dabei von der hymnischen Dichtung eines Ernst Stadler, in der mit höchstem sprachlichem Pathos die kreatürlichen Kräfte des Lebens gefeiert werden (vgl. Thomke 1972, 18 u. ö.), über die synästhetisch-musikalisierten Verse eines Georg Trakl bis hin zu den beinahe prosaischen Zeilen eines Gottfried Benn, die im medizinischen Milieu situiert sind (vgl. V. 4.). Eine solche Auflehnung gegenüber der üblichen rhythmischen Gestaltung von Poesie ist mindestens ebenso radikal wie die lyrische Produktion August Stramms (1874–1915) und weiterer, im Umfeld des *Sturm*-Kreises wirkender Anhänger der so genannten Wortkunst-Theorie (vgl. z.B. Fähnders 1998, 186–189). Hier wird das Gedicht allen Schmucks und Beiwerks – beispielsweise der Artikel, Adjektive oder Partikel – entledigt und auf seine wesentlichsten Bestandteile verknappt. Die aus diesen poetischen Reduktionen und Konzentrationen hervorgehenden Textgebilde enthalten in vielen Fällen nur noch ein Wort pro Vers und können kaum noch mit den überlieferten Kategorien von lyrisch-rhythmischer Gestaltung beschrieben werden.

Metrische Gestaltung

Thematischer
Traditionsbruch

Große Bedeutung kommt in der expressionistischen Lyrik den Themen der Großstadt, der Konsequenzen der Modernisierung, der Ränder der Gesellschaft, der völligen Erneuerung des Menschen und der Suche nach religiöser Erfüllung zu. Freilich können mit dieser Aufzählung nur einige wenige Schwerpunkte benannt werden. Die Inhalte der Lyrik der Epoche sind vielfältig und weit gestreut innerhalb des thematischen Spektrums der Texte der Bewegung. Eine durchgängige Gemeinsamkeit stellt – einmal mehr – der Bruch mit der traditionellen Stimmungs- und Erlebnislyrik dar. Das Gedicht des Expressionismus eröffnet nicht den Blick auf die fein ziselierte Gefühlswelt einer schönen Seele oder deren zartes Empfinden der im Frühling erwachenden Natur, sondern setzt sich programmatisch mit den Erscheinungen einer als feindselig und unmenschlich empfundenen Gegenwart auseinander. Dabei bildet es die Welt nicht ab, sondern abstrahiert, überformt, verzerrt, dämonisiert sie, um die hinter dem schönen Schein verborgene Inhumanität der Moderne poetisch zu entlarven.

Reihentechnik,
Simultaneität,
Parataxe

Die Expressionisten entwickeln für ihre lyrische Literarisierung der Moderne, insbesondere der Großstadt, eine Reihe signifikanter poetischer Strategien. Zu ihnen zählt bevorzugt die Reihentechnik. Das Gedicht vermittelt dem Rezipienten nicht mehr einen stringent durchargumentierten Sinnzusammenhang, sondern eine Kette von mehr oder weniger losen, inkohärenten und zerrissenen Bedeutungsfetzen. Dieses poetische Mittel signalisiert die Auflösung der traditionellen Wahrnehmungsmuster des modernen Subjekts durch die Reizüberflutung in der Großstadt. Eine verwandte Strategie wird in der Lyrik der Simultaneität umgesetzt. Sie ist als literarische Verarbeitung der rasanten Entwicklung der zeitgenössischen Verkehrs- und Kommunikationstechnologie und der neuen Geschwindigkeitserlebnisse zu begreifen. An die Stelle eines Nacheinander von Eindrücken, welche das Gedicht aufnimmt, soll dabei möglichst ein vielfältiges Nebeneinander treten. Die dem Reihen- und Simultanstil adäquate syntaktische Form ist die Parataxe. Viele Gedichte des Expressionismus bestehen daher aus langen Folgen einfacher Hauptsätze. Da jeder von diesen prinzipiell eines der Wahrnehmungspartikel repräsentiert, die auf das Subjekt einstürzen, sind sie grundsätzlich auch untereinander austauschbar (vgl. Fähnders 1998, 169f.).

Messianische Lyrik

Neben der Verarbeitung der Moderne baut die expressionistische Lyrik gleichzeitig dichterisch-utopische Gegenentwürfe auf und verkündet in geradezu messianischer Manier einen neuen Menschen, der die zutiefst leidvoll erfahrene, gegenwärtige Wirklichkeit überwindet. Fluchtpunkte solcher Sehnsüchte sind unter anderem Projektionen in vorzivilisierte Gesellschaften oder umfassende globale Verbrüderungsvorstellungen. Der Prozess der Wandlung, der inneren Erneuerung des Menschen wird dabei oft „nach dem Muster religiöser Erweckungs- und Bekehrungserlebnisse" vorgetragen (Vietta/Kemper 1997, 187), und der lyrische Sprecher mutiert somit zu einer Art von Prophet. Die konsequenter Weise häufig extreme affektive Aufladung dieser Texte, etwa bei Johannes R. Becher oder Franz

Werfel, ist von vielen Zeitgenossen wie später von großen Teilen der Forschung als ‚O-Mensch-Pathos' belächelt und verspottet worden. Solche Reaktionen zeugen freilich vor allem von einem elementaren Unverständnis gegenüber den radikalen Erneuerungskonzepten der Autoren und dem denselben vollgültig angemessenen, hohen Ton.

Die erzählende Literatur der Bewegung (vgl. Dierick 1987; Fähnders 2001; Jens 1997; Krull 1984) hat in der Forschung über Jahrzehnte hinweg nur geringes Interesse gefunden. Als paradigmatisches Argument dafür gilt eine Formulierung aus der ersten literarhistorischen Überblicksdarstellung zur Epoche: „Expressionismus ist lyrischer Zwang, dramatischer Drang, nicht epischer Gang." (Soergel 1925, 796) Dabei wird kurioser Weise übersehen, dass einige der bedeutendsten und wirkungsreichsten Lyriker der Epoche wie Gottfried Benn oder Georg Heym auch maßgebliche Prosawerke vorlegen, ja etliche der zentralen Repräsentanten, etwa Alfred Döblin oder Franz Kafka, fast ausschließlich auf dem Feld der erzählenden Dichtung tätig sind. Ein Grund für die lange forscherliche Zurückhaltung mag in der Vielfalt und Inhomogenität der Erzählliteratur des Expressionismus zu suchen sein. Die Prosa der Bewegung ist nur schwer mittels Kategorisierungen und Typenbildungen zu ordnen, da sie eine mindestens genauso große Bandbreite an Themen und typischen Gestaltungselementen aufweist wie die Lyrik. Die Inhalte reichen von der Darstellung menschlicher Extremsituationen über die Literarisierung von problematischen Künstlerexistenzen, Albträumen, Sexualität, Gewalt, Wahnsinn und Tod bis hin zu phantastischen Handlungselementen. So entwickelt sich zum Beispiel in Franz Kafkas *Bericht für eine Akademie* (1919) ein Affe zu einem Menschen oder verfault in Hans Kaltnekers (1895–1919) Novelle *Gerichtet! Gerettet!* (1929) ein Gymnasiast bei lebendigem Leibe. Historische Sujets sind eher selten, aber nicht ungebräuchlich, etwa bei Alfred Döblin oder bei Klabund, der einige seiner Romane im Spätmittelalter und in der Renaissance ansiedelt. Stets bleiben dabei jedoch der historische Konflikt und die geschichtlichen Kulissen Projektionsflächen für die Abhandlung aktueller Fragen und Probleme. In der Frühzeit der Bewegung ist eine Tendenz zur kleinen Form, also zu unterschiedlichen Ausprägungen der Kurzprosa, unverkennbar. Dies hängt einerseits mit den eingeschränkten Publikationsmöglichkeiten der jungen Autoren zusammen, die anfangs ihre Erzählungen primär nur in Zeitschriften, Jahrbüchern und Anthologien erscheinen lassen können (vgl. Anz 2002, 182). Auf der anderen Seite gehört die Verknappung der Narration zu den herausragenden poetischen Innovationen der Bewegung (vgl. Wallas 2000). Die Expressionisten lassen ostentativ einen breiten, weit ausholenden Stil der Prosa des 19. Jahrhunderts hinter sich, in dem sich der Narrator viel Raum für die von ihm erzählte Geschichte, ihre Ausschmückung und nicht zuletzt für sich selbst und seine Kommentare und Betrachtungen nimmt. Die avantgardistischen Autoren antworten darauf provokativ mit einer extrem verkürzten und dichten Prosa und einem hohen Erzähltempo. Der Dominanz

Erzählprosa

der kleineren epischen Formen während der frühen Jahre stehen jedoch, was nicht vergessen werden darf, in der weiteren Entwicklung der expressionistischen Literatur zahlreiche umfangreiche Romane, beispielsweise von Franz Kafka oder Ernst Weiß, gar einige Monumentalwerke gegenüber wie etwa Alfred Döblins *Die drei Sprünge des Wang-lun* (1916) und *Wallenstein* (1920). Da allerdings auch hier die Strategie der Komprimierung und Konzentration der Narration keineswegs aufgegeben wird, handelt es sich bei solchen Texten um Prosa von höchstem stilistischem Anspruch und enormer Darstellungsintensität.

Sprengung tradierter Erzählmuster Ähnlich wie bei der Lyrik kann als gemeinsames Merkmal der fiktionalen Prosa des Expressionismus die Verabschiedung tradierter Konventionen der Narration gelten. An erster Stelle rangiert hierbei der allwissende und sozusagen omnipotente auktoriale Erzähler. Die Avantgardisten geißeln ihn als Ausdruck der arroganten Allmachtsphantasien des überkommenen bürgerlichen Subjekts. Sie ersetzen ihn entweder durch einen gänzlich personal konstruierten Berichterstatter in Ich-Form oder durch eine Fiktion, die sich gleichsam selbst erzählt. Auch die traditionellen, psychologisierenden Erklärungen der Handlungen von Figuren durch den Erzähler lehnen die Expressionisten strikt ab – sie verbieten sich vor dem Hintergrund der Einsichten der Psychoanalyse in die unbewusste, oft durch Sublimationen oder Verschiebungen bestimmte Steuerung des menschlichen Verhaltens. Die üblichen rationalisierenden Explikationen sitzen dem trügerischen Schein der bürgerlichen Moral und Wohlanständigkeit auf und werden für die Literatur untragbar. In vielen Texten wird daher auf den Blick in das Innere der Figuren konsequent verzichtet, auch in Anlehnung an die Darstellungsweisen des Stummfilms. In anderen Fällen eröffnet die literarische Introspektion bislang poetisch nicht thematisierte Abgründe der menschlichen Seele, Perversionen, Abnormitäten und Geisteskrankheiten ebenso wie Lächerlichkeiten und Abstrusitäten. Freilich enthält sich die Narration dabei in der Regel programmatisch jeder Erklärung oder psychologisierenden Erläuterung, und für die adäquate Präsentation der inneren Zustände werden ganz neue Gestaltungsweisen wie extrem gewagte Metaphern und ungewöhnliche Kombinationen anderer auffälliger rhetorischer Strategien entwickelt. Zu den weiteren traditionskritischen Erzählinnovationen expressionistischer Prosa gehören unter anderem die Abkehr von einer Handlungsführung, die teleologisch auf eine klare Lösung am Ende hin organisiert ist, und die Abwendung von einer Narration, die sich in eindeutige Zeit- und Raumbezüge oder in stringente kausale Zusammenhänge eingebunden präsentiert. Der Experimentierfreude der Autoren ist hier kaum eine Grenze gesetzt. Eine besondere Vorliebe entwickeln viele expressionistische Prosaisten schließlich für das Fragment, das schon rein äußerlich für die Zersetzung von herkömmlichen Usancen des Erzählens und von traditionellen ästhetischen Kategorien wie Abgeschlossenheit, Kohärenz und Einheitlichkeit steht. Wenn demnach die Romane Franz Kafkas allesamt Torsi bleiben, so ist dies nicht zu beklagen, sondern als Signatur der Epoche zu begreifen. Schon gar nicht braucht die Forschung sich in Spekulationen darüber zu verlieren, wie der Autor möglicherweise die Handlungsabläufe dieser Texte vollendet haben würde, wo doch der Schriftsteller sogar seine zweite Buchveröffentlichung, die Erzählung *Der Heizer* (1911), bemerkenswerter Weise mit dem Untertitel *Ein Fragment* versieht. Bei aller Antitraditionalität beziehen sich die Expressionisten in ihrer Prosa-Poetologie dennoch auf eine Reihe von Romanen und Erzählungen des späten 19. Jahrhunderts, vor allem aus dem europäischen Ausland und aus den USA, die für sie als Vorläufer der Avantgarde prototypische Geltung erlangen. Hierzu zählen unter anderem Texte von Gustave Flaubert (1821–1880), August Strindberg, Gabriele D'Annunzio (1863–1938) und Jack (eig. John Griffith) London (1876–1916; vgl. Arnold 1972, 29–56).

Ein bedeutender Teil der Erzählliteratur der Epoche wird von der Forschung mit dem Begriff der erkenntnistheoretischen Reflexionsprosa zusammengefasst, der zugleich eine der wichtigsten poetischen Innovationen der Bewegung markiert (vgl. Oehm 1993, 190–195). Dabei handelt es sich um Texte, in denen auf einem schmalen Grat zwischen Narration und gedanklicher Abstraktion ein die Handlung fast gänzlich mit seiner Person dominierender Protagonist, zumeist in Ich-Form, „exzessiv über Erkenntnis, Sprache, Wirklichkeit, über die Konstitution des eigenen Ichs oder die Identität des menschlichen Subjekts generell reflektier[t]" (Anz 2002, 181). Hinzu kommen Texte, in denen selbstreferentiell die Möglichkeiten und Grenzen des Erzählens ausgelotet werden. Alle Selbstverständlichkeiten eines ‚normalen', bürgerlichen Daseins oder auch nur eines einigermaßen geordneten Lebens werden hier kompromisslos in Frage gestellt – einschließlich der Gesetze der Kausalität und aller Erfahrungen eines durchschnittlichen Alltags. Erzählen bedeutet in diesen Texten einen Prozess des unablässigen Negierens, Destruierens und Relativierens. Am Ende der stets außerordentlich kühnen Überlegungen der Hauptfiguren – zumeist Künstler, Außenseiter oder Randexistenzen der Großstadtkultur – stehen als Ergebnis Selbstmord oder allenfalls extreme Bewusstseinszustände wie Wahnsinn, Rausch, Ekstase oder totale Desorientierung (vgl. Oehm 1993, 192). Das erzählende Ich gerät somit in diesen Texten in eine dialektische Entwicklung der Selbstfindung hier, nämlich der erfolgreich fortschreitenden Erforschung der Grundlagen der eigenen Existenz, und der Selbstzerstörung dort, weil die Ergebnisse des Nachdenkens als unerträglich empfunden werden.

Erkenntnistheoretische Reflexionsprosa

Der Bruch mit den literarischen Traditionen vor allem aus dem deutschsprachigen Raum wird auch an einem weiteren typischen Merkmal der expressionistischen Prosa deutlich. Viele Texte der Epoche sprengen demonstrativ die eingespielten Gattungsmuster und -grenzen. So ist häufig kaum zu entscheiden, ob ein spezifisches Prosawerk als Roman, als Erzählung oder als Novelle, als phantastischer Text, als Märchen, als Legende oder als Groteske zu kategorisieren ist. Diese Schwierigkeiten resultieren

Entgrenzung der Gattungen

aus einem literarischen Programm, dessen Ziel es ist, das eingespielte System poetischer Gattungssignale und -referenzen zu konterkarieren und zu durchbrechen. Dazu gehört die Überschreitung der Grenzen zwischen Lyrik, Drama und Epik, beispielsweise im Prosagedicht (vgl. Anz 2002, 187). Mehr noch, typisch für die Literatur des Expressionismus sind auch Transgressionen von der Poesie zu den nicht-fiktionalen Gebrauchsformen. Exemplarische Beispiele dafür sind frühe Erzählungen Franz Werfels, die über weite Strecken hin den Charakter von Manifesten annehmen, oder kürzere Prosatexte Franz Kafkas, die unentscheidbar zwischen fiktionaler Prosa und Tagebucheintrag changieren. In besonderer Weise verflüssigen sich die Grenzen zwischen Erzählung und Programmschrift in der politischen Prosa des Expressionismus, etwa bei Carl Sternheim, Otto Flake oder René Schickele (vgl. Krull 1982).

Literarische Gebrauchsformen Nicht nur die vielfältigen Gattungstransgressionen innerhalb der Erzählliteratur des Expressionismus verweisen auf die Bedeutung der nicht-fiktionalen Prosa für die Epoche. Auch die zum Teil unüberschaubare und von Werkausgaben kaum einholbare essayistische und kritische Tätigkeit mancher Autoren der Bewegung für eine oder mehrere von deren Zeitschriften lässt erahnen, welchen enormen Stellenwert die literarischen Gebrauchsformen im Schaffen vieler Avantgardisten einnehmen. Die Forschung jedoch hat dies bislang zugunsten der im engeren Sinne poetischen Texte weitestgehend ignoriert. Die größte Aufmerksamkeit haben dabei noch die Programme und Manifeste als theoretische Grundlage der Bewegung auf sich ziehen können. Doch bereits um die Untersuchung der expressionistischen Essayistik ist es schlecht bestellt. Wenn sie denn einmal in den Blick kommt, finden allenfalls ihre Inhalte Interesse. So sind zum Beispiel die Themen der Essayistik von Robert Müller, unter anderem die Auseinandersetzung mit dem Kino, der Großstadt, mit aktuellen ästhetischen Diskussionen und poetischen Neuerscheinungen, gut untersucht (vgl. z. B. Köster 1995, 80–97). Die spezifische literarische Form dieser Texte und ihr publizistik- und medienhistorischer Kontext aber bleiben bei solchen Arbeiten fast gänzlich ausgeblendet. Ähnliches gilt zum Beispiel für den Nachruf, der im Expressionismus wegen des frühen Todes vieler bedeutender Autoren eine eminent wichtige Stellung einnimmt. Es ist bekannt, dass auf die Meldung vom Ableben eines Georg Heym, eines Ernst Stadler oder eines Georg Trakl zahlreiche nekrologische Würdigungen – teils in feuilletonistischer Prosa, teils in Versen – erscheinen. Aber das Dichtertotenlob der Epoche, seine spezifische poetische Form, die Topoi der expressionistischen Auseinandersetzung mit den eben Verblichenen in den jeweiligen mediengeschichtlichen Kontexten harren nach wie vor einer literarhistorischen Aufarbeitung. Andere Gebrauchsformen wie zum Beispiel das Tagebuch und der Brief der Epoche sind bereits des Öfteren in den Blick genommen worden, insbesondere im Falle hochkanonisierter Dichter wie Franz Kafka und Georg Heym. Freilich dienen diese Texte für gewöhnlich mehr als Fundgruben für Aufschlüsse über die Biographie und werden ebenfalls kaum je komparativ mit den jeweiligen Gattungs- und Schreibtraditionen und deren sozialgeschichtlichen Funktionen in Verbindung gebracht (vgl. Korte 2000).

Viele Expressionisten legen zahlreiche literar-, aber auch theater-, musik- und filmkritische Arbeiten vor (vgl. Pfohlmann 2004, 111–113). Auch diese werden jedoch von der Forschung vor allem inhaltlich ausgewertet, das heißt zum Beispiel mit Bezug auf die darin verarbeiteten ästhetischen Diskurse. In der Regel werden diese Beiträge aber nicht innerhalb der jeweiligen Gattungsgeschichte kontextualisiert, also in den größeren historischen Rahmen der Medien der Literaturkritik und der charakteristischen Argumentationsmuster, Stereotype oder Klischees von Besprechungen gestellt (vgl. z. B. Haumann 1995, 272–286). Die spezifischen Qualitätskriterien, mit denen einzelne Rezensenten der Bewegung Neuerscheinungen beurteilen, sind in Einzelfällen, zum Beispiel bei Otto Flake, aufgearbeitet (vgl. Graf 1992, 218–228 u. ö.), aber noch nicht hinreichend genau und detailliert untersucht, um ein Epochenprofil des expressionistischen Rezensionswesens erstellen zu können. Bekannt ist, dass die poetischen Publikationen der Expressionisten in den etablierten Zeitschriften lediglich in Auswahl wahrgenommen werden sowie in der Tagespresse kaum Resonanz finden, und mithin die Motivation für eine Besprechung in den einschlägigen Organen der Bewegung selbst sehr hoch ist (vgl. z. B. Fähnders/ Hansen 2003, 512). Das Rezensionswesen in den Blättern der Epoche avanciert mithin zum Korrektiv der etablierten bürgerlichen Publizistik (vgl. Pfohlmann 2004, 111). Klar ist des Weiteren, dass die Besprechungen von Neuerscheinungen in avantgardistischen Zeitschriften häufig von den Autoren selbst initiiert und organisiert werden (vgl. z. B. Fähnders/Hansen 2003, 523), auch im Freundes- und Bekanntenkreis, ja es gibt sogar Beispiele für Selbstrezensionen. Literaturkritik, Werbung und Vermarktung einer kommerziell noch nicht erfolgreichen kulturellen Bewegung gehen also manchmal ununterscheidbar ineinander über (vgl. Pfohlmann 2004, 111f.). Ästhetisch gesehen teilt das Besprechungswesen des Expressionismus – soweit bislang in Umrissen erkennbar – viele Merkmale mit der Dichtung der Epoche selbst. Dazu gehören unter anderem die starke Rhetorisierung der Texte im Dienste einer affektiven Rezeption, die ausgeprägte Appellfunktion, die verbreitete Selbstreflexivität und Selbstreferentialität und die aggressiven Angriffe auf alle künstlerischen wie gesellschaftlichen Traditionen. An wichtigen Genres der Literaturkritik sind neben der Besprechung eines einzelnen Textes die Sammelrezension, das Autorenporträt und die Glosse zu nennen. Dabei verschwimmen bei allen diesen publizistischen Formen immer wieder die Grenzen zu ästhetischen Programmen und politischen Manifesten.

Die expressionistische Literatur ist in allen ihren Gattungen auf Wirkung in der menschlichen Praxis hin angelegt, sei es auf einen Schock bei der Lektüre über die Darstellung von Grausamkeiten, sei es auf eine durchgängige Erneuerung der europäischen Gesellschaften. Die Dramatik der

Literaturkritik

Drama

Epoche (vgl. u. a. Denkler 1979; Durzak 1978/79; Kuhns 1997; Viviani 1981) unterscheidet sich jedoch von der Lyrik, von der Erzählprosa und von den Gebrauchsformen prinzipiell dadurch, dass sie zusätzlich auf eine fundamentale Veränderung ihres Trägermediums – des Theaters – zielt. Eine praktische Realisierung des expressionistischen Schauspiels ist freilich mit den konventionellen dramaturgischen Mitteln und der althergebrachten Bühnentechnik ausgeschlossen. Die Aufführung dieser Stücke, auf welche hin diese ja letztlich immer angelegt sind, ist mithin selbst schon eine Kunstrevolution. Zu den einschneidendsten Neuerungen des avantgardistischen Theaters zählt die synästhetische Vervielfältigung der dramatischen Elemente und Darstellungsmittel. Handlung und Figurenrede als traditionelle Hauptträger des Bühnengeschehens müssen zurücktreten zugunsten eines komplexen Zusammenspiels von Licht, Bewegung, Farbe und Klang. Musik, Tanz und Bildende Kunst avancieren somit zu wichtigen Bestandteilen der Dramengestaltung, so zum Beispiel bei Ernst Barlach. In manchen Stücken wie etwa der Szene *Der gelbe Klang* (1912) von Wassily Kandinsky wird sogar ganz auf die Verwendung von Figurenrede verzichtet, um einen größtmöglichen Eindruck der nicht-sprachlichen Gestaltungselemente, unter anderem der expressiven Körperbewegungen und der Wechselwirkung von Dekoration und Ton zu erzielen. Die althergebrachte Guckkastenbühne, in deren Gehäuse die Illusion eines realistischen Geschehensablaufes hergestellt wird, ist damit verabschiedet. Das expressionistische Theater setzt stattdessen auf antimimetische Abstraktion und auf intensiven Ausdruck, der auf alle Sinne des Publikums wirken und dessen Affekte stimulieren soll (vgl. z. B. Bayerdörfer 2000, 539). Konsequenzen daraus sind unter anderem die Abkehr von einer in sich geschlossenen Handlungsstruktur, die Ersetzung von individuellen Figuren durch typisierte Ideenträger, die Einführung von Menschenmassen als handelnden Personen, welche auch durch spezifische visuelle und auditive Effekte simuliert werden können, und die Etablierung gänzlich neuer Raumkonstruktionen auf der Bühne wie etwa Hallen in der modernen Großstadt oder Fabrikanlagen. In allen denkbaren Hinsichten ist hier der Experimentierfreudigkeit der Autoren keine Grenze gesetzt.

Theatralische Realisierungen

Am Beginn der Theatergeschichte des Expressionismus steht eine Reihe von ästhetisch unerhörten Einaktern, die der traditionellen Dramaturgie entschlossen den Kampf ansagen. Hier ist die Bühne nicht mehr Spiegel der Welt, sondern ein Forum für die affektive Artikulation der leidenden Kreatur. Hier wird keine stringente, final geordnete Abfolge sinnvoller Geschehensabläufe mehr gespielt, sondern eine fragmentarische Episode aus den Verwirrungen und Abgründen der modernen menschlichen Existenz in Szene gesetzt. Eine öffentliche Aufführung dieser Stücke erscheint den Künstlern vorderhand ausgeschlossen. Die frühen Einakter des Expressionismus werden daher – wenn überhaupt – lediglich in geschlossenen Gesellschaften und auf Privatbühnen realisiert (vgl. Knapp 1979, 24), so etwa im Falle von Oskar Kokoschkas Drama *Sphinx und Strohmann*, das 1907 in der Kunstgewerbeschule in Wien vor geladenem Publikum uraufgeführt wird (vgl. Viviani 1981, 65). Die Zurückhaltung gegenüber einer öffentlichen Inszenierung dieser Texte fußt gewiss auch auf den darin enthaltenen Tabubrüchen (vgl. Knapp 1979, 25). Die ersten expressionistischen Dramen, die auf größeren Bühnen gespielt werden, sind bezeichnender Weise die frühen Komödien Carl Sternheims, vor allem *Die Hose* (Uraufführung und Druck 1911) und *Die Kassette* (Uraufführung 1911, Druck 1912). Diese Stücke bringen zwar die für die Epoche typische, unbarmherzige Polemik gegen das geldgierige, korrumpierte Bürgertum und die dekadente Wilhelminische Gesellschaft auf das Theater, sind jedoch bühnentechnisch relativ traditionell und konventionell. Die in den Jahren um 1910 entstehenden, dramaturgisch wie thematisch revolutionären Arbeiten von Georg Kaiser, Reinhard Johannes Sorge, Walter Hasenclever oder Hanns Johst finden erst gegen Ende des Ersten Weltkriegs ihren Weg auf die großen Theater, dann allerdings mit außerordentlichem Erfolg. Mehr noch, während der 1920er Jahre, als von vielen Seiten bereits das Ende des Expressionismus herbeigeredet wird, feiert die Bewegung mit ihrer ästhetisch wie ideologisch radikalen Dramatik bislang ungekannte, breitenwirksame Triumphe auf den Bühnen des deutschsprachigen Raums.

Unter die bedeutsamsten literarischen Innovationen der Epoche ist die Entwicklung des Stationendramas als eine gänzlich neuartige Form des Theaterstücks zu rechnen (vgl. Oehm 1993, 125–128 u.ö.). Vorbereitet durch einige Szenen August Strindbergs und bereits angelegt in der episodisch-fragmentarischen Struktur der frühen Einakter der Bewegung, ist dieses Genre vor allem durch die Sprengung der Einheiten von Ort, Zeit und Handlung, den Abschied von der klassischen Akteinteilung, den Verzicht auf einen in sich abgerundeten Geschehensverlauf und stattdessen eine Abfolge von nur lose zusammenhängenden Szenen gekennzeichnet. Das Zentrum bildet in der Regel ein Individuum in einer schweren Sinnkrise. Einzelne Stationen von dessen Wanderung durch Welt und Gesellschaft stellt das Genre auf die Bühne. Anders gesagt, die Strukturen des massiv in seiner Identität bedrohten modernen Subjekts generieren die radikal neuen Form- und Gestaltungsprinzipien dieses Dramentyps (vgl. Oehm 1993, 128). Zu dessen bekanntesten Beispielen gehören unter anderem Reinhard Johannes Sorges *Der Bettler* (1912), Georg Kaisers *Von morgens bis mitternachts* (1916; vgl. V. 5.), Ernst Tollers *Die Wandlung* (1919) und Paul Zechs *Das trunkene Schiff* (1924).

Stationendrama

Zur Kategorisierung der expressionistischen Dramatik hält die Forschung noch eine Reihe weiterer Begriffe bereit, die jeweils auf wichtige inhaltliche Aspekte abheben (vgl. z.B. Denkler 1979). Viele Texte prägt ein starker appellativer Gestus. Unter Einsatz der verschiedensten bühnentechnischen Mittel zeigen sie dem Publikum eine spezifische Facette der Ideologie der Bewegung, sei es die Verbrüderung der gesamten Menschheit gegen die kalten Mächte von Technik und Fortschritt, sei es der Pazifismus. Für dieses Genre wird häufig der Terminus des Verkündigungsdra-

Verkündigungs-, Wandlungs- und aktivistisches Drama

mas verwendet. Als repräsentative Beispiele gelten etwa Georg Kaisers *Die Bürger von Calais* (1914) oder Hanns Johsts *Der junge Mensch* (1916). Im Mittelpunkt des expressionistischen Wandlungsdramas steht die radikale innere Erneuerung eines einzelnen Menschen oder einer ganzen gesellschaftlichen Gruppe (vgl. z. B. Siebenhaar 1982). Diese Texte führen demnach dem Publikum auf der Bühne die Realisierung wichtiger Aspekte der utopischen Ideologie der Bewegung sinnfällig vor Augen. Hier wären beispielhaft Walter Hasenclevers *Der Sohn* (1914), Fritz von Unruhs *Ein Geschlecht* (1917) und Ernst Barlachs *Der arme Vetter* (1918) zu nennen. In den Jahren während und nach der Revolution schließlich entstehen auch zahlreiche Texte, die auf der Bühne die politische Situation der Gegenwart reflektieren. Diese aktivistische Dramatik verbindet sich vor allem mit dem Namen Ernst Tollers und seinen Stücken *Masse Mensch* (1921) und *Die Maschinenstürmer* (1922; vgl. u. a. Bebendorf 1990; Grunow-Erdmann 1994).

4. Chronik

Heym   Innerhalb des engsten Kanons der ästhetisch wichtigsten und wirkungsreichsten Werke des Expressionismus gilt Georg Heyms Lyrikband *Der ewige Tag* (1911; vgl. V. 2.) als die erste zentrale selbstständige Veröffentlichung. Die Gedichtsammlung bietet eine extrem pessimistische poetische Deutung der modernen Großstadt, mehr noch, sie zeichnet eine ekelhafte, feindliche, dämonische Welt. Den unterschiedlichsten, zum Teil extrem abstoßenden und schockierenden Literarisierungen von Menschen vom Rand der modernen Gesellschaft, von Tod, Krieg und Apokalypse steht die vitalistische Artikulation eines Drangs nach Befreiung der Menschen in einer über den Einzelnen selbst hinaus weisenden Tat gegenüber. Zu der formalen Traditionalität und Schlichtheit der Texte bildet die fast völlige Zurückdrängung des in der Poesie üblichen lyrischen Ich einen scharfen Kontrast (vgl. u. a. Bridgwater 1991; Mautz 1987). Postum veröffentlicht wird Heyms zweiter Gedichtband *Umbra vitae* (1912), der die Tendenzen des ersten noch verschärft. 1913 schließlich erscheint ein *Novellenbuch* mit dem Titel *Der Dieb*, dessen Erzählungen durchgängig in Ausnahme- und Extremsituationen menschlichen Daseins, ja an dessen Grenzen führen.

Werfel   1911 erscheint auch Franz Werfels erste Buchpublikation, der Gedichtband *Der Weltfreund*, der seinen Autor rasch in avantgardistischen Kreisen bekannt macht. Die thematischen Schwerpunkte der Sammlung liegen einerseits bei der hymnischen Feier des Lebens, auf der anderen Seite beschwören die Texte eine internationalistische Verbrüderung und dadurch auch Erlösung aller Menschen aus dem Leiden an der Moderne. Geradezu sprichwörtlich sind die ersten Worte des Gedichts *An den Leser* geworden: „Mein einziger Wunsch ist, Dir, o Mensch, verwandt zu sein!"

(Werfel 1967, 62) Diesem frühen Lyrikband Werfels folgen bald weitere, vor allem *Wir sind* (1913) und *Einander* (1915), deren ekstatisches Pathos und hypertrophe Bildlichkeit stilprägend für viele weitere Expressionisten werden. 1919 publiziert Werfel auch einen der bekanntesten Prosatexte der Epoche, den Roman *Nicht der Mörder, der Ermordete ist schuldig.* Zentrales Thema ist der Generationenkonflikt. Gleichzeitig kennzeichnet den Text die poetische Projektion des Mythos, hier der Ödipus-Sage, in den modernen Alltag, eine literarische Strategie, die auch für die späteren, außerordentlich erfolgreichen Romane des Autors charakteristisch ist (vgl. u. a. Hartmann 1998).

Im schneidendsten Gegensatz zu Werfels Lyrik steht die erste, 1912 veröffentlichte Gedichtsammlung Gottfried Benns *Morgue und andere Gedichte* (vgl. V. 4.). Die makabere Themenwahl, der provozierend lakonische Ton, die Ignoranz gegenüber allen Formkonventionen der poetischen Tradition sind auch für die folgenden Lyrikbände *Söhne* (1913) und *Fleisch* (1917) kennzeichnend (vgl. u. a. Liewerscheidt 1980). Auch auf dem Gebiet der expressionistischen Prosa stammt eine der entscheidendsten Leistungen aus der Feder Benns. Die Erzählsammlung *Gehirne* (1916) gestaltet die Erlebnisse des 30jährigen Arztes Werff Rönne, der in zunehmende soziale Isolation und psychische Schwierigkeiten gerät, weil er sowohl die Zumutungen seines Berufes wie auch die zeitgenössische Gesellschaft nicht zu ertragen vermag. Er gerät unter anderem in Phasen der Apathie, der Entfremdung von der Gesellschaft und von sich selbst, verfällt dem Kokain und gibt sich zuletzt selbst den Tod.

Benn

Bereits 1911 kommt eine der signifikantesten frühen prosaischen Leistungen der expressionistischen Dichtung auf den Markt, die Erzählung *Tubutsch* von Albert Ehrenstein (vgl. V. 3.). Dieser Text teilt mit den folgenden Veröffentlichungen des Autors, unter anderem dem Prosaband *Der Selbstmord eines Katers* (1912) sowie den Lyriksammlungen *Die weiße Zeit* (1914) und *Der Mensch schreit* (1916), die radikale Literarisierung der Ich-Dissoziation und der totalen metaphysischen Heimatlosigkeit der menschlichen Existenz in der Moderne, die allein durch einen grotesken Galgenhumor zu ertragen sind (vgl. u. a. Drews 1969; Wallas 1994).

Ehrenstein

1912 erscheint erneut ein Maßstäbe setzender Prosatext, der nach dem Namen seines Protagonisten benannt, ästhetisch aber noch gewagter als *Tubutsch* ist, Carl Einsteins *Bebuquin oder Die Dilettanten des Wunders.* Die lose aneinander gereihten Szenen dieser Dichtung ergeben keinerlei konsistenten Handlungsstrang. Jede traditionelle Form literarischer Motivierung und Kausalität wird hier zugunsten eines rein assoziativen Erzählens aufgegeben (vgl. Sorg 1998, 119). Im Erzähler-Ich lösen sich nicht nur alle metaphysischen Gewissheiten, sondern auch die Orientierungskategorien von Raum und Zeit auf (vgl. Riechert 1992, 89–133). Die grotesken Verzerrungen der Realität führen unweigerlich in den Wahnsinn, der freilich „zum Refugium unbedingter Menschlichkeit" avanciert, „welche

Einstein

noch nicht rationalistisch entwertet und relativiert worden ist" (Braun 1987, 171).

Trakl

1913 debütiert Georg Trakl mit einem schmalen Band von *Gedichten.* Die Texte, die zu den eigenwilligsten und bemerkenswertesten, sicherlich zu den exzentrischsten der Epoche zählen, sind fast ohne Ausnahmen von düsteren Themen wie Verfall, Verwesung, Tod und Wahnsinn geprägt und häufig in der Jahreszeit des Herbstes situiert. Im auffälligen Kontrast dazu stehen die außerordentliche formale Brillanz und der höchst kunstvolle Wohllaut der Verse. Das lyrische Ich freilich gerät in einen Prozess der sukzessiven Auflösung. Gleichzeitig schwindet der Bezug zur äußeren Wirklichkeit. Die lyrische Welt wird selbstreferentiell und beginnt in einem kaum mehr nachvollziehbaren System von hermetischen Chiffren um die Konstitution von poetischem Sinn überhaupt zu kreisen (vgl. u. a. Baßler 1999; Doppler 2001). Nach dem Tod des Autors wird noch der zweite Gedichtband *Sebastian im Traum* (1915) veröffentlicht.

Stadler

Ernst Stadler, der als erst 23jähriger die noch dem Jugendstil zuzurechnende Lyriksammlung *Präludium* (1904) veröffentlicht hat, publiziert kurz vor seinem frühen Tod im Krieg einen Gedichtband mit dem programmatisch expressionistischen Titel *Der Aufbruch* (1914). Das Ich vieler dieser Texte bringt eine intensive Sehnsucht nach Taten und Erlebnissen, nach Rausch und auch nach der Erfahrung des Sterbens zum Ausdruck. Demgemäß sind die Gedichte sowohl von höchster sprachlicher Emphase wie auch von mystischen Bezügen geprägt. Besonderes formales Kennzeichen von Stadlers Poesie ist die metrisch nicht regulierte und somit der Prosa nahe, zugleich jedoch durch ihr Pathos geradezu hymnisch wirkende Langzeile, welche eine spezifische Intensität der Sprache und der Welt- und Lebensbejahung zum Ausdruck bringt (vgl. u. a. Schmitt 2000; Thomke 1972).

Hasenclever

Das 1914 gedruckte und 1916 uraufgeführte, fünfaktige Drama *Der Sohn* von Walter Hasenclever kann als die bekannteste theatralische Gestaltung des expressionistischen Generationenkonflikts gelten. Den Mittelpunkt bildet die scharfe Auseinandersetzung zwischen dem Protagonisten und seinem Vater, der gleichzeitig prototypisch für das innerlich erstarrte Bürgertum steht. Der Text ist Stationen- und Wandlungsdrama in einem. Er verfolgt den schwierigen, keineswegs geradlinigen emanzipatorischen Weg des Sohnes und darüber hinaus dessen sukzessive Selbstfindung als vitaler und politisch engagierter junger Mann. Der Schlaganfalltod des Vaters, mit dem das Stück schließt, symbolisiert den selbst verschuldeten Untergang der bürgerlichen Gesellschaft auf Grund ihrer Borniertheit und Lebensfeindlichkeit (vgl. z. B. Kasties 1994, 112–126).

Edschmid

Kasimir Edschmid bringt während der ersten Jahre des Weltkriegs insgesamt elf Novellen in drei Sammlungen mit den Titeln *Die sechs Mündungen* (1915), *Das rasende Leben* (1916) und *Timur* (1916) heraus, die seit ihrer Publikation zu den markantesten Prosadichtungen der Epoche gezählt werden. Erzählerisches Grundmuster vieler dieser Texte ist der Aufbruch ihrer Protagonisten aus der vertrockneten bürgerlichen Gesellschaft in eine wilde, vorzivilisatorische Fremde, in der sie ohne Einschränkungen und Einengungen ihre Bedürfnisse und Gefühle ausleben können. Die Hauptfiguren der Novellen setzen sich im Banne eines ungezügelten Vitalismus bedenkenlos über alle vernünftigen Rücksichten, gesellschaftlichen Konventionen und moralischen Vorbehalte hinweg. Sie schrecken dabei nicht vor Mord und Barbarei zurück. Edschmid ist deshalb in einem problematischen Kurzschluss von den fiktionalen Figuren auf den Autor immer wieder heftig persönlich angegriffen und zum geistigen Ahnherren der NS-Ideologie gestempelt worden. Wichtiger aber ist eine andere, oft zu wenig bedachte Einsicht aus der Lektüre dieser Texte. Die Literatur des Expressionismus sperrt sich fundamental gegen jede Integration in Kategorien bürgerlicher, sittlicher, ‚alltagstauglicher‘ Ordnung, sei es in der Diagnose einer totalen Ich-Dissoziation, in der Sehnsucht nach Krieg oder in den brutalsten Gewaltphantasien (vgl. u. a. Schlösser 2001).

Einen der literarisch bemerkenswertesten und differenziertesten Beiträge zum pazifistischen Engagement des Expressionismus liefert Reinhard Goering mit dem 1917 gedruckten und im Jahr darauf uraufgeführten Schauspiel *Seeschlacht*. Sieben Matrosen im Panzerturm eines deutschen Kriegsschiffes steuern hier ihrem Tod in der Schlacht am Skagerrag entgegen. Sie sind namenlos, repräsentieren aber alle jeweils divergierende ideologische und weltanschauliche Positionen, von der Begeisterung für die bevorstehende Schlacht über die fatalistische Ergebung in das unabwendbare Schicksal bis hin zum Aufruf zur Desertion. In den dramatischen Dialogen und Monologen geraten diese Haltungen mit- und untereinander in die unterschiedlichsten Konflikte, bis am Ende alle Figuren nach der Reihe sterben. Der mit den sieben Leichen untergehende Panzerturm verweist auf die Sinnlosigkeit des Krieges, signalisiert aber auch eine tief greifende Skepsis gegenüber der Existenz in der modernen Welt überhaupt (vgl. u. a. Ritchie 1976, 91–96; Shearier 1988, 121–130).

1917 erscheinen *Die gesammelten Gedichte* Else Lasker-Schülers, die 1920 noch durch einen zweiten Band mit dem Titel *Die Kuppel* ergänzt werden. In diesen Kompilationen vereinigt die Autorin zum größten Teil die Lyrik, die sie seit 1902 an unterschiedlichen Orten veröffentlicht hat. Ihr Werk ist von keinem anderen Thema so geprägt wie von der Liebe – wodurch sie sich signifikant von den allermeisten ihrer männlichen Autorenkollegen innerhalb der Epoche absetzt. Auch mangelt es ihr am sozialrevolutionären Impetus. Dennoch steht sie dem Expressionismus nicht nur durch vielfältige persönliche Beziehungen nahe, sondern auch durch die ästhetische Form ihrer Gedichte. Die Texte lösen sich formal aus allen Bindungen der traditionellen Poesie, sind geprägt von einer emphatischen Dynamisierung der Sprache, einer ungekannten lyrischen Inszenierung von expressiver Emotionalität, von der Entfaltung kühner Metaphern. Bestimmend werden in ihrem Werk darüber hinaus mehr und mehr Tenden-

Goering

Lasker-Schüler

zen der poetischen Maskerade und Selbstmythisierung und eine intensive Auseinandersetzung mit der jüdischen Tradition (vgl. u. a. Bauschinger 2004).

Kaiser   Georg Kaiser kann sich ab 1917 mit seinen Theaterstücken auf den Bühnen im deutschsprachigen Raum als der vielleicht wichtigste Dramatiker des Expressionismus etablieren, unter anderem mit *Die Bürger von Calais* (1914) und *Von morgens bis mitternachts* (1916; vgl. V. 5.). Zu den am meisten beachteten Schauspielen des Autors zählen auch die beiden Teile von *Gas* (1918, 1920). Thema ist die industrielle und technische Entwicklung. Die von der instrumentellen Vernunft scheinbar so klar und rechnerisch richtig organisierte Modernisierung von Gesellschaft und Welt schlägt in den *Gas*-Dramen um ins Irrationale. Die Allmachtsphantasien des Menschen von absoluter Naturbeherrschung verkehren sich in die katastrophale Selbstzerstörung des Fortschritts und der Technikbegeisterten (vgl. u. a. Segeberg 1989).

Toller   Der meistrezipierte Dramatiker der Epoche neben Kaiser ist Ernst Toller. Wie in seinem Erstling mit dem bezeichnenden Titel *Die Wandlung* (1919) formuliert er auch in seinem berühmtesten Schauspiel *Masse Mensch* (Uraufführung 1920, Druck 1921) in stark appellativem Gestus die Forderung nach einer radikalen inneren Erneuerung seiner Zeitgenossen, die er als Voraussetzung für eine Revolution und die Erschaffung einer sozialistischen Gesellschaft betrachtet. Das Drama illustriert dieses Ideologem anhand eines politischen Umsturzversuches, der an der mangelnden inneren Erneuerung seiner Akteure scheitert. Eine neue Gesellschaftsform kann, dies illustriert das Schauspiel, nicht durch Anwendung brutaler Gewalt errichtet werden, da sie dadurch von allem Anfang an eine schwere Schuld als moralische Hypothek zu tragen hat. Weitere berühmte aktivistische Dramen des Autors, die bald darauf Furore machen, sind *Die Maschinenstürmer* (1922) und *Hinkemann* (1924; vgl. u. a. Bebendorf 1990; Benson 1987).

Kafka   Geradezu eine literarische Sensation markieren gegen Ende der Epoche die Ausgaben der nachgelassenen Werke Franz Kafkas, die nach dessen Tod 1924 sukzessive von Max Brod ediert werden. Der Prager Schriftsteller publiziert bereits zu Lebzeiten eine Reihe von bemerkenswerten Erzählungen und Kurzprosabänden, in denen zentrale Aspekte der expressionistischen Ideologie literarisiert werden. *Die Verwandlung* (1916) beispielsweise thematisiert die Entmenschung des Individuums in der modernen Leistungsgesellschaft, *Das Urteil* und *In der Strafkolonie* (1919) heben auf Vater-Sohn-Konflikte und die Unerträglichkeit des schuldbeladenen irdischen Daseins ab. Die postum veröffentlichten Romane *Der Prozeß* (1925), *Das Schloß* und *Amerika* (1927, später unter dem Titel *Der Verschollene* ediert) wie auch die nachgelassenen Erzählungen und Tagebücher beschäftigen sich mit einer ganzen Reihe von zentralen Problemen der modernen Existenz, darunter die Entfremdung der Menschen voneinander, der Verlust einer konsistenten persönlichen Identität und die massive Bürokratisierung der mitteleuropäischen Staaten seit der Gründerzeit (vgl. z. B. Derlien 1994; Fähnders 1998, 179–186).

Alfred Döblin, der bereits 1913 mit *Die Ermordung einer Butterblume und andere Erzählungen* eine der ästhetisch innovativsten Prosaarbeiten der Epoche vorgelegt hat (vgl. V. 1.), veröffentlicht 1929 mit *Berlin Alexanderplatz* den vermutlich letzten und zugleich vielleicht poetologisch anspruchsvollsten Roman der gesamten Epoche. *Die Geschichte vom Franz Biberkopf*, so der Untertitel, revolutioniert die deutschsprachige und europäische Prosaliteratur durch eine hochkomplexe Textstruktur und Erzählperspektive, in die neben dem Bericht des Narrators auch Montagen und Collagen aus Wahrnehmungspartikeln der großstädtischen Welt eingehen, Fragmente von Zeitungsartikeln und Radiosendungen, ferner Satzfetzen der Reklame und der Popularkultur zwischen Kneipengesprächen, Schlagerrefrains und Moritatenstrophen. Der Roman führt einerseits in ein ganz spezifisches Milieu, die Kleinkriminellenszene des zeitgenössischen Berlin, welcher der Protagonist nach vielen schweren Kämpfen mit sich und seiner Umwelt letztendlich entrinnen kann, und weist andererseits über diese durch zahllose mythologische Allusionen weit hinaus auf die existentielle Bedrohung des Menschen in der Moderne (vgl. u. a. Kiesel 2004, 333–351; Kobel 1985; Kreutzer 1970; Müller-Salget 1988).

Döblin

V. Einzelanalysen repräsentativer Werke

1. Alfred Döblin: *Die Ermordung einer Butterblume*

Biographischer
Kontext

Alfred Döblin wird 1878 in Stettin geboren. Der Vater, ein jüdischer Kaufmann, setzt sich, als der Junge zehn Jahre alt ist, mit einer Angestellten in die Vereinigten Staaten ab. Die Mutter muss mit ihren fünf Kindern die eher provinzielle Hansestadt verlassen und zieht, um Aufnahme und Unterstützung bei Verwandten zu finden, nach Berlin. Die ersten Eindrücke der aufstrebenden Metropole haben auf den späteren Dichter eine verwirrende, beinahe schockartige Wirkung. Eine starke Prägung hinterlässt auch, wie sich gleichfalls aus autobiographischen Texten Döblins ergibt, die triste Wohn- und Lebenssituation der Familie im ärmlichen Berliner Osten (vgl. Kreutzer 1970, 17f.). An den Besuch einer höheren Schule ist aus materiellen Gründen vorerst nicht zu denken. Schließlich erlangt er als Freischüler Aufnahme in das humanistisch orientierte Köllnische Gymnasium. Auf Grund der widrigen lebensgeschichtlichen Umstände drei Jahre älter als der Durchschnitt seiner Klassenkameraden, beschließt er seine Schulzeit erst 1900 als Dreiundzwanzigjähriger. Unmittelbar daran schließt sich in Berlin das Studium der Medizin an, das der Onkel und der ältere Bruder, beide erfolgreiche Kaufmänner, finanzieren. 1904 wechselt er nach sieben Semestern nach Freiburg im Breisgau. Im folgenden Jahr wird er an der dortigen Universität promoviert und vom Badischen Innenministerium als Arzt approbiert. Er tritt eine Stelle in einer psychiatrischen Klinik bei Regensburg an. Im Herbst 1906 wechselt er als Anstaltsarzt nach Berlin. 1911 schließlich eröffnet er am Halleschen Tor eine neurologische Kassenpraxis, nebenher arbeitet er noch auf einer Unfallwache (vgl. Prangel 1987, 22).

Werdegang als Autor

Döblin unternimmt damit den Versuch, die gesicherte bürgerliche Existenz eines Mediziners mit nebenberuflicher literarischer Arbeit zu verbinden. Der Arztberuf schließt anfangs die wissenschaftliche Publikationstätigkeit mit ein. Die Dissertation behandelt Gedächtnisstörungen. Es folgen weitere kleinere psychiatrische Studien. Später publiziert Döblin diverse Aufsätze zur inneren Medizin. Erst 1916 bricht diese fachschriftstellerische Tätigkeit ab (vgl. Links 1981, 28). Die ersten belletristischen Versuche datieren nach des Autors eigenen Angaben schon aus dem vierzehnten Lebensjahr. Durch Manuskripte belegt ist die poetische Produktion etwa ab 1900 (vgl. Kreutzer 1970, 21). Döblin schreibt allerdings nicht bloß literarische Texte, sondern wird auch als Organisator von Autorenabenden in der „Finkenschaft" tätig, der nicht farbentragenden studentischen Verbindung, der er angehört. Darüber hinaus pflegt er seit seinen ersten Studienjahren intensive Beziehungen zu Berliner Schriftstellern, unter anderem Herwarth Walden, Else Lasker-Schüler, Richard Dehmel (1863–1920), Frank Wedekind und Paul Scheerbart (1863–1915). Bereits Jahre vor dem eigentlichen expressionistischen Aufbruch werden bei diesen Begegnungen offenbar radikal bürgerlichkeitsfeindliche Ideen ventiliert und die als bourgeois eingestuften ästhetischen Positionen von Stefan George oder Thomas Mann heftig kritisiert (vgl. Kreutzer 1970, 28f.). Nach ersten, noch wenig experimentellen Versuchen auf dem Gebiet des Romans entstehen in den letzten Studienjahren Döblins seine frühen avantgardistischen Erzählungen. Die Veröffentlichung erfolgt allerdings erst ab 1910, als dem Schriftsteller mit Herwarth Waldens Zeitschrift *Der Sturm* ein geeignetes Publikationsforum zur Verfügung steht. In diesem Organ wird er auch journalistisch tätig. In den 1910er Jahren verfasst er zahlreiche Besprechungen von Büchern, Theaterstücken und musikalischen Werken, dazu Aufsätze zu aktuellen politischen Fragen und gesellschaftlichen Problemen, beispielsweise zur Geburtenregelung und zur Prostitution (vgl. Prangel 1981, 27). Darüber hinaus veröffentlicht Döblin in jener Zeit eine Reihe von dichtungstheoretischen Aufsätzen. In ihnen versucht er sowohl aktuelle ästhetische Fragen zu diskutieren als auch seine eigene dichterische Praxis poetologisch zu reflektieren. Hierzu zählen vor allem *Gespräche mit Kalypso. Über die Musik, Futuristische Worttechnik. Offener Brief an F. T. Marinetti, An die Romanautoren und ihre Kritiker*, ein Beitrag, der zumeist mit seinem Untertitel *Berliner Programm* benannt wird, die *Bemerkungen zum Roman* sowie der Aufsatz *Reform des Romans* (vgl. Kiesel 2004, 306–309).

Die belletristischen Arbeiten Döblins werden von der Forschung häufig in den direkten Kontext seiner literaturtheoretischen Äußerungen gestellt. Besondere Beachtung finden etwa die ostentative Verabschiedung eines auktorialen Narrators und der üblichen Handlungsmuster des Romans, die Abwendung von einer traditionellen psychologisierenden Erzählweise, die Forderung nach einer Erneuerung des Naturalismus oder nach der Übernahme von Darstellungsmitteln des Films in die Literatur (vgl. z. B. Brockington 1987, 123f., 133–135 u. ö.; Kobel 1985, 61f.). Solche Rückschlüsse von der ästhetischen Programmatik auf die poetische Praxis sind allerdings nicht immer ganz unproblematisch. Insbesondere mit Bezug auf die frühen Erzählungen Döblins, zum Beispiel *Die Ermordung einer Butterblume*, stellt sich aus mehreren Gründen die Frage nach der Berechtigung und der Tragfähigkeit derartiger Interpretationen. Erstens besteht in vielen Fällen eine eklatante Ungleichzeitigkeit zwischen der Abfassung der poetischen Texte hier und der theoretischen Reflexionen dort. Wichtige Prosastücke des jungen Döblin stammen aus der Zeit um 1905, das *Berliner Programm* hingegen erscheint erst 1913 (vgl. Reuchlein 1991, 21). Zweitens zeigen die Gegenüberstellungen von literarischen und poetologischen Texten des Autors immer wieder, dass erstere sich keineswegs bis zur letzten Konsequenz in die ästhetischen Positionen letzterer fügen und

Ästhetische Programmatik und poetische Praxis

häufig denselben gegenüber eine „widerspenstige Autonomie" bewahren (Marx 1999, 53). Drittens ist die Interpretation von Poesie aus der Perspektive der programmatischen Äußerungen Döblins schwierig, da diese ja selbst erst einmal gedeutet werden müssen. Bei seinen theoretischen Aufsätzen handelt es sich um argumentativ komplexe, terminologisch nicht immer luzide und bei einer gemeinsamen Analyse keineswegs ganz widerspruchsfreie Abhandlungen. Besondere Schwierigkeiten stellen sich etwa bei dem Versuch, aus den *Gesprächen mit Kalypso* eine klare Position ihres Autors zu extrahieren. Dazu trägt nicht allein die vieldeutige, häufig metaphorische Begrifflichkeit bei. Gerade die Dialogform, in der keineswegs einer der beiden Kommunikationspartner das Gespräch dominiert oder den anderen immer wieder belehrt, lässt bewusst verschiedene Deutungsmöglichkeiten offen (vgl. Links 1981, 30). Aus diesem Grund sehen die folgenden Überlegungen zu *Die Ermordung einer Butterblume* von einer Korrelierung mit den kunsttheoretischen Reflexionen des Autors ab.

Entstehung

Die vermutlich bekannteste Erzählung Döblins verdankt ihre Anregung wahrscheinlich direkter psychiatrischer Anschauung im Berufsleben (vgl. Kreutzer 1970, 32). Nähere diesbezügliche Umstände sind jedoch nicht bekannt. Für die Deutung dieses hochfiktionalen literarischen Gebildes wäre durch solche Kenntnisse auch wenig oder gar nichts gewonnen. Mögliche Sinnpotentiale des Textes erschlössen sich wohl kaum durch eine genauere Referenz auf die lebensgeschichtlichen Begleitumstände der poetischen Genese, etwa eine Rekonstruktion der spezifischen psychischen Erkrankung eines denkbaren Patienten, der Döblin zum Vorbild gedient haben könnte. Döblin selbst notiert über die Entstehung nahezu ein halbes Jahrhundert später, das „Thema" zu dem Text sei ihm während seines letzten Studienjahres, also 1904/05, „beim Spazieren über den [Freiburger] Schloßberg" eingefallen (Döblin 2001, 533). Präzisere Daten über Konzeption und Niederschrift sind nicht zu eruieren. Auch das erhaltene eigenhändige Manuskript gibt keine weiteren Auskünfte.

Publikation und
Textvarianten

Erst etwa fünf Jahre nach der Idee zu der Erzählung wird sie in der Zeitschrift *Der Sturm* am 8. und 15. September 1910 in zwei Teilen veröffentlicht (vgl. Döblin 2001, 534). Zwei Jahre später schließlich firmiert sie mit elf weiteren Prosatexten als Titelgeschichte in Döblins erstem Prosaband *Die Ermordung einer Butterblume und andere Erzählungen*. Das Buch erscheint Mitte November 1912 mit der Jahresangabe 1913 bei dem renommierten Münchener und Leipziger Literaturverlag Georg Müller (vgl. Döblin 2001, 525). Handschrift, Zeitschriften- und Buchveröffentlichung weisen quantitativ und qualitativ geringfügige Abweichungen voneinander auf. Die Varianten zeigen vor allem leichte stilistische Zuspitzungen durch die Ersetzungen einzelner Worte und einige graphische und orthographische Veränderungen. Sie sind vollständig in der kritischen Ausgabe dokumentiert (vgl. Döblin 2001, 534f., im Folgenden werden die Seitenzahlen dieser Edition zitiert).

Die Sammlung *Die Ermordung einer Butterblume und andere Erzählungen* macht Döblin erstmals einer breiteren literarisch interessierten Öffentlichkeit bekannt. Das Buch begründet rasch den Ruf seines Autors als eines der bedeutendsten Repräsentanten der neueren Novellistik (vgl. Prangel 1987, 25). Es wird nicht bloß in den Organen der Avantgarde wie dem *Sturm*, sondern auch in einigen großen Tageszeitungen und Fachzeitschriften rezensiert. Der Tenor der Besprechungen ist fast durchgängig positiv. Besonders gelobt werden unter anderem die sprachliche Gestaltungsfähigkeit Döblins, seine Kunst der phantastischen Bizarrerie oder die Nähe seiner Erzählweise zu kinematographischen Techniken, also Darstellungsweisen im damals eben entstehenden Medium des Films (vgl. Schuster/Bode 1973, 7–16). Detaillierte Studien zur frühen Rezeption Döblins fehlen allerdings. Die Titelgeschichte hat seit ihrer Publikation zahlreiche, teils sehr unterschiedliche Deutungen aus divergierenden Perspektiven erfahren. Die voneinander abweichenden Interpretationen müssen sich in vielen Fällen jedoch nicht gegenseitig ausschließen, sondern können den reich ausdifferenzierten Sinnhorizont des Textes erhellen (vgl. Ihekweazu 1982, 38). Dieser Prämisse sind auch die folgenden Überlegungen verpflichtet.

Rezeption und Interpretationen

Ein Gutteil ihrer Bekanntheit verdankt die Erzählung zweifellos dem Titel, den sie trägt. Die deutschsprachige Literatur ist nicht reich an weiteren Texten, die mit einer gleichermaßen grotesken und damit Neugierde erweckenden Formulierung überschrieben sind. Der Titel irritiert den Rezipienten deswegen so stark, weil die beiden darin miteinander verknüpften Substantive sich kategorisch auszuschließen scheinen. Ein Mord kann definitionsgemäß nur an einem Menschen verübt werden und gewiss nicht an einer so gemeinen und alltäglichen Pflanze wie einer schlichten Butterblume.

Titel

Der Titel erregt freilich nicht allein Spannung und Interesse, auf welche Weise die eigenartige Ankündigung eines Verbrechens gegen Leib und Leben eines recht unbedeutenden und wenig edlen Exemplars der heimischen Fauna eingelöst wird. Vor allem wird der Text damit, wenn auch ironisch gebrochen, in die Tradition der europäischen Novellistik gestellt. Zwar bezeichnet der Titel des Sammelbandes den Text nur ganz allgemein als Erzählung, und die Bezeichnung als „Novelle" durch Döblin in späteren privaten Aufzeichnungen (533) muss von der Literaturwissenschaft nicht unbedingt als gültige Gattungszuweisung übernommen werden. Viel wichtiger ist, dass die Überschrift eine unerhörte Begebenheit ankündigt und somit auf das wichtigste Merkmal einer Novelle nach Johann Wolfgang von Goethes (1749–1832) wirkungsmächtigem Diktum in den Gesprächen mit Johann Peter Eckermann (1792–1854) hindeutet (vgl. Marx 1999, 53f.). Der Mord an einer kleinen Wald- und Wiesenpflanze stellt ohne jeden Zweifel tatsächlich eine bis dahin unerhörte Begebenheit dar. Freilich verknüpft der Titel den Text mit einer bedeutenden Gattungstradition und zerschneidet dieses Band zugleich wieder. Nach Goethes

Gattungszuordnung

Definition ist die Novelle nämlich in der wirklichen Welt angesiedelt, also nicht – wie durch die Überschrift angedeutet – phantastisch. Der Text ist somit innerhalb eines spezifischen literarischen Zusammenhangs zu positionieren und bricht gleichzeitig mit demselben. Die bisherige Forschung schenkt diesen strukturellen Traditionsbezügen und der spezifischen Form der negativen Distanzierung der *Ermordung einer Butterblume* von der älteren Novellistik noch zu wenig Aufmerksamkeit. Die Ähnlichkeiten mit Georg Büchners (1813–1837) Novelle *Lenz* werden hingegen überstrapaziert (vgl. z. B. Schmidt-Henkel 1967, 162f.). Ein Vergleich scheint zwar nahe zu liegen, da beide Texte mit in ihrer jeweiligen Zeit revolutionären erzähltechnischen Mitteln den Ausbruch einer psychischen Erkrankung fiktionalisieren. Andererseits sind die intertextuellen Parallelen zwischen den beiden Novellen recht spärlich und eine Kenntnisnahme von *Lenz* durch den frühen Döblin anscheinend biographisch überhaupt nicht belegt (vgl. Reuchlein 1991, S. 49–51).

Doppelte Erzählperspektive *Die Ermordung einer Butterblume* wird in der Er-Form präsentiert. Dies ermöglicht eine eigenwillige, spezifisch ambivalente Narrationsweise, die den Text auf allen seinen Erzählebenen prägt. Die Er-Form ist einerseits offen für Mitteilungen und Beschreibungen eines mit der Hauptfigur nicht identischen Narrators. Die ersten fünf Absätze des Textes, in denen der Spaziergang des Protagonisten Fischer und sein Wüten im Unkraut dargestellt werden, sind ein Beispiel dafür (vgl. 56). Auf der anderen Seite erlaubt die Er-Form es auch, dass der Narrator sich über ganze Passagen hinweg in die Person der Hauptfigur versetzt und das Geschehen aus deren Blickwinkel beobachtet (vgl. Anz 1974, 396). Die zweite, imaginierte Ermordung der Butterblume ist hierfür ein charakteristisches Beispiel (vgl. 57f.). Das Hin und Her zwischen diesen beiden Blickwinkeln durchzieht den gesamten Text. Das Changieren zwischen objektivem Erzählgestus und subjektiver Erzählperspektive erfolgt dabei übergangs- und bruchlos. Nur an wenigen Stellen wird der Wechsel von der einen zur anderen Blickrichtung mittels der Ablösung des Präteritums durch das Präsens signalisiert (vgl. 59; vgl. dazu Marx 1999, 58).

Erzählter Wahnsinn ohne narratorische Distanzierung Diese irritierend inszenierte Doppelperspektive ist eines der herausragenden und poetisch revolutionären Merkmale der Erzählung. Sie setzt sich in der Gestaltung des *point of view* konsequent fort (vgl. Krusche 1978, 181). In einem Teil des Textes steht der Narrator neben Fischer und beschreibt dessen Handlungen von außen, ohne über dessen gleichzeitige emotionale Regungen Auskunft zu geben. Dann richtet er seinen Blick plötzlich wieder in das Innere des Protagonisten. Von diesem Standort aus freilich sind sämtliche Sinneseindrücke, die Fischer von der Außenwelt empfängt, durch dessen in schwerwiegender Weise gestörte Wahrnehmungsfähigkeit gebrochen. So „rinnt" zum Beispiel der „Matsch", zu dem die sich auflösende Butterblume mutiert, „auf ihn zu" und „will ihn ersäufen" (59). Der doppelte Standort und die zweifache Perspektive des Narrators haben eine bemerkenswerte erzählerische Konsequenz. Auf der einen

Seite gewährt der Text einen Blick in das Wahnsystem eines psychisch kranken Menschen. Diese innere Anschauung eines Geistesgestörten ist umso eindringlicher für den Rezipienten, als der Erzähler sich in den entsprechenden Passagen ganz und gar auf die massiv verzerrte Wirklichkeitswahrnehmung und die bizarren Hirngespinste Fischers einlässt. Der Narrator äußert hierüber keine Zweifel, gibt keine vernünftigen Erklärungsversuche, stellt nichts richtig, sondern berichtet einfach. Andererseits kann der Rezipient anhand der Informationen, welche die mittels Außenperspektive erzählten Passagen liefern, an jeder Stelle die realen Vorgänge rekonstruieren, die sich im Geist des Protagonisten in Wahnideen verwandeln (vgl. Stegemann 1978, 105). Aber der Erzähler, dessen Blick sozusagen verdoppelt ist, stellt sich keineswegs eindeutig auf die Seite einer der beiden Perspektiven. Er bezeichnet die Einbildungen Fischers niemals als Äußerungen einer schweren psychischen Erkrankung und wertet sie nicht explizit gegenüber den wirklich ablaufenden Geschehnissen ab. Man kann – diesen Skopus des Textes zeigt allein schon die schlichte Analyse der Erzählperspektive – die Welt und die in ihr sich abspielenden Ereignisse ganz unterschiedlich betrachten, aus dem Blickwinkel einer angeblich realistischen, ‚normalen‘ Alltagswahrnehmung oder durch die Brechung eines geistig Gestörten. Und es ist dabei gar nicht so einfach zu beurteilen, ob die letztere Alternative die ohne jeden Zweifel schlechtere oder die bedenkenlos falsche zu nennen sei.

Überhaupt enthält sich der Erzähler jeden ausdrücklichen Urteils über das von ihm Mitgeteilte. Anders gesagt, er verzichtet durchgängig auf die Ausübung von auktorialer Macht, sogar auf die Artikulation von Sympathie für oder Abneigung gegen seine Hauptfigur (vgl. Arnold 1980, 49; Duytschaever 1973, 34). Wenn er aus der Innensicht Fischers erzählt, verhält er sich personal. Er teilt dessen Meinungen und Urteile mit, vermittelt damit jedoch stets nur die Perspektive des Protagonisten. Wenn der Narrator sich neben Fischer stellt, agiert er neutral. Er erlaubt sich keine eigenen Kommentare, sondern erzählt mit einem geradezu objektivierenden Gestus, was vorfällt (vgl. Kobel 1985, 54). Desgleichen ist die Erzählhaltung über weite Strecken hin neutral. Allenfalls eine leichte ironische Brechung ist da und dort zu erkennen, ohne dass freilich je die Grenze zur direkten Karikatur überschritten würde, so beispielsweise, wenn im dritten Absatz die lächerliche Figur des seine Schritte zählenden und die Hüfte wiegenden Fischer als „der ernste Herr" bezeichnet wird (56) oder von seinem „Äffchengesicht" (64) die Rede ist. Die Wahl der Darbietungsarten schließlich unterstreicht die bisherigen Beobachtungen. Es dominieren in den aus der Außenperspektive dargestellten Passagen der schlichte Erzählerbericht ohne narratorische Einmischungen und ansonsten die erlebte und die direkte Rede. Der bedingungslose, kompromisslose Wechsel in die personale Sicht Fischers zeigt sich hierbei unter anderem daran, dass bei vielen Fragen oder Ausrufen des Protagonisten nicht wirklich klar wird, ob sie tatsächlich mündlich artikuliert oder lediglich gedacht wer-

Anti-auktoriales Erzählen

den. Entscheidend aber ist, dass auch die spezifische Darbietungsform dem Text einen objektivistischen, nachgerade dokumentarisch wirkenden Charakter verleiht.

Dokumentarischer Stil

Dem entspricht auch die spezifische stilistische Gestaltung des Textes. Hier fällt zuerst die Fülle an Parataxen in der Erzählung auf. Oft erscheinen ganze Reihen schlichter Hauptsätze aneinandergereiht. Dieses Ausdrucksmittel signalisiert, dass der Narrator demonstrativ aller eigenen Ausschmückung entsagt und einfach die Ereignisse dokumentiert, sei es der Bericht über die realen Geschehnisse, seien es die Mitteilungen der Gedanken und Gefühle Fischers. Der äußeren parataktischen Struktur der Sätze steht ihre innere Verknappung gegenüber, beispielsweise „Fuß trat vor Fuß" (57; vgl. Brockington 1987, 128). Oft fehlen die Artikel vor den Substantiven, und an schmückenden Beiwörtern oder relativierenden Partikeln herrscht in dem Text alles andere denn Fülle. Hier wird ein Erzählen verabschiedet, das sich selbstgefällig viel Raum für sich selbst nimmt, und programmatisch durch den knappen, gedrungenen Bericht ersetzt. Es scheint beinahe, als erzählten sich die ablaufenden Geschehnisse selbst.

Strategien der erzählerischen Vergegenwärtigung

Es wird ohne jeden Zierat erzählt, aber keineswegs kunstlos. Vielmehr ist der Text von größter stilistischer Artifizialität. Die Erzählung ist allenthalben durchsetzt mit auffälligen rhetorischen Tropen und Figuren. Hierzu zählen lautmalerische Elemente, etwa „wupp, flog der Kopf ab" (57), Exklamationen, etwa „Hoho" (61), Alliterationen wie „mit blaubleichen Lippen" (59), Inversionen und Hyperbata, beispielsweise „[i]n die Brust warf sich Herr Michael Fischer" (58), Ellipsen, Frage- und Ausrufesätze oder gar Neologismen wie „seine Blicke gifteten" (62; vgl. Duytschaever 1973, 39; Schmidt-Henkel 1967, 162). Der intensive Einsatz dieser stilistischen Mittel darf jedoch nicht als Zierde missverstanden werden. Die auffällige wortkünstlerische Durchformung ist kein Beiwerk, kein Überschuss von Ornamenten. Diesen Gestaltungselementen kommt innerhalb der pronociert dokumentarischen Textgestaltung eine ganz spezifische Funktion zu. Sie vergegenwärtigen das dargestellte Geschehen, unterstützen die Wirkung des Berichts auf den Rezipienten. Es sind Strategien der Verlebendigung, die bei der Lektüre die Erzählhandlung anschaulich, deutlich, drastisch, geradezu körperlich vor die Augen, die Ohren und die anderen Sinne stellen sollen. Der Text ist demnach in seiner stilistischen Gestaltung sowohl auf einen demonstrativ dokumentarischen Gestus als auch auf den größtmöglichen sinnlichen Lektüre-Effekt hin angelegt. Dies gilt auch für die außergewöhnliche Bildlichkeit, welche die Erzählung prägt. So quillt etwa aus dem Stumpf der abgeschlagenen Blume „weißes Blut" (57), geht der „Geruch [...] der Pflanzenleiche [...] neben Herrn Michael einher" (59), „weint" ein „Baum" und tritt mit seinen Artgenossen „zum Gericht zusammen" (62), oder Fischer will „der Blume das Maul [...] stopf[en]" (65). Solchen Metaphern eignet ebenfalls eine doppelte Funktion. Auf der einen Seite sind sie einfach Teil des Berichts über die wahnwitzigen Gedankengänge und Vorstellungen und somit auch Bilder im Kopf des Protagonisten. Andererseits aber machen sie durch ihre die Affekte erregende rhetorische Gestaltung den Rezipienten „erlebnishaft erfassbar, was Michael Fischer ausser Fassung bringt" (Stegemann 1978, 106).

An einer Reihe von inhaltlich zentralen Stellen der Erzählung ist eine besondere Intensivierung und Kumulation der rhetorischen Strategien zu erkennen. Ein Beispiel dafür liefert der Absatz, der die turbulente Flucht Fischers aus dem Wald in das nächste Dorf schildert. Der Text ist geprägt von einem fast exzessiven Gebrauch lautmalerischer Elemente, Paarformeln und Parallelismen. Der panische Hindernislauf der Figur und die mitreißende sprachliche Gestaltung entsprechen einander in ihrer Turbulenz vollkommen. Auffällig ist an dieser Stelle ferner die präsentische Erzählweise. Sie markiert hier nicht bloß den Blick in die aufgewühlte Seele Fischers, sondern dient zugleich auch – im Sinne des Wortes – der Vergegenwärtigung des Geschehens vor den Augen des Rezipienten. Hinzu kommt schließlich, dass an dieser Textstelle und an den weiteren ihr vergleichbaren die Erzählzeit und die erzählte Zeit offenbar zur Deckung kommen. An den zentralen Höhe- und Wendepunkten der Narration, diese Illusion wird hier erzeugt, ist das Geschehen hautnah und direkt mitzuerleben.

Doch die Gestaltung der erzählten Zeit in der *Ermordung einer Butterblume* weist noch eine weitere Besonderheit auf. Etwa die ersten zwei Drittel des Textes berichten von den Geschehnissen eines einzigen Abends mit sehr geringer Erzählgeschwindigkeit, teils sogar in der Form einer zeitdeckenden Narration. Im letzten Drittel hingegen, das mit dem Wiedereintritt Fischers in seinen beruflichen Alltag beginnt, ist eine rasante Beschleunigung des Erzähltempos zu erkennen. Schließlich werden allein noch typische oder wiederkehrende Elemente des Lebens des Protagonisten berichtet, beispielsweise das „jeden Tag" für Ellen auf den Esstisch gestellte „Näpfchen" (64) und besonders herausragende Ereignisse wie die Belustigung einer „Gesellschaft" über seine angebliche Leibspeise (65). Nach nur fünf Absätzen ist offenbar bereits ein Jahr vergangen, und die zeitliche Ausdehnung der letzten Textpassagen ist überhaupt nicht näher einzuschätzen. Der Kontrast zwischen den beiden Teilen der Erzählung hinsichtlich der Zeitgestaltung ist schneidend, und seine narrativen Funktionen sind überdeutlich. Ein Vorfall oder Vorgang, der selbst nur einige wenige Stunden gedauert hat, verändert, wie sich erstens zeigt, die Existenz der Hauptfigur auf eine unabsehbare Zeit, vielleicht sogar bis zu ihrem Tod. Zweitens illustriert der repetitive Bericht über die immer wiederkehrenden Handlungsweisen Fischers gegenüber der Butterblume eindringlich, dass diese zu einem alltäglichen, ganz selbstverständlichen Teil seines Daseins geworden ist. Ein angesehener Kaufmann lebt demnach, das führt der Text vor, über einen großen Zeitraum hinweg mit dem ständigen Gedanken an ein von ihm während eines Spaziergangs verdorbenes Unkraut. Drittens schließlich erweist sich selbst in Ausnahmesituationen,

Funktionen des zeitdeckenden Erzählens

Funktionen des zeitraffenden Erzählens

die den Alltag durchbrechen, oder bei Verhaltensweisen Fischers, welche die bürgerlichen Normen und Werte massiv verletzen, dass der Protagonist seinen sozialen Status trotz allem problemlos zu halten vermag. Er erweist sich in einer Reihe von Situationen für seine Umwelt als zumindest gefährdet von einer Geisteskrankheit. Doch die Menschen um ihn schlagen allenfalls die Hände zusammen vor Verwunderung (vgl. 64) oder lachen ihn aus (vgl. 65). Mitten im gutbürgerlichen Milieu lodert der pure Wahnsinn – und wird dort auch durchaus gelitten.

Typisierte Figuren   Trotz aller gegenteiligen Befürchtungen begegnet Fischer, während er sich im Wald recht eigenartig benimmt, keinem anderen Menschen. Dabei denkt er bei seinen Ängsten, er könne von jemandem in seinem seltsamen Treiben gesehen werden, an keine konkreten Personen. Selbst die Lehrlinge, die ihm kurz einfallen, gewinnen keinerlei genauere Gestalt oder Umrisse. Doch dies ändert sich auch nicht, als er ihnen in seinem Kontor wieder begegnet. Die Lehrlinge wie der Prokurist, die Wirtschafterin wie die spöttelnde Abendgesellschaft bleiben vollkommen schemenhaft. Genauer gesagt, da sie alle nach ihren sozialen und beruflichen Rollen benannt sind und erzählerisch völlig in diesen aufgehen, werden sie als Typen statt als unverwechselbare Einzelpersonen gezeichnet. Aber das gilt nicht allein für die Nebenfiguren. Auch Fischer selbst mangelt es an allen individuellen Zügen (vgl. Duytschaever 1973, 27). Erst im siebten Absatz des Textes ist der Name des Protagonisten zu erfahren, und davor wird er vor allem durch seine Statussymbole charakterisiert, durch den schwarzen Anzug, das Stöckchen und die Manschetten (vgl. Krusche 1978, 181). Auch die Beschreibung seines Gesichts verleiht ihm ebenso wenig individuelle Eigenarten wie die mehrfachen späteren Verweise auf seine Untersetztheit und seine Leibesfülle. Gleichfalls völlig unspezifisch stellen sich die Lebensweise des Protagonisten und seine Gewohnheiten dar. Er geht seiner Arbeit nach, macht Spaziergänge, liest das Tagblatt, lässt von einer Wirtschafterin den Haushalt führen und besitzt eine Chaiselongue. Das einzig Besondere, Individuelle an Fischer sind seine Wahnvorstellungen und die daraus resultierenden grotesken Handlungen. Der Text entfaltet somit anhand der Hauptfigur vor dem Rezipienten die Charakteristika eines Typus, eines klassischen gutbürgerlichen Spießers mit dem Beruf eines Kaufmanns.

Radikale Spießerkritik   Ein Text, der in seiner Hauptfigur einen Typus darstellt und nicht irgendeinen individuellen literarischen Helden entwirft, verarbeitet in fiktionaler Form gängige gesellschaftliche Rollenmuster, mehr noch, er affirmiert oder er kritisiert sie. Auf Döblins Erzählung trifft unzweifelhaft das Letztere zu. *Die Ermordung einer Butterblume* ist ein radikaler dichterischer Angriff auf die üblichen Lebensformen des Bürgertums im Wilhelminischen Zeitalter. Wenn Fischer den Typus des wohl situierten Spießers um 1900 repräsentiert, so werden den Angehörigen dieser sozialen Schicht außerordentlich ungünstige Eigenschaften, Verhaltensweisen und Gewohnheiten literarisch zugeschrieben. Zuerst einmal ist das Verhältnis des Protagonisten zu seinen Mitmenschen von hoher Aggressivität gekennzeichnet. Die Lehrlinge werden „schikaniert", die Mitarbeiter angeschrien, der Wirtschafterin wird mit einem „Zornesausbruch jede Kritik" untersagt (63f.). Fischer ist der charakteristische Vertreter eines bourgeoisen Despotismus und patriarchalischen Chauvinismus. Er handelt jedoch nicht bloß willkürlich, hart und bösartig. Sein Verhalten ist vielmehr latent sadistisch, das heißt, er gewinnt Lust aus seinen Grausamkeiten. Exemplarisch dafür können die an die Lehrlinge verteilten Ohrfeigen stehen, wenn die Jungen „nicht gewandt genug die Fliegen im Kontor […] nach der Größe sortier[en]" (57). Hier und in Fischers Phantasien über die hingemetzelte Butterblume entlädt sich sogar eine verborgene kriminelle Energie. Der Hang zu körperlichen Angriffen gegen andere, ja die Mordlust schlummert unter dem Deckmantel der philiströsen Wohlanständigkeit (vgl. Zimmermann 1989, 174). Der Text fächert demnach ein desaströses Bild von den psychischen Befindlichkeiten eines zeitgenössischen Bürgers auf (vgl. Krusche 1978, 182).

Der spezifischen erzähltechnischen Konstruktion, der doppelten narratorischen Perspektive, kommt bei dieser radikalen sozialpsychologischen Diagnose eine besondere Bedeutung zu. Sie erlaubt es, sowohl in die Abgründe der Seele Fischers zu blicken als auch von außen dessen Versuche zu beobachten, seine wahnhaften Vorstellungen geheim zu halten und seine bisherige gesellschaftliche Rolle mithilfe besonders aggressiver Tyrannei zu Hause wie im Büro zu verteidigen. Dass die Bemühungen des Protagonisten, den Schein zu wahren, erfolgreich sind, ist der sarkastische Höhepunkt dieser literarischen Spießerkritik. Entweder das soziale Umfeld der Hauptfigur bemerkt deren geistige Erkrankung tatsächlich nicht. Dann freilich handelt es sich um eine Gesellschaft, die selbst zutiefst krank ist, sofern sie die psychische Zerrüttung eines Geistesgestörten wie Fischer nicht wahrnimmt und sein überhebliches, grausames, wahnwitziges Betragen anstandslos akzeptiert. Oder aber der Geisteszustand des Kaufmanns wird von seiner Umwelt als ganz ‚normal' empfunden. Dann leidet jeder Einzelne in der persönlichen Umgebung des Protagonisten unter ähnlichen psychischen Störungen und verbirgt sie, so gut es eben gehen will. Der Rezipient verfügt auf Grund der Erzählperspektive lediglich über den Blick in das Innere eines exemplarischen Repräsentanten dieses durch und durch kranken sozialen Gefüges, kann aber leicht im Analogieschluss die nicht weniger große innere Zerrüttung der übrigen Personen nachvollziehen. Der Text lässt beide Erklärungsmöglichkeiten zu. Beide allerdings sind in gleichem Maße die Bankrotterklärung eines Gesellschaftssystems. Deshalb ist es für die Interpretation des Textes auch nicht erforderlich, eine präzise klinische Diagnose der hier literarisierten psychischen Störung zu stellen (vgl. Kobel 1985, 48; Reuchlein 1991, 11 u. ö.). Entscheidend ist vielmehr, welche Deutung des mutmaßlich kranken zeitgenössischen Bürgertums in der Figur Fischers dem Rezipienten durch die Erzählung nahe gebracht wird.

Literarische Bankrotterklärung einer kranken Gesellschaft

Merkantil-
bürokratische
Seelenlosigkeit
des Bürgers

Von einfachen, alltäglichen Emotionen des Protagonisten weiß der Text nichts zu berichten. Es ist nirgendwo von Gefühlen wie Liebe, Zuneigung, Freundschaft oder schlichter gegenseitiger Antipathie zweier Menschen die Rede. Der dem Rezipienten immer wieder mögliche Blick in das Innere Fischers enthüllt neben dessen Wahnvorstellungen nichts anderes als eine gefühl- und trostlose Öde. Aber selbst eine an Empfindungen arme Seele funktioniert offenbar nach bestimmten Mechanismen. Mehr noch, in Fischers Innerem scheinen die Emotionen geradezu ersetzt zu sein durch ein starres, formalistisches Prinzipiendenken. Davon zeugt wiederholt die Art und Weise der Verarbeitung seiner eigenartigen Erlebnisse und aberwitzigen Ideen. Hier ist zuerst einmal die Metapher zu nennen, mit der er seine eigene Seele im Selbstgespräch bezeichnet. Er sieht sie selbst als seine „Firma", in welcher ein Benehmen wie sein eigenes im Wald „nicht üblich" sei (58; vgl. Krusche 1978, 183; Stegemann 1978, 115–118). Statt Gefühlen und Leidenschaften trägt Fischer mithin in sich ein Geschäftshaus. Seine Psyche besteht zu wesentlichen Teilen aus Ziffern, Rechen- und Buchhaltungsregeln. Genau deswegen verfällt er regelmäßig, wie schon im ersten Absatz des Textes, in einen Zählzwang. Und aus demselben Grund ist seine imaginäre Beziehung zur Butterblume stark von merkantilem Handeln geprägt. Er richtet für Ellen gut bürokratisch ein Konto ein und überweist ihr Geld (vgl. 64; vgl. Krusche 1978, 187). Eine von mitmenschlichen Gefühlen geprägte Art der Beziehung hingegen scheint Fischer überhaupt nicht zu kennen. Darüber hinaus reagiert seine Seele wiederholt in juristischer Manier auf die Eindrücke, mit denen sie konfrontiert wird. Der Kaufmann nimmt für sich ein ausdrückliches „Recht" in Anspruch, „Blumen zu töten" (62), und beruft sich auch in der „Kompensation" seiner „Schuld" an Ellen auf irgendwelche ominösen Paragraphen (66). Selbst dem Kanon der bürgerlichen Normen kommt bei Fischer nicht die Funktion eines Wertesystems zu, dessen Erfüllung dem eigenen Dasein Sinn und Zufriedenheit zu verleihen vermöchte. Dem Protagonisten kommt es stets bloß auf die äußerliche Einhaltung des Regelwerks einer Spießermoral an. Eine innerliche Beteiligung daran scheint er nicht zu verspüren. Wenn er durch sein Verhalten im Wald aus dem üblichen Rahmen fällt, reflektiert er immer nur die möglichen Konsequenzen einer Entdeckung durch andere (vgl. 57f.). Fischers Psyche, dies führt der Text vor, diese typisch bürgerliche Seele ist sinnlos prinzipientreu, kalt formalistisch, merkantil berechnend – und emotional weitgehend leer.

Lebendige Natur
versus totes
Bürgertum

Fischers mechanische Seele ist mit ihrer Orientierung an Gesetzen, Paragraphen, Verordnungen, messbaren Größen, Zahlen und äußerlich eingehaltenen Anstandsregeln eigentlich leblos (vgl. Stegemann 1978, 110 und 123). Dieser aus dem Innersten heraus toten Kreatur tritt nun in der Erzählung die Natur als Inkarnation des vollen, prallen, wuchernden Lebens entgegen (vgl. Bergner 1998, 63). Während die Psyche des Protagonisten vor allem von Kälte und Starre, von formalen Regeln und Vorschriften geprägt ist, erweist sich die Natur als vielfältig bewegt und von den unterschiedlichsten Kräften beseelt. Zuerst quillt aus dem Stumpf der abgerissenen Blume „weißes Blut" (57), und je länger sich Fischer noch im Wald aufhält, umso mehr belebt sich die Vegetation um ihn. „Die Bäume treten zum Gericht" über ihn „zusammen", eine „Tanne [...] schlägt mit aufgehobenen Händen auf ihn nieder", die Fauna läuft ihm nach, schimpft mit ihm, heult über den Tod des Unkrauts (62f.; vgl. Bergner 1998, 56f.). Aus dieser Sicht ist der Titel der Erzählung nicht nur ein Aufsehen erregender literarischer Scherz. Ein Mensch wie Fischer, der sinnlos einer kleinen Blume den Kopf abschlägt, begeht tatsächlich einen Mord. Denn der Protagonist, das führt der Text in scharfem Kontrast vor, hat im Vergleich zur Pflanzenwelt überhaupt kein Leben in sich. Fischer wird zum Exempel für ein naturfeindliches, in der zeitgenössischen bürgerlichen (Un-)Kultur erstarrtes Individuum, das den viel stärkeren Kräften des Lebens begegnet und daran zerbricht (vgl. Ribbat 1970, 56). Die Aggressivität, die Arroganz, die Tyrannei des Protagonisten kaschieren dessen Schwäche (vgl. Huber 1979, 155), die durch ein Erlebnis mit einer einfachen kleinen Butterblume schonungslos offen gelegt wird. Im spießigen Kaufmann Fischer brechen die falsche Selbstherrlichkeit und der überkommene Machtanspruch einer ganzen Klasse vor den vitalen Kräften der ihr fremd gewordenen Natur in sich zusammen.

Der Protagonist wird als Mensch, der sich von seinen kreatürlichen Ursprüngen vollkommen entfernt hat, allerdings nicht nur von außen durch die Macht der Pflanzenwelt bedroht. Auch in seinem eigenen Körper trägt Fischer unbändige Kräfte der Natur, denen er innerhalb der bürgerlichen Gesellschaft absolut entfremdet worden ist. Sie äußern sich immer wieder in der Unfähigkeit der Figur, ihre leiblichen Bewegungen zu kontrollieren. Fischer springt etwa über dem Blumenstumpf hin und her (vgl. 58) oder umarmt einen Baum (vgl. 60). Gelegentlich ist er nicht einmal mehr in der Lage, seine einzelnen Körperteile miteinander zu koordinieren, ja sie scheinen sich zu verselbstständigen (vgl. Anz 1974, 389). Seine „Füße" zum Beispiel wollen „sich zum Herrn aufwerfen", und der Kaufmann muss ihnen, als wären sie von ihm abgetrennte Lebewesen, „‚Halt, halt!'" zurufen (59f.). Solche motorischen Probleme machen Fischer offenkundig bereits vor den eigenartigen Erlebnissen während des Waldspaziergangs zu schaffen. Schon im ersten Absatz des Textes berichtet der Erzähler vom gelegentlichen Taumeln der Hauptfigur (vgl. 56; vgl. Stegemann 1978, 111). Die Unfähigkeit, den eigenen Körper im Griff zu behalten, lässt auf eine rigide Unterdrückung der Sinnlichkeit schließen. Die vitalen Kräfte des Leibes aber, die Fischer immer wieder „unterkriegen" (58), „kirren", „zähmen" (60) möchte, kommen auf Umwegen zum Vorschein und Ausbruch. Niemand kann die Natur in sich auf Dauer unterdrücken. Ein wichtiges Element der übermäßigen Selbstdisziplinierung des Kaufmanns ist seine „unter- bzw. fehlentwickelte Sexualität" (Müller-Salget 1988, 75). Darauf weisen etwa die erotischen Konnotationen bei der Beschreibung des Pflanzenstumpfes und des aus ihm quellenden

Rache der verdrängten Sinnlichkeit

Schleims (vgl. 57, 59) oder Fischers „Lüsternheit" beim Gedanken an die „Blume" und die „Mordstelle" (60). Ob man im Spazierstock tatsächlich ein Phallussymbol erkennen muss (vgl. Kanz 2002, 32f.), bleibe dahin gestellt. Sicher ist, dass der Text in seiner Zentralperson massiv die verklemmte bürgerliche Sexualmoral der Zeit literarisiert und mit aller Schärfe kritisiert. Das ist freilich nur ein Aspekt. Nicht nur die Sexualität, sondern die gesamte leibliche Sinnlichkeit Fischers probt hier den Aufstand gegen ihren „Herrn" (59; vgl. Kanz 2002, 41). Alle möglichen Körperteile geraten in Aufruhr, die Füße, die „Hände" (56) oder auch die Mimik, die der Kaufmann im Ausdruck seiner gestörten seelischen Befindlichkeit nicht mehr zu zügeln und zu beherrschen vermag (vgl. Binneberg 1979, 503). Die bürgerliche Leib- und Sinnenfeindlichkeit fordert bei Fischer exemplarisch ihren Tribut.

Die Ermordung einer Butterblume entwirft, das zeigt sich, im Typus des wahnsinnig werdenden Kaufmanns Michael Fischer ein Szenario der niedergehenden Wilhelminischen Bourgeoisie. Zwar ist das Bürgertum ökonomisch erfolgreich und wirkt nach außen hin gesellschaftlich und psychisch stabil. Der Text jedoch entlarvt diesen externen Eindruck als falschen Schein. Die Moral dieser Schicht ist ein leeres System von Regeln, die mechanisch befolgt werden. Die Seelen der Bürger sind spießig, bürokratisch, kleinkrämerisch, verklemmt, gefühllos und unmenschlich. Hinter der Fassade von Wohlanständigkeit gärt der Wahnsinn. Der Konflikt eines solchen von aller Lebendigkeit abgeschnittenen Daseins mit den unbändigen Kräften der Natur ist nicht aufzuhalten. Der Verlauf und der Ausgang dieses anstehenden Kampfes werden in Döblins Text jedoch nicht berichtet. *Die Ermordung einer Butterblume* liefert keine negative Utopie und keine apokalyptisch-visionären Vorstellungen. Die Erzählung endet in einem entscheidenden Moment. Fischer wähnt sich als Sieger über den „Wald" (67). Sein Triumph aber ist eine schwerwiegende Selbsttäuschung. Einerseits jubelt er über den für ihn positiven Ausgang eines Kampfes, der allein seinem kranken Gehirn entsprungen ist. Andererseits ist er nun angeblich „die ganze Butterblumensippschaft los" (67) und zieht doch gleichzeitig – im krassen Widerspruch dazu – aus, um große Mengen an Unkraut und sogar Tieren zu töten (vgl. 67). Der Text lässt das konkrete weitere Schicksal des Kaufmanns offen. Sein vermeintlicher Triumph über die Natur jedoch ist in Wahrheit die endgültige Niederlage, die Zuspitzung seiner psychischen Erkrankung in einem solchen Ausmaß, dass an eine Fortsetzung der bisherigen bürgerlichen Existenz gewiss nicht mehr zu denken sein wird. Fischer ist, das signalisiert der Text, gemeinsam mit dem Bürgertum, das er idealtypisch repräsentiert, unaufhaltsam dem baldigen völligen Untergang geweiht.

Szenario einer untergehenden Gesellschaftsschicht

2. Georg Heym: *Berlin I*

Sonntag-Abend (Berlin I) [Erste Reinschrift]

Wir saßen, wo der Straße Dämme ragen
Zum Walde auf, und sahen in der Enge
Den Strom des Großstadtvolks in riesger Länge
Den Städten zu, die schon im Dunkel lagen.

Die Kremser mühten sich durch das Gedränge,
Zerrißne Fähnchen waren drangeschlagen,
Die Omnibusse, die verstaubten Wagen,
Automobile, und der Huppen Klänge.

Dem Riesensteinmeer zu. Doch westwärts sahn
Wir an der grauen Straße Baum an Baum,
Der blätterlosen Kronen Filigran.

Der Abendstern erglänzte an dem Raum,
Wie eine Insel fern in blauer Bahn.
Und rotes Licht lag auf der Wälder Saum.

Berlin I [Druckfassung nach der kritischen Gesamtausgabe]

Der hohe Straßenrand, auf dem wir lagen,
War weiß von Staub. Wir sahen in der Enge
Unzählig: Menschenströme und Gedränge,
Und sahn die Weltstadt fern im Abend ragen.

Die vollen Kremser fuhren durch die Menge,
Papierne Fähnchen waren drangeschlagen.
Die Omnibusse, voll Verdeck und Wagen.
Automobile, Rauch und Huppenklänge.

Dem Riesensteinmeer zu. Doch westlich sahn
Wir an der langen Straße Baum an Baum,
Der blätterlosen Kronen Filigran.

Der Sonnenball hing groß am Himmelssaum.
Und rote Strahlen schoß des Abends Bahn.
Auf allen Köpfen lag des Lichtes Traum. (Heym 1960/68, 1, 56f.)

Georg Heym, 1887 geboren, entstammt einer brandenburgisch-preußischen Beamten- und Gutsbesitzerfamilie. Der Vater ist als Staatsanwalt tätig und wird mehrfach versetzt. Die Familie folgt den Stationen seines beruflichen Wegs. Georg Heym absolviert daher seine frühe Schulzeit in Gnesen und Posen, seit 1900 in Berlin. 1905 wechselt er wegen schlechter Leistungen und disziplinarischer Probleme auf das Neuruppiner Gymnasium, wo er zwei Jahre später das Abitur besteht. Unmittelbar darauf folgt ein Jurastudium in Würzburg, Jena und Berlin, das Heym zu Beginn des Jahres 1911 abschließt. Im Februar beginnt er seinen juristischen Vorbereitungsdienst am Amtsgericht Berlin-Lichterfelde. Heym rebelliert seit seiner frühen Pubertät innerlich wie auch literarisch in seinen poetischen Versuchen gegen die bürgerliche Ordnung. Er empfindet die sie kennzeichnende, unauflösliche Verbindung von Loyalität gegenüber dem Staat, Konservatismus, patriarchalischer Sittenstrenge und Protestantis-

Biographischer Kontext

mus – prototypisch repräsentiert in der Person des Vaters – als unerträglichen Zwang. Freilich fügt er sich dem Druck dieser Normen bis in sein vierundzwanzigstes Lebensjahr hinein. Er absolviert Schule und Studium und lebt bedeutende Teile dieser Zeit zu Hause bei den Eltern. Erst nach dem Eintritt in das Referendariat, im Frühjahr 1911, sind realistische Versuche zu erkennen, der scheinbar selbstverständlichen staatlichen Juristenlaufbahn nach dem Vorgang des Vaters zu entkommen (vgl. Korte 1982, 12–23). In diese Zeit fällt zugleich die Publikation von Heyms erstem und einzigem zu Lebzeiten erschienenen Gedichtband.

Werdegang als Autor   Literarische Arbeiten Heyms, zum größeren Teil Lyrik, sind anhand des Nachlasses bis in das Jahr 1899 zurückzuverfolgen. Seit Dezember 1904 führt der junge Dichter Tagebuch. Aus den letzten Gymnasialjahren und vom Beginn der Würzburger Studienzeit datieren die ersten Veröffentlichungen, ein Gedicht in einer Schülerzeitung oder der tragische Einakter *Der Athener Ausfahrt*. Entscheidend für seine Profilierung als Autor jedoch ist, dass ihn im März oder April 1910 ein auf ihn aufmerksam gewordener Theaterredakteur in den „Neuen Club", den wichtigsten Kreis junger expressionistischer Schriftsteller in Berlin, einführt. Dort werden Heym bald Lesungen aus seinem Werk ermöglicht (vgl. Martens 1971, 196–199). Auch erhält er durch die Kontakte, die er nun knüpfen kann, die Chance, Gedichte in Zeitungen und Zeitschriften zu veröffentlichen. Noch 1910 folgt ein Angebot des jungen Verlegers Ernst Rowohlt, ein Buch mit Lyrik oder Prosa in seinem Haus zu publizieren (vgl. Schünemann 1986, 97). Der nach dieser Offerte zusammengestellte Gedichtband *Der ewige Tag* erscheint im April 1911. Zu diesem Zeitpunkt verstärken sich offenbar die Zweifel des Autors an seiner Befähigung zu einer juristischen Karriere im Staatsdienst. Er überlegt als Alternativen unter anderem einen Eintritt in den Militärdienst oder Tätigkeiten als Handelsmann oder Gesandter, die ihn in exotische Länder führen würden (vgl. Korte 1982, 20f.). Die Möglichkeit der riskanten, unbürgerlichen Existenz als freier Schriftsteller scheint Heym hingegen niemals ernsthaft erwogen zu haben.

Entstehung und Überlieferung   Nach Heyms eigenen Angaben entsteht *Berlin I* in mehreren Fassungen am 6. April 1910. Ob der Text, wie in der Forschung behauptet, tatsächlich noch aus der Zeit vor der Einführung des Dichters in den „Neuen Club" datiert (vgl. Bridgwater 1991, 203), ist unklar. Handschriftlich überliefert sind aus unterschiedlichen Bearbeitungsphasen ein Entwurf, eine erste Reinschrift (oben abgedruckt unter dem Titel *Sonntag-Abend*) und eine zweite Reinschrift (vgl. das Faksimile dieser zweiten Reinschrift in Schneider 2000, 66). Die Manuskripte zeugen von einer intensiven, variantenreichen Arbeit an dem Gedicht, die in der historisch-kritischen Ausgabe der Lyrik Heyms in textgenetischer Darstellung vollständig dokumentiert wird (vgl. Heym 1993, 1, 262–266). Die Druckvorlage für die Erstpublikation in der Lyriksammlung *Der ewige Tag* vom Dezember 1910 muss als verloren gelten. Erhalten geblieben sind dagegen der circa zwei Monate später bearbeitete Korrekturabzug, der gegenüber der zweiten Reinschrift nur noch eine einzige Veränderung in der Interpunktion aufweist, und die Druckfassung selbst (oben wiedergegeben nach der kritischen Gesamtausgabe als *Berlin I*).

Berlin I firmiert im *ewigen Tag* unter dem Titel *Berlin II* als zweites Gedicht des gesamten Bandes an prominenter Stelle (die Umbenennung zu *Berlin I* erfolgt durch die Ausgabe Heym 1960/68, 1, 57). Zugleich ist der Text Teil eines Zyklus von acht Berlin-Gedichten, von denen vier in der Lyriksammlung publiziert werden (vgl. Schneider 1967, 111f.). Mehr noch: Der gesamte Band *Der ewige Tag* ist, wie die Forschung gezeigt hat (vgl. Gerhard 1986, 168–182), zyklisch organisiert. Auf die Einbindung von *Berlin I* in die Gesamtstruktur der Sammlung soll hier jedoch zugunsten einer intensiven Auseinandersetzung mit dem einzelnen Text nicht näher eingegangen werden.

Zyklische Einbindung

Die in der historisch-kritischen Ausgabe dokumentierte Textgenese zeigt eine Reihe von deutlichen Bearbeitungsstrategien (vgl. Heym 1993, 1, 263–266). Erstens ist eine Verdichtung zu erkennen. Der Autor versucht, auf dem ihm durch die metrische Form vorgegebenen Raum möglichst viele bedeutungtragende Wörter unterzubringen, vor allem Substantive und Adjektive. Ersetzt werden vorzugsweise bestimmte Artikel, zum Beispiel „die" in Vers 7 durch „voll" und „an dem" in Vers 12 durch „am". In Vers 8 wiederum kann durch eine solche lexikalische Kontraktion noch ein weiteres für die Argumentation wichtiges Wort, nämlich „Rauch", eingefügt werden. Zweitens bewirken die Überarbeitungen eine zusätzliche Rhetorisierung des Textes. So wird in Vers 4 ein drittes „sahn" eingefügt und dadurch eine auffällige Wortwiederholung hergestellt. Dem korrespondiert eine Ersetzung der auditiven Wahrnehmungen, etwa eines „Gassenlied[s]" im ersten Entwurf, durch visuelle. Eine sinnfällige Rhetorisierung ist auch in dem Wort „voll" zur Bezeichnung der überfüllten städtischen Verkehrsmittel zu beobachten, das in der zweiten Strophe zwei Mal eingefügt wird. Drittens ist eine syntaktische Vereinfachung zu beobachten, insbesondere im ersten Quartett und im zweiten Terzett. Das Gedicht erhält dadurch einen fast durchgängig parataktischen Charakter. Viertens ist eine Reihe von inhaltlichen Präzisierungen und Zuspitzungen zu sehen. Dazu gehört unter anderem die Verwischung der zwei die Großstadt beobachtenden Subjekte im ersten Entwurf zu einem völlig unbestimmten „wir". Die hier und in der ersten Reinschrift noch vorhandene, zweimalige Referenz auf die direkte Umgebung dieses lyrischen Wir, auf den Wald nämlich (Verse 1 und 14 bzw. 2 und 14), entfällt gänzlich. Der Blick des Rezipienten wird demnach viel stärker, ja fast ausschließlich auf die urbanen Phänomene in der Ferne gelenkt. Darüber hinaus ist in der letzten Version nicht von „Städten" in der Mehrzahl, sondern von einer dominanten „Weltstadt" die Rede (Vers 4). Auch das Kontrastbild zur Metropole im abschließenden Terzett wird im Laufe der Bearbeitungen gesteigert und überhöht. So wird unter anderem aus einem „erste[n] Stern" der „Abendstern" und schließlich der „Sonnenball" (Vers 12). Zusätzlich

Textvarianten

erhalten die letzten Zeilen durch das Ende mit den Worten „des Lichtes Traum" eine abstraktere oder geradezu metaphysisch aufgeladene Wendung. Die deutlich erkennbaren Strategien der Arbeit an dem Text auf eine endgültige, inhaltlich wie formal pointierte Version hin lassen es als sinnvoll erscheinen, den folgenden Überlegungen allein noch die letzte Fassung aus dem *ewigen Tag* zugrunde zu legen.

Metrische Form   Georg Heym hat – im Gegensatz zu anderen Expressionisten, etwa zu Gottfried Benn – in seiner Lyrik nicht die konventionellen metrischen Formen der deutschsprachigen Poesie gesprengt und hinter sich gelassen, sondern sich bruchlos an deren traditionelle äußerliche Gestaltungsmuster angeschlossen. Dies gilt auch für den vorliegenden Text. Das Gedicht präsentiert sich – wie sehr viele Gedichte Heyms aus der Zeit der Entstehung von *Der ewige Tag* (vgl. Ziegler 1972, 43) – als ein ,klassisches' Sonett nach allen Regeln der althergebrachten lyrischen Kunst. Das gilt für das Reimschema (abba baab cdc dcd) ebenso wie für das Versmaß, einen fünfhebigen Jambus, genauer gesagt einen Endecasillabo, wie ihn genau so bereits Johann Wolfgang von Goethe, August Wilhelm Schlegel (1767–1845) oder August von Platen (1796–1835) ihren Sonetten zugrunde gelegt haben; gleiches gilt für die einflussreichen Übersetzungen von Sonetten durch Stefan George. Auch die für die Gattung typische, scharfe inhaltliche Zäsur zwischen dem zweiten Quartett und dem ersten Terzett bleibt erhalten. Dennoch ist die Gestaltung dieses Textes innerhalb der Bahnen der literarischen Tradition nicht weniger innovativ und provokativ als die Zerstörung eingespielter äußerer Darstellungsmuster durch andere Autoren des Expressionismus. Das Gedicht ist gekennzeichnet von einer massiven Spannung zwischen der klassischen Sonettform auf der einen Seite und dem dargestellten Gegenstand, einer modernen Großstadt mit vielen ihrer hässlichen Erscheinungen, andererseits (vgl. Mautz 1987, 68). Die edle äußere Form dieses lyrischen Gebildes wird nicht mit dem herkömmlicher Weise gehobenen Inhalt gefüllt (vgl. Krüger 1992, 154). Hier wird also dezidiert an eine poetische Tradition angeknüpft und diese zugleich von innen heraus zerstört (vgl. Schünemann 1986, 88).

Aufbau   Die vier Strophen des Gedichts sind nicht bloß metrisch-formal und syntaktisch, sondern auch inhaltlich strikt voneinander abgegrenzt. Jeder Textblock hat ein eigenes Thema und eine spezifische Funktion innerhalb des gesamten lyrischen Gebildes. Die folgende kurze Analyse und Interpretation hält sich daher weitgehend an den äußeren Aufbau des Sonetts und die Abfolge seiner Teile.

Erstes Quartett   Das erste Quartett charakterisiert knapp die Situation, von welcher aus der Text gesprochen wird, und lenkt dann den Blick des Rezipienten auf den eigentlichen Gegenstand des gesamten Gedichts, eine „Weltstadt", die durch den voraufgehenden Titel mit „Berlin" identifiziert wird. Die für heutige Leserinnen und Leser missverständliche Formulierung vom „hohe[n] Straßenrand" in der ersten Zeile meint das Ende des Ausbaus der

Verkehrswege an der Peripherie der Metropole. Der Standort des Sprechers außerhalb der Stadt ist darüber hinaus höher gelegen als diese selbst. Somit kann der Beobachter sich von hier aus einen Überblick über das modern-urbane Treiben verschaffen.

Die Möglichkeit, die Stadt aus der Entfernung zu betrachten, eröffnet sich offenkundig nur außerhalb des Alltags. Darauf deutet nicht allein der Titel der ersten Reinschrift des Gedichtes – „Sonntag-Abend" –, sondern auch das Verb „lagen" in der Anfangszeile. Die Voraussetzung einer distanzierten Betrachtung der Stadt ist, dies wird suggeriert, die Beschaulichkeit eines arbeitsfreien Tages, an dem man dem urbanen Treiben zu entfliehen vermag. Wer aber die Stadt nicht verlässt, um sie in Ruhe von der Ferne zu betrachten, dürfte, das gibt der Text implizit zu erkennen, nicht in der Lage sein, sie angemessen zu beurteilen – und zwar in all ihren erschreckenden Phänomenen und Auswirkungen. Die Darstellung der modernen Metropolen in der Bildenden Kunst wie in der Literatur der Avantgarde schwankt häufig ambivalent zwischen Abscheu hier und Faszination dort (vgl. Bullivant 1989, 171). Davon freilich kann bei Heym keine Rede sein. Aus der Entfernung bietet sich dem lyrischen Wir ein ausschließlich negatives, weil beklemmendes Bild der Stadt. Die „Enge" und das „Gedränge" der „Menschenströme", die deutlicher noch in der zweiten Strophe thematisiert werden, sind eindeutig negativ konnotiert.

Stadtbeschreibung aus der Distanz

Ein erster, geraffter Eindruck von der Stadt ist – sozusagen thesenartig – bereits in Vers 2 und 3 der ersten Strophe formuliert worden. Das zweite Quartett entfaltet nun und differenziert dies. Es werden mit einer Ausnahme – den „Huppenklängen" am Ende von Vers 8 – ausschließlich visuelle Eindrücke formuliert. *Berlin I* ist ein Gedicht des Schauens und Betrachtens. Nicht ohne Grund wird das Verb „sahen" ganze drei Mal darin aufgegriffen. Der Ruhe des sprechenden Beobachters korrespondiert jedoch keineswegs ein ebenso beschaulicher Gegenstand der Betrachtung. Die Metropole, die hier literarisch dargestellt wird, ist gerade durch ihre immense Bewegung und Ruhelosigkeit geprägt. Die feststehenden Elemente im Bild einer Stadt, die Häuser, die Türme oder die Brücken, erscheinen allenfalls im „[R]agen" der „Weltstadt" (Vers 4) angedeutet. Absolut dominiert wird die Darstellung von Urbanität hingegen durch Bewegung. Verschiedene Fortbewegungsmittel und ihre Teile geraten in den Blick, ferner das in wie neben ihnen herrschende Gewühl von Menschen und schließlich der „Rauch" und der Lärm, den sie verbreiten.

Zweites Quartett

Der inhaltliche Skopus dieser Stadtbeschreibung und ihre sprachliche und rhetorische Gestaltung erscheinen sinnfällig aufeinander abgestimmt. Nicht nur die scharf auf einander folgenden parataktischen Reihen lassen das ungezügelte Einstürzen von Wahrnehmungen auf das Subjekt erkennen. Die Verse starren auch vor aneinander gedrängten, stark bedeutungstragenden Lexemen, darunter auch Komposita. Die übergroße Zahl an Substantiven und der Mangel an Artikeln und Partikeln vermitteln Unruhe, „Enge" (Vers 2) und undurchschaubare Dynamik. Die Worthäufung geht

Massenphänomene in der Großstadt

auch mit der Akkumulation von Menschen einher. Ihre „[S]tröme" sind „[u]nzählig", alle Verkehrsmittel von ihnen „voll". Kein Einzelner unter ihnen tritt im zweiten Quartett als individuell Handelnder auf. Die Bewegung geht vielmehr von den „Kremser[n]", den „Omnibusse[n]" und den „Automobile[n]" aus, den verschiedenen Vehikeln und Maschinen der Fortbewegung. Die Stadt ist voll von einer „Menge", aber leer an einzelnen Menschen. Anders gesagt, sie ist inhuman.

Lyrisches Wir   Gesprochen wird das Gedicht, wie sich mehrfach andeutet, aus der Perspektive eines Großstadtmenschen. Das lyrische Subjekt erkennt aus der Distanz die Unmenschlichkeit des Getriebes in der Metropole, ist aber dennoch zur Rückkehr dorthin gezwungen. Es wird nur zu bald erneut selbst mit den unüberschaubaren Menschenmassen verschmelzen, die durch das „Riesensteinmeer" getrieben werden. Es ist durch die moderne Existenz so weit entindividualisiert, dass es sich in seinen sprachlichen Äußerungen gar nicht mehr als einzelnes Subjekt begreift. Deshalb tritt in dem Sonett an die Stelle eines traditionellen lyrischen Ich das auffällige Wir (vgl. Becker 1993, 212). Diese signifikante Ersetzung verweist auf eine extrem pessimistische Deutung der Konsequenzen des Metropolenlebens für die sinnlichen Empfindungen des modernen Individuums. Die Wahrnehmungen der Menschen, die in der Großstadt leben, sind kollektiviert, ihre Eindrücke und Gefühle gleich. Es braucht kein einzelner mehr von seinen Erlebnissen zu erzählen. Das gemeinschaftliche Wir leistet dasselbe, weil die Menschen mental und emotional ohnehin weitgehend nivelliert sind.

Radikale   Aus dieser Perspektive ist die in der Forschung formulierte Behauptung,
Großstadtkritik   das Sonett „spiegelt [...] das persönliche Erlebnis des Dichters in der Großstadt wider" (Noh 2001, 144), problematisch. Es handelt sich hier um alles andere denn ein Erlebnis- oder Stimmungsgedicht. Der Text ist vielmehr von hochgradigen Abstraktionsleistungen geprägt, die nicht in irgendeinem unmittelbaren, ungebrochenen Verhältnis zu den wie auch immer mutmaßlich nachvollziehbaren Wahrnehmungen seines Verfassers stehen. Der poetische Blick eines konstruierten Kollektiv-Sprechers auf die Stadt ist, wie sich gezeigt hat, extrem selektiv und reduktionistisch und von ganz bestimmten, radikal modernekritischen ideologischen Positionen geleitet. Mithin kann auch ebenso wenig von einem „naturalistischen" Text die Rede sein (Noh 2001, 145) – hier wird die sinnliche Wahrnehmung der Großstadt nicht möglichst getreu nachgeahmt – wie von einem in dem lyrischen Wir immer noch greifbaren „individuelle[n] Dasein" des Sprechers (Rölleke 1988, 126). Vielmehr sind manche Interpreten des Textes einem fatalen Fehlschluss aufgesessen. Spätere Großstadtgedichte Heyms, zum Beispiel *Der Gott der Stadt*, erscheinen durch ihre neuartige Dämonisierung und Satanisierung der Metropole auf den ersten Blick noch weitaus radikaler als etwa *Berlin I*. Über solchen Vergleichen wird allerdings allzu leicht die unerbittliche Schärfe der Großstadt- und Modernekritik in diesem früheren Gedicht übersehen.

Der Anfang der dritten Strophe des Sonetts markiert das Ende der ruhigen und distanzierten Betrachtung der Stadt. Der Blick des Beobachters gerät in Bewegung in Richtung auf die Metropole zu. Das kontrastive „Doch" lenkt sodann die Aufmerksamkeit zu den Bäumen, welche die Allee zur Stadt flankieren. Die „Straße" ist „lang", der Beobachter also räumlich noch weit von dem „Riesensteinmeer" entfernt. Trotzdem sind die Bäume am Wegesrand von schlechter Konstitution („Filigran") und kahl („blätterlos") und somit ein untrügliches Zeichen für die Verkümmerung des organischen Lebens (vgl. Krüger 1992, 155). Die Stadt entmenscht nicht bloß ihre Einwohner. Sie greift auch auf ihre Ränder aus. Die Natur verkümmert an ihrer Peripherie, und ihr Schmutz findet sich noch in einiger Entfernung wieder, worauf bereits der „weiß[e …] Staub" im ersten Vers verweist.

Erstes Terzett

Die letzte Strophe wendet sich völlig von der Darstellung des städtischen Lebens und seiner Auswirkungen auf Mensch und Natur ab. Der Blick wandert zur Sonne – dem traditionellen Symbol für das Leben, die Kraft, die Liebe – und damit auch zum Himmel – dem althergebrachten Ort metaphysischer Erlösungsvorstellungen. An die Stelle der negativen visuellen Eindrücke von einer dunklen, überbevölkerten, mechanisierten Stadt und der von ihr zerstörten Umwelt tritt die uneingeschränkt positive Poetisierung des Abendlichts. Freilich handelt es sich hier keineswegs um die versöhnliche Auflösung von unerbittlicher literarischer Großstadtkritik in schwülstiger Stimmungslyrik. Der letzte Vers verweist neben dem für das zweite Terzett zentralen Lexem „Licht" auch auf die „Köpfe", auf denen dieses liegt, und deren „Traum". Anders gesagt, hier flüchten die Gedanken sich in ferne Wünsche einer anderen Existenz.

Zweites Terzett

Der Himmel, in den das lyrische Wir am Ende des Sonetts blickt, ist keineswegs leer. Doch im Vergleich zu den scharf konturierten Szenen aus der Großstadt, die das erste und vor allem das zweite Quartett vorgestellt haben, erscheint das Gegenbild der verblassenden Abendsonne zwar affektiv stark aufgeladen, aber inhaltlich vage und unkonkret. Die Wunschvorstellungen von einer Alternative zur Existenz in der Metropole, zu einem menschlicheren Dasein abseits der Moderne werden vom lyrischen Wir heiß herbeigesehnt. Sie sind freilich nicht mehr denn einfach „Träume". Der rabiaten Unzufriedenheit mit dem gegenwärtigen Leben in der Großstadt stehen lediglich verschwommene und metaphorische, ganz und gar undeutliche Erlösungshoffnungen gegenüber. Das moderne Großstadtsubjekt steht damit vor dem absoluten realen wie metaphysischen Ruin.

Vage Erlösungshoffnungen als Ausklang

3. Albert Ehrenstein: *Tubutsch*

Biographischer
Kontext

Albert Ehrenstein, 1886 als Sohn eines jüdischen Brauerei-Kassierers geboren, wird im Wiener Arbeiterbezirk Ottakring sozialisiert. Trotz der ärmlichen Verhältnisse im Elternhaus kann er das Gymnasium besuchen und ein Studium der Geschichte, Geographie und Kunstgeschichte absolvieren. Seit dem Beginn der Adoleszenz widmet er sich literarischen Arbeiten. Zahlreiche Versuche, Erzählungen und Gedichte in namhaften Zeitschriften zu veröffentlichen, scheitern. Gleiches gilt für diverse Anläufe, bereits während des Studiums eine Anstellung als Zeitungsredakteur zu erhalten (vgl. Ehrenstein 1989/2004, 2, 491). Dennoch strebt er nach der Ende 1910 erfolgten Promotion keinen bürgerlichen Beruf an. Auch fließen ihm, im Kontrast zu anderen Schriftstellerkollegen, keine Einkünfte aus einem väterlichen Erbe zu. „Ehrensteins Entscheidung als freier Schriftsteller, als materiell völlig ungesicherter Lyriker und Erzähler zu leben, ist für die österreichischen Verhältnisse um 1910 geradezu verwegen." (Gauß 1986, 44) In den folgenden Jahren konzentrieren sich seine Bemühungen daher darauf, sich honorierte Publikationsmöglichkeiten zu verschaffen und seinen Autornamen in der literarischen Öffentlichkeit, anfänglich insbesondere Wiens, zu etablieren. Am 18. Februar 1910 debütiert Ehrenstein mit dem Gedicht *Wanderers Lied* in Karl Kraus' kritisch-satirischer Zeitschrift *Die Fackel*. Der Text findet nach Erinnerungen von Zeitgenossen in den avantgardistischen Zirkeln eine außerordentlich starke Resonanz, verhilft dem Autor aber nicht zu einem durchschlagenden künstlerischen und materiellen Erfolg. Seine erste selbstständige Publikation, der Band *Tubutsch*, kann erst etwa eindreiviertel Jahre später im Dezember 1911 erscheinen.

Entstehung

Ehrenstein dürfte die Erzählung *Tubutsch* nach verstreuten eigenen Angaben vermutlich im Herbst 1908, jedenfalls als 21- oder 22-Jähriger innerhalb nur einer Woche verfasst haben (vgl. Laugwitz 1987, 83). Er erwähnt den Text in einem Brief an Arthur Schnitzler vom 10. Oktober des Jahres (vgl. Ehrenstein 1989/2004, 1, 22f.). Weitere zuverlässige Informationen zur Entstehungsgeschichte liegen nicht vor (vgl. Ehrenstein 1989/2004, 2, 432).

Druckgeschichte

Mehrere Versuche des Autors, *Tubutsch* in einem der namhaften Periodika der Zeit zu veröffentlichen, schlagen, wie aus einem Brief an Paul Ernst hervorgeht, fehl. Auch Hermann Hesse lehnt als Mitherausgeber der Zeitschrift *März* (1907–1917) eine Publikation, angeblich auf Grund der „Kompositionslosigkeit" des Textes, ab (Edschmid 1964, 159). Die ästhetische Gestaltung der Erzählung entfernt sich allzu weit von den Usancen der zeitgenössisch verbreiteten und vielgelesenen Prosa, als dass ein Erscheinen in einem der renommierten literarischen Organe möglich gewesen wäre. Anderseits sind die neuen Publikationsforen der Avantgarde zu diesem Zeitpunkt erst im Entstehen begriffen (vgl. III. 4.). Die Erstveröffentlichung von *Tubutsch* erfolgt daher in dem kleinen, nicht programmatisch expressionistisch orientierten Wiener Verlag Jahoda & Siegel. Als Vermittler ist Ehrensteins Förderer Karl Kraus denkbar, der von der 1864 gegründeten Firma ebenfalls so wie mehrere andere Autoren aus dem Umfeld der *Fackel* seine Arbeiten drucken und vertreiben lässt (vgl. Pfäfflin/ Dambacher 1999, 113f.). Der 67 Seiten umfassende Band mit dem Titel *Tubutsch* enthält die gleichnamige Erzählung, flankiert von dem kürzeren Prosatext *Ritter Johann des Todes* und von *Wanderers Lied* (vgl. Ehrenstein 1911). Das Buch ist mit 12 Zeichnungen von Oskar Kokoschka ausgestattet (vgl. dazu Wallas 1994, 193–212). Der großen Aufmerksamkeit, die *Tubutsch* in avantgardistischen Kreisen sofort nach dem Erscheinen erregt, steht ein mehr als mäßiger Verkauf gegenüber (vgl. Laugwitz 1987, 151). Kommerziellen Erfolg erzielt mit dem Text erst der große Münchner und Leipziger Literaturverlag Georg Müller, der 1914 eine Neuauflage herausgibt. Auch die dritte Ausgabe im Insel Verlag von 1919 scheint sich gut verkauft zu haben. Der letzte Druck zu Lebzeiten des Autors erfolgt in einer Sammelausgabe der Erzählungen im Ernst Rowohlt Verlag von 1926. Seit 1991 liegt der Text kritisch ediert und kommentiert in der Ehrenstein-Werkausgabe vor (vgl. Ehrenstein 1989/2004, 2, 431).

Eine Handschrift des Textes hat sich nach den Auskünften der kritischen Edition ebensowenig erhalten wie etwaige Korrekturen Ehrensteins an den Druckfahnen. Die gültige Textgrundlage bilden daher die vier zu Lebzeiten erschienenen Ausgaben. Die Neuauflagen weisen zahlreiche kleinere Varianten in Textbestand, Rechtschreibung und Zeichensetzung gegenüber der *editio princeps* auf. Vor allem in der Ausgabe letzter Hand von 1926 erscheint die umgangssprachliche Prägung des Textes, insbesondere in der Flexion der Verben, noch zugespitzt. So heißt es bereits in den ersten Zeilen „erwähn" und „besitz" statt „erwähne" und „besitze". In der Lexik ist bei den sukzessiven Umarbeitungen auch eine noch weitergehende Austrifizierung zu erkennen, beispielsweise durch Verwendung von regionalsprachlichen Wörtern wie „Strizzi" oder „Stamperl". Schließlich erweitert Ehrenstein zunehmend die grotesken Elemente im Text. So etwa sinniert der Protagonist in der letzten Fassung zusätzlich darüber, „[w]elcher […] der kleinste Berg der Erde" sei, damit er ihn besteigen und dadurch berühmt werden könne (Ehrenstein 1989/2004, 2, 432f.).

Textvarianten

Der Erzählung wird bereits in der wenig erfolgreichen Erstausgabe eine intensive literaturkritische Rezeption, auch außerhalb Wiens, zuteil. Bald nach der Publikation erscheint in wichtigen Zeitschriften eine Reihe von Besprechungen, teils aus den Federn prominenter Autoren. Noch im Dezember 1911 stellt Karl Kraus den Text in der *Fackel* vor. Die im Ganzen sehr positive Rezension hebt unter anderem die ästhetische und stilistische Eigenwilligkeit und poetische Innovationskraft des jungen Schriftstellers hervor, stellt ihn in die Tradition von Lawrence Sterne (1713–1768) und lobt die phantasiereiche und witzige Gestaltungsweise (vgl. Kraus 1911, 46f.). Wohlwollend bis euphorisch äußern sich ferner Ernst Blass, Alfred Döblin, Otto Pick (1887–1940) und Berthold Viertel (1885–1953). Zent-

Rezensionen der Erstausgabe

rale Aspekte der Rezensionen bilden unter anderem die radikale Infrage-
stellung des modernen Subjekts durch den Text, seine außergewöhnliche
sprachliche Gestaltung, seine wienerisch-österreichische Prägung und die
Affinitäten der Hauptfigur zum Mythologem des ewigen Juden Ahasver
(vgl. Laugwitz 1987, 151–153).

**Identifikation
von Autor und
Protagonist**

Die Rezeptionsgeschichte von *Tubutsch* ist von ihren Anfängen bis zur
unmittelbaren Gegenwart von einer Gleichsetzung des Protagonisten der
Erzählung und ihres Autors gekennzeichnet (vgl. Laugwitz 1987, 151;
Drews 2001, 53). Immer wieder werden die Eigenschaften der literarischen Figur mit den äußeren Umständen von Ehrensteins faktischer Existenz, seiner Lebensweise, weltanschaulichen Haltung und charakterli-
chen Disposition überblendet. Bei allen Ähnlichkeiten und Parallelen ist
festzuhalten, dass Ehrenstein selbst in hohem Maße für diese biographisti-
schen Identifizierungen verantwortlich ist (vgl. Köster 1990, 233). Die
Selbststilisierung zum Tubutsch-gleichen, in einer sinnlosen und öden
Welt verlorenen, vollkommen einsamen Subjekt ist Teil der Inszenierung
einer spezifischen Rolle des jungen Autors in der Öffentlichkeit, die er für
sich und sein Werk interessieren möchte. Das Spiel mit der Nähe des realen individuellen Lebens zum fiktionalen Dasein der eigenen Kunstfigur,
etwa in der Wohnsituation als Untermieter in einem Kabinett, lässt sich
deutlich an den Erinnerungen der Zeitgenossen ablesen (vgl. z. B.
Kokoschka 1971, 125). Des Weiteren sind des Autors Geburts- und des
Protagonisten Wohnstätte, nämlich das Dreirösselhaus in der Ottakringer
Straße identisch. Überdies paraphrasiert Ehrenstein in brieflichen Selbst-
aussagen bis in die einzelne Formulierung hinein Passagen aus Tubutschs
Monolog, zum Beispiel: „Mein Leben war von je ein ereignisloses Vegetie-
ren zu nennen" (Edschmid 1964, 160). Der größte Anteil an der Legenden-
bildung dürfte sich allerdings der zwölften und letzten der Illustrationen
Kokoschkas verdanken. Es handelt sich dabei unübersehbar um ein Porträt
Ehrensteins in pathetischer Weltschmerz-Geste. Der Tod sitzt dabei dem
Dichter auf der linken Schulter und fasst ihn mit seinen Knochenhänden
um Nacken und Gurgel (vgl. Ehrenstein 1911, 63).

**Würdigungen aus
den 10er und 20er
Jahren**

Tubutsch bleibt in den auf die Erstausgabe folgenden Jahren und Jahrzehnten als einer der wichtigsten Prosatexte der avantgardistischen Erneuerung um 1910 im Gedächtnis der literarischen Öffentlichkeit präsent.
Zeitgenössischen Autoren wie Franz Kafka ist die Kenntnis der Erzählung,
wie aus dessen Gesprächen mit Gustav Janouch (1903–1968) zu ersehen
ist, selbstverständlich (vgl. Janouch 1981, 99f.). Viel öfter werden dabei
die radikale Subjektdestruktion und der groteske Humor des Textes positiv
erinnert (vgl. z. B. Krauß 1917/18) als der „witzig-larmoyante", „diffizile,
fast geschwätzige", „oft verstiegene" Stil der Erzählung mit „ihrem snobis-
tischen Wesen" für „unsympathisch" befunden (Benzmann 1920/21,
1426). Ernst Weiß stellt die seiner Ansicht nach „ganz runde Schöpfung" in
den Kontext einer problematischen, assimilierten jüdischen Identität. Des
Weiteren sieht er die morbide Prosa als Vorausdeutung auf die „kommen-

de Verwesung [...] der österreichischen, der kaiserlich-königlichen, der wienerischen Welt" (Weiß 1922, 64). Stefan Zweig (1881–1942) verweist in seiner Würdigung für das *Berliner Tageblatt* (1872–1939) vom 8. Juni 1926 auf die massive ästhetische Wirkung, die der Text bei seinem Erscheinen auf eine gesamte Generation von Autoren ausgeübt habe. Gleichzeitig hebt er die unverminderte Aktualität der zwischen „furchtbare[m] Ernst" und „Spaßhaftigkeiten" schwankenden Prosa Ehrensteins hervor (Zweig 1983, 101).

Das Verbot von Ehrensteins Werk durch die Nationalsozialisten, das Verstummen des Schriftstellers im Zürcher und New Yorker Exil und die seiner neuerlichen Wirkung wenig günstigen, in der Nachkriegszeit dominanten ästhetischen Tendenzen unterbrechen die Rezeption im deutschsprachigen Raum für Jahrzehnte (vgl. Wallas 1988, 176). Die vor allem aus den 1960er Jahren datierenden literarischen und essayistischen Darstellungen bereichern die bisherige Diskussion über *Tubutsch* kaum um entscheidende neue Aspekte, so beispielsweise ein Essay Peter Härtlings (geb. 1933) über den „Wortspieler" Ehrenstein und seinen frühen „Geniestreich" (Härtling 1961, 59, 63). Herbert Eisenreich (1925–1986) dient die Würdigung von Autor und Text vor allem der Polemik gegen den Schriftstellerkollegen Arno Schmidt (1914–1979) und weitere „hauptberufliche Modernisten". Diesen wirft er „fad[e] und abgestanden[e]" Imitation der sprachlichen Artistik Ehrensteins und krampfhafte Perpetuierung einer längst verbrauchten Avantgarde vor (Eisenreich 1964, 302). Während der folgenden Jahrzehnte bis zur Gegenwart beschäftigt *Tubutsch* fast ausschließlich die literaturwissenschaftliche Diskussion. Diese geht in ihren wichtigsten Thesen in die folgenden Interpretationshinweise ein.

Würdigungen nach 1945

Der schlichte Titel des Textes (im Folgenden werden die Seitenzahlen aus Ehrenstein 1989/2004, 2 zitiert) weist zugleich auf seine Hauptfigur und auf sein zentrales, ja eigentlich sein einziges Thema (vgl. Beigel 1972, 96–99). Was auf den ersten Blick wie die einleitende Selbstvorstellung des Ich-Erzählers wirkt, ist, das zeigt sich bald, die Benennung des einzigen und ausschließlichen Gegenstandes der Narration, nämlich eben dieses Erzähler-Ichs. Es ist daher ganz konsequent, dass der Text auch wieder mit der Namensnennung und somit der erneuten Markierung des Themas, mit dem er beschäftigt gewesen ist, schließt. Der eigenartige Name des Textes und seines Protagonisten und dessen mögliche etymologische, lautmalerische oder assoziative Implikationen sind von der Forschung bisher nicht entsprechend untersucht worden. Lediglich auf die Assonanz zu dem umgangssprachlichen Wort „futsch" als Indikator für die Auflösung der Persönlichkeit des Erzählers ist bisher aufmerksam gemacht worden (vgl. Beck 1969, 86; Oehm 1993, 210).

Titel und Thema

Tubutsch bricht mit vielen Schreibkonventionen und Lesererwartungen, mit denen ein narrativer Text, auch noch in der Literatur der Décadence, verbunden wird (vgl. Viertel 1912, 741). Der Monolog des Protagonisten erzählt keine zusammenhängende Handlung. Er bietet keine sinnvolle

Erzählen ohne Handlung

und in sich schlüssige Folge von Geschehensabläufen oder sozialkommu-
nikativen Äußerungen dar. Auf den ersten Blick ohne jede vernünftige
oder auch nur nachvollziehbare Ordnung erinnert der Erzähler in wahllo-
ser Folge die unterschiedlichsten Szenen aus seiner äußeren und inneren
Existenz, untermischt mit teils kuriosen, teils aberwitzigen Kommentaren,
Betrachtungen und Spekulationen. Zwar scheinen sich in den Berichten
Tubutschs über einzelne seiner Erlebnisse kleinere Erzählsequenzen her-
auszuschälen, die vertrauten literarischen Darstellungsmustern folgen.
Genannt sei zum Beispiel der tägliche Gang zur „Würstlerei" (46f.) oder
die Begegnung mit Norbert Schigut (vgl. 40). Doch stets wird auch nur der
Ansatz zu einer konventionellen narrativen Gestaltungsweise durch das
abstruse Verhalten des Protagonisten, das Essen der Würstel mit roten Gla-
céhandschuhen, oder dessen absurde Erzählerkommentare zerstört, so
die Überlegung, die Reste des Schigut gegenüber angeschlagenen La-
chens „ein[zu]wickeln und für die Tage der Trostlosigkeit auf[zu]heben"
(40). Der Text kann demnach in seiner Verweigerung gegenüber einer traditionellen Handlungs- und Erzählführung als mustergültiges Beispiel für
expressionistische Reflexionsprosa gelten (vgl. IV. 3.). *Tubutsch* erzählt
nicht nur im üblichen Sinne nichts, der Text stellt die althergebrachte Narration selbst radikal in Frage. Nicht nur ist der Protagonist außerstande,
vernünftig über sich, sein Leben oder ein bedeutendes Ereignis seines
Daseins Auskunft zu geben, sondern es gibt nichts Sinnvolles mehr zu erzählen.

**Erzählte
Ich-Dissoziation**

Der Text bietet, wie gezeigt, keine auch nur im Entferntesten nachvollziehbare Handlung, sondern der Protagonist berichtet allein von sich
selbst. Freilich ist in dieser fiktionalen Selbstbespiegelung kein gewohntes
oder einfach durchschaubares Strukturierungsprinzip zu erkennen, mehr
noch, es gibt auch von diesem Protagonisten-Ich kaum etwas zu erzählen.
Wenn Tubutsch „außer [s]einem Namen nur wenige Dinge" sein Eigen
nennt (36), ist damit sowohl seine materielle als auch insbesondere seine
innere Armut, ja seelische und geistige Besitzlosigkeit gemeint. Das erzählende Subjekt vermag kaum etwas von und über sich mitzuteilen, da es
dissoziiert, zerfallen ist, sich selbst verloren hat. „[I]n mir herrscht die Leere, die Öde, ich bin ausgehöhlt und weiß nicht wovon." (36) Diese Selbst-
beschreibung des Protagonisten im zweiten Absatz des Textes entwirft das
Programm für die gesamte Erzählung. Ihr Gegenstand ist Tubutsch als ein
Ich, dem alle gewohnten, üblichen, bisher selbstverständlichen Kategorien der Subjektivität und der Orientierung eines Subjekts in der Welt abhanden gekommen sind (vgl. Köster 1990, 234f.).

**Verlust aller
Emotionen**

Dem Ich, das sich in *Tubutsch* selbst darstellt, mangelt es zuerst einmal
an dem vielleicht wichtigsten Bestandteil eines Wesens, das mit einer Seele ausgestattet ist: Es verspürt keine Gefühle mehr. Es muss an sich „ein
Versiegen der inneren Quellen [...] konstatieren", „eine vollständige, sozusagen planmäßige [...] Leere" (36). Es ist in einem so extremen Maße
emotionslos geworden, dass es sich beispielsweise nach starken körperli-

chen Schmerzen, etwa Zahnweh, sehnt, um wenigstens davon emotional affiziert zu werden. „Es wäre doch wenigstens ein Gefühl!" Der „unerschütterlich" (46) gesunde Körper Tubutschs aber gönnt demselben auch dies nicht. Die einzige innere Regung, die der Protagonist noch zu spüren vermag, ist die Trostlosigkeit (vgl. 36), und diese ist weniger eine Bewegung, auf die er hofft, als vielmehr ein öder, unveränderlicher Zustand.

Während der Erzähler somit aller Emotionen eines menschlichen Subjekts verlustig gegangen ist, eignet ihm durchaus noch die Fähigkeit zu denken. Seine Schlüsse aus den von ihm gemachten Beobachtungen sind sogar von unerbittlicher Logik, wie sich zum Beispiel an seinen Überlegungen zur Parfümierung von Wachmännern zeigt (vgl. 37). Eine Argumentation mag aber formal noch so korrekt sein, sie ist unsinnig, wenn sie auf falschen Voraussetzungen fußt, und führt unweigerlich zu schiefen Resultaten. Genau dies ist hier wie in vielen anderen Schlüssen Tubutschs der Fall. Er denkt logisch richtig, aber zugleich vernunftwidrig oder gar abstrus, weil die Inhalte seiner Überlegungen auf unrichtigen Deutungen der Welt oder auf unsinnigen Ideenverbindungen beruhen. Das Denken in diesem dissoziierten Ich funktioniert demnach formal noch, ist aber inhaltlich hohl oder absurd.

Logik der Abstrusitäten

Dem vehementen Bruch zwischen sinnlicher Wahrnehmung und intellektueller Reflexion korrespondiert eine hochgradige Desorientierung des Subjekts in Zeit und Raum. So sind ihm die hierarchischen Ordnungskategorien für die Gliederung der Zeit völlig verlorengegangen. „Die Tage gleiten dahin, die Wochen, die Monate. Nein, nein! nur die Tage. Ich glaube nicht, dass es Wochen, Monate und Jahre gibt, es sind immer wieder nur Tage". Die Tage aber sind für Tubutsch ihrerseits nicht voneinander zu unterscheiden, weil sie „ineinanderstürzen" (36). Auch weiß er vergangene Geschehnisse nicht mehr in die Chronologie naher und ferner Ereignisse einzuordnen, so das Reißen seines „Schuhschnürl[s]" (36f.; vgl. Oehm 1993, 210f.). Ohne Zeitgefühl, nur unausgesetzt gelangweilt, streunt er durch eine Großstadt, deren räumliche Ordnung er ebensowenig begreift. Sein „Schwerpunkt" liegt „irgendwo im Universum", jedenfalls außerhalb seiner selbst. Die Linzergasse schätzt er auf Grund ihrer außerordentlichen Länge, ohne dass er sich freilich in ihr zurechtfände, und das von ihm erworbene Straßenverzeichnis vermag er nicht in ein adäquates Verhältnis zur realen Topografie zu bringen (42f.). Auf den ersten Blick könnte man Tubutsch für einen Flaneur in der Nachfolge der großen literarischen Stadtspaziergänger aus der zweiten Hälfte des 19. Jahrhunderts halten. Doch Ehrensteins Protagonist driftet und torkelt orientierungs- und ziellos durch die Metropole, zu deren Wahrnehmung er auf Grund seiner psychischen Zerrüttung eigentlich gar nicht mehr in der Lage ist.

Zeit-räumliche Desorientierung

Die fortgeschrittene Dissoziation des erzählenden Subjekts und sein eklatantes Missverhältnis zu den elementaren Kategorien der Wirklichkeitsorientierung, Wahrnehmungsverarbeitung und Weltdeutung haben schwerwiegende Störungen in dessen kommunikativem Verhalten zur Fol-

Gestörte Kommunikation

ge (vgl. Versari 1985, 276f.). So tritt Tubutsch beispielsweise „auskunftheischend an einen Wachmann heran, obwohl" (!) ihm „die Lage des genannten Straßenzuges unbekannt ist" (37). Die offenbar höchst seltenen Dialoge mit zufällig begegnenden Bekannten scheitern zumeist rasch an der grotesken Gesprächsführung des Protagonisten. Die radikale Isolierung des Subjekts von den Mitmenschen (vgl. Drews 1969, 16) steigert sich bis zu dem Grade, dass es mit Tieren zu kommunizieren überlegt (vgl. 40f., 55) oder gar in Wechselreden mit leblosen Gegenständen wie dem Stiefelknecht eintritt, den es mit humanen Attributen wie einem Namen, sozialen Beziehungen und einer Seele ausstattet.

Unsinnige Handlungen

Nicht allein das Sprechverhalten, sondern auch das faktische Handeln Tubutschs ist häufig unsinnig. Beides steht immer wieder in direkter Beziehung zueinander. Der Protagonist redet und agiert eigenartig, um mit anderen in Kontakt treten und seine Vereinzelung und Vereinsamung überwinden zu können. Gerade dieses verschrobene Verhalten aber stößt die Mitmenschen ab und lässt sie auf Distanz zu ihm gehen. Zu einer weniger anstößigen und extravaganten Form der Annäherung an andere ist er jedoch auf Grund des Zerfalls seines Ich nicht in der Lage. Dieses tragische Dilemma des dissoziierten Subjekts ist unlösbar.

Verlust aller Wertvorstellungen

Zu den Defiziten des Erzählers in den für die abendländische Kultur konstitutiven geistigen, seelischen und pragmatischen Fähigkeiten kommt noch der Verlust sämtlicher Normen und Wertvorstellungen (vgl. Köster 1990, 238). Die zeitgenössisch üblichen Leitkategorien für das menschliche Zusammenleben wie verwandtschaftliche Bindungen, Liebe und Freundschaft sind ihm abhanden gekommen, und deswegen hat er alle diesbezüglichen Beziehungen auch sukzessive eingebüßt. So wie sich Tubutsch nach Gefühlen in seiner emotionslos gewordenen Seele sehnt, versucht er sich Wertkategorien innerhalb seiner Existenz aufzubauen. Doch scheitert er dabei regelmäßig oder erscheint zutiefst lächerlich. Die Dissoziation des Ich macht sinnvolle normative Setzungen vollkommen unmöglich. Das Reißen des Schuhschnürls avanciert für den Protagonisten zu einem wichtigen Geschehnis (vgl. 36), in den Zeitungen fahndet er nach Berichten über die Rangelei zweier Hähne auf einem Misthaufen (vgl. 41), die Reifung eines Wesens zur Vollendung sucht er im ruhigen, durch Anknabbern nicht beeinträchtigten Wachsen der Fingernägel (vgl. 47), zwei im Tintenfass ertrunkenen Fliegen widmet er ein warmes Totengedenken (vgl. 41). Kurz gesagt: Gemessen an der reichen Kultur- und Wertetradition des Abendlandes steht ein absolut desorientiertes Ich hier vor seinem totalen Bankrott.

Radikale Subjektdiagnose statt Modernekritik

Ehrensteins *Tubutsch* bietet, wie sich gezeigt hat, eine in ihrer Radikalität singuläre Diagnose eines in nahezu jeder denkbaren Hinsicht entsubstantialisierten und zerfallenen Subjekts. Ein zentraler Grund für die in diesem Text besonders scharf und extrem ausgeprägte Literarisierung der Ich-Dissoziation ist hierbei der vollständige Verzicht des Erzählers auf das „Fahnden nach einer Ursache" (36) für den verödeten Zustand seiner Seele. Tubutsch vermag die Geschichte und die Hintergründe seiner Verwahrlosung nicht anzugeben. Er verfällt nicht in Anklagen. Er erhebt nicht drohend den Finger gegen das Monstrum von Modernisierung und technischem Fortschritt oder den Moloch der Großstadt. In seinem extremen Skeptizismus weiß er, dass jede Schuldzuweisung irrtümlich wäre. Insofern kann man im geistigen und seelischen Zustand Tubutschs sekundär durchaus die völlige Überforderung eines Ich durch die Zumutungen in der modernen Welt sehen (vgl. Huff 1991, 27). Primär aber ist die Erzählung als eine Subjektdiagnose zu deuten, die, anders als bei vielen gleichzeitig schreibenden Autoren, gänzlich auf die Darstellung eines zerbrochenen und zerstörten Ich konzentriert bleibt. Die literarische Dissoziation des Subjekts ist damit an eine kaum mehr zu überbietende Grenze getrieben. Es ist nur konsequent, dass der Erzähler keinerlei Einblick in die Befindlichkeiten der übrigen Figuren des Textes gewährt. Es bleibt unklar, ob die anderen Personen sich in einem ähnlich desaströsen Zustand befinden wie der Protagonist. Es ist unerforschlich, da einem dissoziierten Wesen ohnehin keine sinnvolle Kommunikation mit einem Mitmenschen gelingen kann.

Die Radikalität von Ehrensteins egozentristischer Subjektdestruktion reicht damit weit über die Dissoziationsdarstellungen vieler anderer Expressionisten hinaus. Die fast vollendete Sinnentleerung menschlichen Daseins, die *Tubutsch* literarisiert, lässt für ein ernsthaftes Gegenkonzept zu den verderblichen Kräften der Modernisierung keinerlei Raum. So wenig wie sich der Text positiv auf die Werte einer vergangenen Kultur bezieht, so wenig sind ihm irgendwelche Referenzen auf eine Lehre von der bevorstehenden Erneuerung der Menschheit zu entnehmen. Im Gegenteil, in der Erzählung sind mehrfach deutliche Distanzierungen von der Leitfigur eines messianisch orientierten Expressionismus, von Friedrich Nietzsche, nicht zu übersehen. Die Bezüge präsentieren sich, ganz der spezifischen poetischen Form des Textes gemäß, als geradezu unverschämte Banalisierungen. Das explizit in Tubutschs Monolog angesprochene „Gesetz von der ewigen Wiederkehr des Gleichen" (43) wird auf die lächerlichste Weise poetisch transformiert in den ersten und letzten Satz des Textes, in dem der Protagonist sich vorstellt. Das Ende der Erzählung suggeriert, auch durch die abschließenden Auslassungspunkte, dass nun die ganze Suada Tubutschs von vorne wieder los und dies auf ewig immer so weiter geht. So kehrt narrativ die ewig gleiche Flut von „Nichtigkeiten" (58), Absurditäten und schlechten Witzen wieder. Auf dieses Konzept Nietzsches bezieht sich auch die burleske Ärgerlichkeit Tubutschs, dass ihm bei der abendlichen Rückkehr jeden Tag an seiner Kabinetttür erneut das eigene Namensschild ins Auge fällt und er verstimmt „‚Scho wieder!'" ausrufen muss (45). Ähnliches gilt für Nietzsches Lehre von der Umwertung aller Werte, die ebenfalls bösartig karikiert erscheint. Der Protagonist hat alle Normen von Christentum und Bürgerlichkeit weit hinter sich gelassen und arbeitet mühsam, wenn auch erfolglos, an der Etablierung neuer, völlig bi-

Banalisierung
Nietzsches

zarrer Werte in seinem entleerten Dasein: Er kauft zum Beispiel einem Straßenjungen vier Schuhschnürln für fünf Kreuzer ab, wird dafür als Wohltäter gepriesen, aber vor allem vergehen dabei ein paar Minuten seines Lebens ohne Langeweile (vgl. 37).

Rhetorische Artistik

Manche Informationen über sich selbst teilt Tubutsch nicht ausdrücklich mit. Sie sind aus der Erzählung und dem Erzählduktus jedoch zu erschließen. So verfügt der Protagonist offenkundig über eine gediegene Bildung. Er hat unter anderem Walther von der Vogelweide (um 1170–um 1230, vgl. 48), Goethes *Faust* (vgl. 45), Lord Byron (1788–1824, vgl. 43) und Dostojewski (1821–1881, vgl. 38) gelesen und beherrscht immerhin die lateinische Sprache (vgl. 37). Natürlich versteht sein zerfallenes Ich mit allen diesen Fähigkeiten wenig anzufangen, weil sie nichts gegen seine innere Leere auszurichten imstande sind. Daneben erweist sich Tubutsch als ein Meister des Stils. Beinahe jeder Satz seines Monologs zeugt von der brillanten Beherrschung der unterschiedlichsten und wirkungsreichsten Mittel der Rhetorik. Bereits die ersten beiden Absätze sind außerordentlich intensiv stilistisch durchgearbeitet. Anaphern finden sich hier zum Beispiel, Wiederholungen, eine Klimax, Parallelismen, Worthäufungen und Synonymien, und diese starke Rhetorisierung zieht sich weiter durch den gesamten Text. Tubutsch, der sich selbst doch als so leer und verbraucht hinstellt, glänzt allenthalben mit seiner virtuosen Sprachartistik.

Getarnte Komposition

Unter der immens wuchernden Fülle von absurden Einfällen, radikalen Fragen, lächerlichen Übertreibungen und effektreichen Stilmitteln verbirgt sich ein ebenso klarer wie strenger, geradezu ,klassischer' Aufbau des Textes. Die Exposition, in intensiver Durchgestaltung um das Interesse des Publikums werbend, entwirft knapp den Gegenstand der Erzählung und ihre zentralen Themen. Der Hauptteil entwickelt dies ausführlich und differenziert. Das passagenweise bunte Durcheinander von Eindrücken, Erlebnissen und Ideen des Protagonisten ist Ausdruck seiner zerrissenen psychischen Verfassung. Andererseits durchzieht ein Netz von immer wiederkehrenden Figuren und Bildern den Text, etwa die toten Fliegen, der Stiefelknecht oder das Kabinett mit separiertem Eingang. Der Monolog bleibt dadurch dennoch kompakt zusammengebunden. Überhaupt ist der Hauptteil tatsächlich viel weniger ungeordnet, als es bei oberflächlicher Lektüre erscheint. Er hebt mit den Darstellungen der letzten freundschaftlichen Bindungen und Sozialkontakte an, die Tubutsch bis hin zu Beziehungen zu diversen Tieren noch verblieben sind. Es folgt ein vor allem philosophischen Erörterungen gewidmeter Abschnitt. Hierauf entwirft Tubutsch eine Skizze der schwerwiegend gestörten Kommunikation mit seiner Umwelt. Der latente Aufbau des Textes bedürfte allerdings noch einer eingehenden Analyse durch die Forschung, die in der Erzählung bisher zu Unrecht vor allem die manifeste Unordnung sieht. Im Schlusstableau endlich evoziert Tubutsch nochmals alle wichtigen Erzählelemente, nun radikalisiert in der unausweichlichen, resümierenden Frage nach Leben und Tod, auf die der gesamte Text zuläuft, gebündelt.

Die in Ehrensteins Erzählung für Gliederung und Redeschmuck massiv eingesetzten rhetorischen Techniken sind durchaus typisch für die expressionistische Dichtung, auch wenn sie vielleicht nicht von allen Kollegen derart bravourös gehandhabt werden wie von ihm. Auffällig und einzigartig an *Tubutsch* jedoch ist die frappierende Verbindung der starken Rhetorisierung des Textes, die üblicherweise dem hohen Stil vorbehalten bleibt, mit seiner umgangssprachlichen, in eingefügter direkter Rede sogar dialektalen Gestaltung. Dieser Bruch erzeugt eine singuläre Komik. Die ordinärsten Wiener Wörter und Redensarten werden im Ton einer antiken Tragödie vorgetragen. Diese aberwitzige Spannung ist analog zu den Disproportionen zwischen dem ärmlichen Arbeiter- und Außenseitermilieu, in dem die Erzählung situiert ist, und den zahlreichen tiefgründigen Anspielungen auf mythologisches Wissen (etwa den Hades, vgl. 44), die sie ebenfalls kennzeichnen (vgl. Wallas 1994, 181 u.ö.).

Solche auffälligen Diskrepanzen sind charakteristisch für die groteske Komik von *Tubutsch*. Hierzu gehören auch die zahlreichen Wortverdrehungen und Wortspiele, die bizarren Namengebungen (vgl. Beck 1969, 54–58), die, wie ein Teil der Forschung befinden zu müssen meint, „peinlichen Witzeleien" und „Kalauer" (Drews 2001, 49). Man kann gewiss mit einigem Recht abschätzig darüber urteilen, dass Tubutschs Monolog zu großen Teilen aus einer Aneinanderreihung von mehr oder weniger gelungenen Scherzen besteht: „Seine ganze Existenz ist ein schlechter Witz, und daher die Quelle schlechter Witze, die er daherblödelt." (Drews 2001, 50) Man kann den im Text allgegenwärtigen grotesken Humor jedoch auch als zentralen Teil der Erzählkonstruktion deuten. Nur in seiner aberwitzigen Komik, allein im rhetorisch-artistischen Spiel und in seiner bizarren Sprachakrobatik kann Tubutsch einen Ausweg aus der Trostlosigkeit finden, aus der andere Menschen und Beschäftigungen seine dissoziierte Seele nicht mehr zu retten vermögen. Allein um der geistreichen literarischen „Witzeleien" (54) willen verlohnt sich eine Fortsetzung des Daseins. Die Erzählung selbst wäre dann möglicherweise der Grund dafür, warum ihr Protagonist sich an ihrem Ende nicht zum Suizid, sondern zum Leben und zur Wiederholung seines Monologs entschließt.

Diese These kann zuletzt nochmals poetologisch umformuliert werden. Tubutsch bezeichnet sich selbst ja als „Autor" (41) und spielt wiederholt auf seine schriftstellerische oder zumindest schreibende Tätigkeit an (vgl. z. B. 42, 51; vgl. Krusche 1978, 51). Sein Monolog kann daher auch als literarisches Manifest gelesen werden. Die Dichtung im herkömmlichen Sinne ist genauso verbraucht, zerfallen und öde wie Tubutschs Existenz. Von dem, was dereinst die Poesie gewesen ist, bleibt nur eines noch übrig: ein möglichst kunstvolles, sprachspielerisch-burleskes und spaßiges Witzeln über die Leere und Lächerlichkeit des Lebens, und sei der Schriftsteller damit auch bloß eine Art „Tierstimmenimitator" (55).

Marginalien:

Sprachliche Gestaltung

Groteske Komik als Überlebensprogramm

Poetologische Programmatik

4. Gottfried Benn: *Mann und Frau gehn durch die Krebsbaracke*

Mann und Frau gehn durch die Krebsbaracke

Der Mann:

Hier diese Reihe sind zerfressene Schöße
und diese Reihe ist zerfallene Brust.
Bett stinkt bei Bett. Die Schwestern wechseln stündlich.

Komm, hebe ruhig diese Decke auf.
Sieh: dieser Klumpen Fett und faule Säfte
das war einst irgendeinem Manne groß
und hieß *auch* Rausch und Heimat. –

Komm, sieh auf diese Narbe an der Brust.
Fühlst du den Rosenkranz von weichen Knoten?
Fühl ruhig hin. Das Fleisch ist weich und schmerzt nicht. –

Hier diese blutet wie aus dreißig Leibern.
Kein Mensch hat so viel Blut. –
                     Hier dieser schnitt man
erst noch ein Kind aus dem verkrebsten Schoß. –

Man läßt sie schlafen. Tag und Nacht. – Den Neuen
sagt man: Hier schläft man sich gesund. – Nur Sonntags
für den Besuch läßt man sie etwas wacher.

Nahrung wird wenig noch verzehrt. Die Rücken
sind wund. Du siehst die Fliegen. Manchmal
wäscht sie die Schwester. Wie man Bänke wäscht. –

Hier schwillt der Acker schon um jedes Bett.
Fleisch ebnet sich zu Land. Glut gibt sich fort.
Saft schickt sich an zu rinnen. Erde ruft. – (Benn 1982/90, 1, 28 nach dem Erstdruck)

Biographischer Kontext Gottfried Benn, 1886 geboren, das zweite von acht Kindern eines protestantischen Pastors und einer Welschschweizerin, verbringt Kindheit und Jugend in Sellin in der Neumark (heute Polen). Das humanistische Gymnasium absolviert er in Frankfurt/Oder. Das nach dem Willen des Vaters 1903 zunächst begonnene Studium der Theologie und Philosophie gibt er auf, als er zwei Jahre später nach eigenem Wunsch in die Kaiser-Wilhelm-Akademie für das militärische Bildungswesen in Berlin aufgenommen wird. Das hier betriebene Medizinstudium ist eingebettet in eine vielseitige Ausbildung und umfasst auch eine halbjährige Dienstzeit beim Heer. 1912 wird er zum Doktor der Medizin promoviert. Bereits seit 1910 ist er als Arzt in unterschiedlichen Berliner Kliniken tätig. Er entscheidet sich damit für eine gesicherte bürgerliche Existenz und gegen den Versuch, sich als freischaffender Schriftsteller auf dem literarischen Markt zu profilieren. Gleichwohl pflegt er ab 1910 verschiedene Kontakte zu avantgardistischen Kreisen in Berlin. Er zeigt sich in der Öffentlichkeit der Künstlercafés und verkehrt überdies privat mit wichtigen Personen des hauptstädtischen Expressionismus, vor allem mit Else Lasker-Schüler und

Herwarth Walden, aber auch mit Alfred Döblin und Oskar Kokoschka (vgl. Sauder 1990, 61). Benn ist somit zu dem Zeitpunkt, da seine erste selbstständige Publikation *Morgue und andere Gedichte* erscheint, die auch *Mann und Frau gehn durch die Krebsbaracke* enthält, in avantgardistischen Kreisen kein Unbekannter, gewiss jedoch nicht viel mehr als eine Randfigur.

Die Forschung geht mit guten Gründen davon aus, dass Benn sich bereits während seiner Gymnasialzeit dichterisch betätigt. Frühe lyrische Arbeiten versucht er seit 1904 erfolglos in diversen Zeitschriften unterzubringen. Die Zahl der in diesen Jahren entstehenden Texte dürfte, wie sich unter anderem aus Berichten von Zeitgenossen erschließen lässt, erheblich sein (vgl. Meyer 1948, 14), auch wenn der Autor selbst seine ersten Arbeiten in späteren autobiographischen Aufzeichnungen verleugnet (vgl. Benn 1982/90, 2, 326). Auf jeden Fall steht zwischen der frühen Lyrik und der Gedichtsammlung *Morgue* von 1912, die Benn retrospektiv als Beginn seiner poetischen Produktion bezeichnet, ein signifikanter ästhetischer Bruch. Der Schriftsteller orientiert sich in seinen Texten lange an den zentralen literarischen Vorbildern und Autoritäten der vorexpressionistischen Moderne, insbesondere an Detlev (eig. Friedrich Adolph Axel) von Liliencron (1844–1909), Rainer Maria Rilke und Stefan George. Das belegen auch die drei vor *Morgue* entstandenen Gedichte, die durch Zeitungs- respektive Zeitschriftenpublikationen von 1910 und 1912 erhalten geblieben sind (vgl. Sauder 1990, 55–57). Neben diesen lyrischen Arbeiten publiziert der junge Benn in jenen Jahren unter dem Titel *Gespräch* in der Zeitschrift *Die Grenzboten* (1842–1922) auch einen poetologischen Prosadialog. Die Auseinandersetzung der beiden darin sprechenden Figuren kreist um eine zeitgemäße Kunst und Dichtung (vgl. Müller-Seidel 1984, 163–168). Sie suchen „nach neuen Ausdrucksmöglichkeiten" der Literatur, „nachdem die herkömmliche Metaphorik unglaubwürdig geworden ist" (Fritz 1979, 263). Von hier aus plädiert der argumentativ stärkere der beiden Dialogpartner vehement für eine Poesie auf naturwissenschaftlich-objektivistischer Grundlage und appelliert emphatisch an das Vorbild des dänischen Schriftstellers und Botanikers Jens Peter Jacobsen (1847–1885). Ebenfalls in den *Grenzboten* veröffentlicht Benn 1910 und 1911 drei populärwissenschaftliche Aufsätze zur Geschichte der Medizin und der Psychologie (vgl. Sauder 1990, 58f.). In diesem Genre jedoch wird sich der Autor künftig nicht mehr äußern. Vielmehr erprobt er in der Lyrik das im *Gespräch* erörterte dichtungstheoretische Programm, höchst erfolgreich und zugleich umstritten, wie sich zeigen wird.

Die Genese der Texte in der Sammlung *Morgue und andere Gedichte* ist nicht präzise zu datieren. Die Entstehung muss vor dem März 1912, dem Publikationsdatum, angesetzt und andererseits mit den letzten Jahren von Benns medizinischer Ausbildung in Zusammenhang gebracht werden. Ein späteres Selbstzeugnis verweist auf eine abendlich-private, wenig reflektierte Verarbeitung der Eindrücke eines „Sektionskurs[es]" (Benn 1976, 9).

Werkgeschichtlicher Kontext

Entstehung

Die eigenwillige Verbindung von Arztberuf hier und Lyrifizierung der Medizin dort thematisieren bereits die Zeitgenossen immer wieder (vgl. z. B. Hohendahl 1971, 89, 91, 97). Allein aus diesem biographischen Bezug ergibt sich freilich keinerlei nennenswerte Perspektive für eine aktuelle literaturwissenschaftliche Interpretation. Gleiches gilt für den näheren lebensgeschichtlichen Kontext zu dem Gedicht *Mann und Frau gehn durch die Krebsbaracke*. Benns eigene Mutter nämlich leidet an Brustkrebs und verstirbt gerade im Jahr 1912 an den Folgen der Krankheit. Über die Frage, ob die Schmerzen der schwer Leidenden mit Morphium gelindert werden sollen, entstehen offenbar massive Unstimmigkeiten zwischen dem jungen Arzt und dem Pastorenvater, der eine solche Medikation aus theologischen Gründen strikt ablehnt (vgl. Brode 1978, 29). Die Forschung hat auf diesen lebensgeschichtlichen Hintergrund des Textes wiederholt hingewiesen (vgl. z. B. Beckmann 1999, 38). Die Bezüge zwischen Biographie und Gedicht erweisen sich bei detaillierter Analyse jedoch als weniger bedeutsam, als es auf den ersten Blick erscheinen mag (vgl. Dierick 1992, 7). Die Morphiumgabe an Krebspatienten und ihre ethischen und religiösen Implikationen werden in dem Text nur am Rande angesprochen und keinesfalls differenziert problematisiert. Überhaupt thematisiert das Gedicht ostentativ nicht das menschliche Leid der Sterbenden und ihrer Angehörigen und vernachlässigt fast vollkommen das Individuum und dessen einzelnes Schicksal. Demnach bildet die Todeskrankheit der Mutter einen möglichen, ja wahrscheinlichen Anlass für die Entstehung von *Mann und Frau gehn durch die Krebsbaracke*. Diese Vermutung kann allerdings für die Deutung der ästhetischen Gestaltung und der spezifischen Form der Literarisierung des Themas kaum fruchtbar gemacht werden.

Die Gedichtsammlung *Morgue*

Unter dem Titel *Morgue und andere Gedichte* versammelt Benn neun kurze lyrische Texte. Die ersten fünf von ihnen, *Kleine Aster*, *Schöne Jugend*, *Kreislauf*, *Negerbraut* und *Requiem*, bilden den namengebenden, durchnummerierten Zyklus *Morgue*. Es folgen des Weiteren *Blinddarm*, *Mann und Frau gehn durch die Krebsbaracke*, *Nachtcafé* und *Saal der kreißenden Frauen*. Wie die Überschriften bereits andeuten, sind die Texte mit einer Ausnahme im medizinischen Milieu situiert, in Leichenhallen und bei Sektionen, in Spitalssälen und Sterbezimmern. Allein *Nachtcafé* ist in einer Gastwirtschaft mit Musik zu lokalisieren. Gemeinsamkeiten aller Gedichte bilden unter anderem ein radikaler Bruch mit den metrischen Konventionen traditioneller Lyrik, der nahezu vollständige Rückzug des lyrischen Ich hinter die von ihm berichteten Eindrücke, der Verzicht auf die Mitteilung emotionaler Regungen der Sprecher der Texte, die Verbindung eines klaren, sachlichen Stils mit der Verwendung von oft abstoßendem medizinischem Vokabular, beispielsweise die Erwähnung von Ausscheidungsprodukten und inneren Organen, der massierte Einsatz von bestimmten rhetorischen Techniken wie der Metonymie und schließlich makabere Wendungen mit offensichtlich kalkulierten Tabuverstößen gegen den bürgerlichen Moralkodex und Wertekanon.

Diese Gestaltungsweisen werden weiter unten anhand des gewählten Beispieltextes näher erörtert.

Im Frühjahr 1912 legt Benns Freund Adolf Petrenz (1873–1915), ein Publizist und Lyriker, dem Berliner Schriftsteller, Journalisten und Verleger Alfred Richard Meyer ein umfangreiches Konvolut mit poetischen Produkten des jungen Arztes vor. Meyer verwirft, wie er später berichtet, den allergrößten Teil der Texte als epigonal und für eine Veröffentlichung ungeeignet. An dem Zyklus *Morgue und andere Gedichte* findet er hingegen großen Gefallen und entschließt sich sofort zur Publikation. Die Texte sind nach seiner Erinnerung innerhalb weniger Tage gesetzt, korrigiert und gedruckt und kommen noch im März 1912 auf den Markt (vgl. Meyer 1948, 14f.). Benns erste selbstständige Veröffentlichung erscheint in der von Meyer verlegten Reihe *Das lyrische Flugblatt* (1907–1923). Es handelt sich dabei um ein Forum für die Publikation von Gedichten. Meyer, der um sich auch einen Kreis von Berliner Bohemiens schart, präferiert dabei avantgardistische Texte des Impressionismus, der Décadence und Lyrik in der Nachfolge des französischen Symbolismus. Der Expressionismus zieht erst mit Benn in die Reihe ein. Bald werden ihm jedoch als Autoren andere wichtige Repräsentanten der jungen Generation folgen, zum Beispiel Ernst Blass, Alfred Lichtenstein und Else Lasker-Schüler. Die Reihe wächst bis zu ihrer Einstellung auf 130 Nummern an. Es handelt sich bei den Publikationen jedoch, anders als der Name suggeriert, weder um einseitige plakatartige Blätter noch um billig vervielfältigte Massenware. Die *Flugblätter* umfassen einen Druckbogen, der broschiert ausgeliefert wird. Als Papier wird edles Bütten verwendet, der Satz ist sorgfältig. Ein wenig wohlwollender zeitgenössischer Rezensent kann daher urteilen, dass der Verleger durch diesen „buchtechnische[n] Luxus" das Publikum „bestechen" wolle, „faule Früchte" in „kostbaren Schalen" zu kaufen (Wegener 1912, 263). Den Preis dagegen versucht Meyer gering zu halten, im Falle von Benns Erstling beispielsweise beträgt er 50 Pfennige (vgl. Sauder 1990, 62). Der Zyklus erscheint 1923 nochmals in einer bibliophilen Neuausgabe. Ferner nimmt ihn Benn immer wieder in Sammelausgaben seiner Lyrik auf.

Von *Mann und Frau gehn durch die Krebsbaracke* ist, anders als bei den übrigen Texten des Zyklus, ein unsigniertes und undatiertes Manuskript erhalten (Faksimile: Raabe/Niedermayer 1966, 42f.). Es zeigt kaum Korrekturen und Überarbeitungsspuren. Gegenüber dem Erstdruck ergeben sich nur eine graphische Veränderung, die Absetzung der Sprecherrolle durch den Zeilenfall, und drei orthographische Varianten. Auch die späteren von Benn autorisierten Ausgaben weisen neben Korrekturen in der Zeichensetzung nur zwei signifikante Eingriffe auf. Erstens ist das Adjektiv „zerfressene" in der ersten Zeile der ersten Strophe durch „zerfallene" ersetzt, das sich ja gleich in der nächsten Zeile wieder findet. Damit wird eine zentrale rhetorische Strategie, die den Text prägt, die Wiederholung, noch weiter verstärkt. Zweitens entfällt die graphische Hervorhebung der Parti-

Druckgeschichte

Textvarianten

kel „auch" in der vierten Zeile der zweiten Strophe, die in der Handschrift unterstrichen, im Erstdruck gesperrt wiedergegeben ist. Dieser Texteingriff hat ebenfalls Konsequenzen für die Lektüre. In der ersten Fassung distanziert sich der Sprecher von dem krebsbefallenen Geschlechtsorgan als früherem Anziehungspunkt männlicher Begierde entschieden durch das hervorgehobene „auch". In der späteren Version hingegen wirkt die sexuelle Konnotation verstärkt (vgl. Benn 1982/90, 1, 513f.; Benn 1986/2003, 1, 354).

Zeitgenössische Rezipienten — *Morgue und andere Gedichte* wird von Alfred Richard Meyer in 500 Exemplaren gedruckt. Die Broschüre ist rasch ausverkauft. Dass dennoch keine Neuauflage hergestellt wird, ist symptomatisch für den Kreis der zeitgenössischen Rezipienten. Die breitere lesende Öffentlichkeit scheidet als Publikum aus. Sie nimmt die Veröffentlichungen der Avantgarde kaum zur Kenntnis. Außerdem reichen die Distributionsmöglichkeiten der neuen Verlage, in denen die Expressionisten publizieren, nicht an größere Schichten von Leserinnen und Lesern heran. Das Bildungsbürgertum ignoriert vorderhand geradezu demonstrativ die Experimente der jungen Autorengeneration. Selbst innerhalb der professionellen Kulturszene ist nur von einem partiellen Interesse auszugehen. Viele der etablierten Künstler und Autoren des Naturalismus und der Décadence finden an den ästhetischen Innovationen der aufstrebenden Kollegen wenig Gefallen. Somit „bleiben als potentielle Lesergruppen die zahlreichen kleinen Zirkel von revolutionär eingestellten jungen Literaten, die sich in den Großstädten gebildet hatten, vor allem natürlich in Berlin" (Hohendahl 1971, 25).

Reaktionen der Literaturkritik — Benns erste selbstständige Publikation erfährt in den Rezensionen der Tagespresse und der eingeführten Literaturzeitschriften größtenteils eine scharfe, ja aggressive Ablehnung. Die Wahl der Themen, die bislang kaum je den Gegenstand deutschsprachiger Dichtung gebildet haben, wird als „Scheußlichkeit ohnegleichen" oder als „Perversität" gebrandmarkt (Hohendahl 1971, 91, 97). Ferner wird den Texten auf Grund ihrer formalen Gestaltung wiederholt jeder poetische Wert abgesprochen (vgl. Sauder 1990, 80). *Mann und Frau gehn durch die Krebsbaracke* figuriert dabei als besonders grausiges Exempel (vgl. z.B. Hohendahl 1971, 98). Häufig verbinden sich mit dem negativen ästhetischen Urteil Denunziationen gegenüber der Person des Verfassers. Benn wird eine unzureichende Verarbeitung der Anforderungen seiner ärztlichen Ausbildung vorgeworfen oder wegen seiner „ekelhafte[n] Lust am Hässlichen" der Gang zum „Psychiater" angeraten (vgl. Hohendahl 1971, 97f.). Solche Reaktionen sind unausbleibliche Konsequenzen der extremen Konfrontation traditioneller ästhetischer Vorstellungen mit den provozierenden poetischen Innovationen Benns. Doch auch die Rezensionen aus avantgardistischen Kreisen erweisen sich nicht als einhellig positiv. Sie reichen von „einer verlegenen Anerkennung, die das Befremden doch nicht ganz unterdrücken" kann, „bis zu begeisterter Zustimmung" (Hohendahl 1971, 26). Das Lob muss zwangsläufig schwer fallen, da es in der Zustimmung erst „neue Ka-

tegorien" für die Beurteilung „eine[r] bislang unerhörte[n] Lyrik zu entwickeln" hat (Sauder 1990, 81). Die bekannteste literaturkritische Stellungnahme stammt von Ernst Stadler. Der Beitrag hebt die „Neuheit" von
Benns Gestaltungsweise hervor. Die Haltung, gesellschaftlich tabuisierte
Themen wie den Klinikalltag aus der Dichtung ausschließen zu wollen,
geißelt der Schriftsteller und Literaturwissenschaftler als philiströs. Emphatisch nimmt er daher den Verfasser gegen den vielfach geäußerten Vor-
wurf, *Morgue* sei nicht der Poesie zuzurechnen, in Schutz. Hinter der „un-
beteiligte[n] Sachlichkeit", welche Benns lyrische Gebilde präge, verber-
ge sich „ein starkes mitleidendes Gefühl, eine fast weibliche Empfindsam-
keit und eine verzweifelte Auflehnung gegen die Tragik des Lebens und
die ungeheure Gefühllosigkeit der Natur". *Mann und Frau gehn durch die
Krebsbaracke* wird als das „stärkste" Gedicht „des ganzen Heftes" hervor-
gestrichen. Stadler lobt daran Benns Fähigkeit, „Lebensvorgänge" mit
höchster „Knappheit und Wucht zu gestalten" und zu „schicksalsvollen
Gesichten auszuweiten" (Hillebrand 1987, 13f.).

Mann und Frau gehn durch die Krebsbaracke ist das seit der Veröffentlichung von *Morgue* über Jahrzehnte hinweg am häufigsten und heftigsten
diskutierte Gedicht des Zyklus (vgl. Sauder 1990, 77). Es scheint als derart
charakteristisch für Benns Lyrik stehen zu können, dass es etwa in der ersten literaturgeschichtlichen Darstellung des Expressionismus prototypisch
in voller Länge zitiert wird (vgl. Soergel 1927, 318). Möglicherweise hat es
sich sogar zum bekanntesten Gedicht des Autors entwickelt. Jedenfalls
zählt es „zu den klassischen Texten der Moderne" (Hahl 1995, 19). Viele
der bereits in den ersten Rezensionen geäußerten Einschätzungen werden
dabei, auch in der wissenschaftlichen Auseinandersetzung, immer wieder
aufgegriffen, unter anderem der massive Tabubruch, die Schockwirkung
bei der Lektüre, die radikal-innovative poetische Gestaltungsweise und
die destruktiv-nihilistische Tendenz, hinter der unbefriedigte metaphysische Sehnsüchte vermutet werden (vgl. Dierick 1992, 7; Soergel 1927,
820, 826). Selbst die negative Einschätzung der Persönlichkeit Benns, die
aus dem Werk abgeleitet wird – wohlgemerkt: nicht etwa primär aus der
zweifellos problematischen Biographie –, hält sich konstant, wenn auch
abgemildert. So bezichtigt Norbert Blüm (geb. 1935) in seiner *Morgue*-In-
terpretation den Autor eines kalten Intellektualismus (vgl. Blüm 2001,
234). Einen neuen, aber keineswegs allgemein anerkannten Akzent setzt
Peter Rühmkorf (geb. 1929). Seiner knappen Deutung zufolge ist der Text
als „modernes Liebesgedicht" zu lesen. Es bringe das für das 20. Jahrhundert kennzeichnende „Verlöschen der Liebe und der […] Leidenschaften,
auch der Nächstenliebe, der seelischen Anteilnahme", die Verdinglichung
aller menschlichen Beziehungen poetisch zum Ausdruck (Rühmkorf
1978). Fraglich bleibt, selbst wenn man dieser Interpretation nicht wider-
spricht, die Angemessenheit des Begriffs eines Liebesgedichts. Auch wären die von Rühmkorf nicht gelieferten, genaueren Rückbezüge von Benns
Text auf die lange Tradition dieses lyrischen Genres noch zu analysieren,

Weitere
Wirkungsgeschichte

sofern dieser Auslegung größere Tragweite zugebilligt werden sollte denn einem mäßig geistreichen Gedankenspiel (vgl. Liewerscheidt 1980, 25).

Titel und Text   Titel und Text stehen im Falle von *Mann und Frau gehn durch die Krebs-baracke* in einem unauflöslichen Abhängigkeitsverhältnis zueinander. Jener ist ohne diesen nicht zu verstehen und umgekehrt. Einerseits konkretisiert der Titel die äußere Situation, in welche der Text durch den „Mann" hineingesprochen wird. Auch weist er auf die „Frau" als fiktive Rezipientin, die ihrerseits im Text nicht explizit, sondern nur als Angesprochene und Aufgeforderte präsent ist. Auf der anderen Seite entfaltet der Text selbst eine Fülle von Bildern, die in ihrer Radikalität durch den Titel nicht angekündigt werden. Das Wort „Krebsbaracke" bezeichnet einen durchaus ungewöhnlichen Ort für die Situierung eines Gedichts, lässt freilich die Entsetzlichkeit der im Folgenden dargebotenen, grausigen Einzelheiten nicht einmal erahnen. Als Bindeglied zwischen Titel und Text fungiert die für Lyrik nicht weniger unübliche Benennung des Sprechers. Sie macht deutlich, dass hier einzig und allein „[d]er Mann" sich äußert. Der Rezipient hat es mit einem Monolog, nicht, wie in einem anderen frühen Gedicht Benns mit dem Titel *Mann (Strand am Meer)*, mit einem wirklichen Dialog zwischen „Mann" und „Frau" zu tun (vgl. Benn 1982/90, 1, 31f.). Der Text ist somit geprägt von einer maskulinen Perspektive, einem virilen Blick. Gleichzeitig rückt die anonyme Sprecherbezeichnung das Gedicht von seinem Autor ab. Es wird unübersehbar als Rollenlyrik markiert. Wer trotzdem den Sprecher mit dem Verfasser des Textes identifiziert, dies signalisiert die auffällige Geste, fällt weit hinter das Reflexionsniveau, auf dem das Gedicht sich bewegt, zurück. Zu erwähnen ist schließlich auch eine weitere Figur, die den Text begleitet, ohne dass dies innerhalb desselben ausdrücklich artikuliert würde. Das im Zyklus *Morgue* in der Erstausgabe voraufgehende Gedicht *Blinddarm*, die Fiktionalisierung einer beinahe mortal endenden Operation, schließt mit der Pointe, dass der „mit den Backen [...] knirsch[ende ...] Tod" nunmehr „in die Krebsbaracken [...] schleich[e]" (Benn 1982/90, 1, 27) – und weist damit überdeutlich auf den direkt folgenden Text voraus.

Metrische Gestaltung   Überwiegend sind die Gedichte in Benns erster selbstständiger Veröffentlichung von offensiven Verstößen gegen die traditionellen äußeren Gestaltungsweisen von Lyrik geprägt, also in freien Rhythmen und zugleich reimlos abgefasst. In *Mann und Frau gehn durch die Krebsbaracke* dagegen lässt sich durchaus eine strenge und konsequente metrische Durcharbeitung erkennen. Dies signalisiert bereits das verkürzte „gehn" im Titel. Es verweist nicht auf die Verwendung der Umgangssprache im folgenden Text, sondern ergibt sich aus der offenbar intendierten Einhaltung des fünfhebigen Trochäus in der Überschrift, der durch die nicht kontrahierte und korrekte grammatische Form „gehen" gestört würde. Der Text selbst besteht mit einer Ausnahme aus dreizeiligen Strophen. Das gilt auch für die durch einen Absatz unterbrochene, dem Metrum nach aber dreizeilige vierte Strophe. Die Verse sind mit Ausnahme der ,überschüssigen' vierten

Zeile der zweiten Strophe durchgehend regelmäßig fünfhebig. Nach den Regeln der traditionellen Metrik handelt es sich somit um einen klassischen Blankvers. Auffällig ist dabei allerdings, dass die ersten Worte vieler Verse, die als Auftakte eigentlich unbetont sein sollten, einen deutlichen semantischen Akzent tragen. Dazu gehören einerseits die direkten Verweise auf die außersprachliche Redesituation, „Hier", „Komm", „Fühl", andererseits stark bedeutungstragende Lexeme wie „Bett", „wäscht" oder „Saft". Das Metrum des Textes ist somit weitgehend regelmäßig, aber von einigen starken Abweichungen geprägt, die jedoch gewissen Prinzipien folgen (vgl. Hahl 1995, 23). Die formale Gestaltung kann somit durchaus Hinweise für die Interpretation des Gedichts liefern. Es stellt den Versuch dar, ein bisher von der Lyrik vollständig ausgeklammertes Thema menschlichen Lebens dichterisch zu gestalten, und zwar mit den traditionellen Mitteln der Lyrik. In den extrem sinnbetonten Auftakten jedoch, die gerade auf die grauenhaften dargestellten Zustände und Vorgänge deuten, sprengt der gewählte, bislang in der Poesie unerhörte Gegenstand die althergebrachten Darstellungskonventionen. Auf den Reim schließlich wird in dem Gedicht vollständig verzichtet. Die Stiftung von Harmonie innerhalb eines Textes und seiner fiktionalen Welt, die der auslautende Gleichklang seit Jahrhunderten zu leisten pflegt, ist mit dem Gang durch die Krebsbaracke nicht mehr vereinbar (vgl. Sauder 1990, 76).

Der präzise kalkulierten metrischen Gestaltung des Gedichts korrespondiert eine überaus starke rhetorische Durchformung. Der Text ist geprägt vom massiven Einsatz einiger spezifischer Stilmittel. Einerseits kennzeichnet den Text eine Redeweise in einfachen, aneinander gereihten Parataxen, die den Eindruck von Nüchternheit und Sachlichkeit vermitteln. Auf der anderen Seite stehen aufwendige Techniken der Kunst der Beredsamkeit, die das Gedicht als ein außerordentlich streng durchgestaltetes lyrisches Gebilde erscheinen lassen. Hierzu gehören Parallelismen („diese Reihe […] diese Reihe"), Wiederholungen („Bett", „schlafen") oder Anaphern („Hier", „Komm"). Diese Stilmittel sind in keinem Falle ein Selbstzweck, sondern allesamt bedeutungstragend. So hat auch dieser Text poetische Vergleiche, unverzichtbar für die herkömmliche Lyrik, aufzuweisen. Nur blutet hier eine Frau „wie aus dreißig Leibern" und werden die Sterbenskranken „[w]ie […] Bänke" gewaschen. Die traditionellen dichterischen Darstellungsmittel haben somit jede positive illusionsbildende Kraft verloren, und an die Stelle des schönen poetischen Vergleichs tritt der häßliche. Besonders auffällig sind die deiktischen Elemente des Textes, die Zeigegesten auf die imaginierte Wirklichkeit der durchschrittenen Krebsbaracke. Immer wieder wird hierdurch der fiktionale Raum, in dem sich die Figuren bewegen, sinnlich, ja synästhetisch evoziert. Der „Mann" fordert nicht nur zum Betrachten, sondern auch zum Riechen, zum Fühlen und in den herumsurrenden „Fliegen", die sich an den wund gelegenen Leibern der Sterbenskranken delektieren, möglicherweise sogar zum Hören auf. Die vermutlich auffälligste rhetorische Strategie, die in dem Ge-

Rhetorische
Gestaltung

dicht zum Einsatz gelangt, ist die Synekdoche in unterschiedlichen Ausprägungen. Nicht die Patienten ‚stinken‘, sondern die ‚Betten‘, und diese wiederum beherbergen keine Menschen, sondern ‚zerfressene Schöße‘ und ‚zerfallene Brüste‘ (vgl. Lieweerscheidt 1980, 24).

Expressionistischer Stil

Benns Frühwerk wird durch eifrige Apologeten regelmäßig mit großer Verve vom Expressionismus abgerückt, mit dem er ganz und gar „nichts zu tun" haben soll (z. B. Hillebrand 1986, 10). Die Frage der Zuordnung des Autors und seiner Texte zu der Epoche ist natürlich schlichtweg eine Frage ihrer Definition. Aus der Sicht der heutigen Forschung allerdings gehören die frühen literarischen Produkte des Arztschriftstellers eindeutig dem Expressionismus an. *Mann und Frau gehn durch die Krebsbaracke* liefert ein klares Beispiel dafür. Schon in der stilistischen Gestaltung, in der bevorzugten und konzentrierten Anwendung spezifischer rhetorischer Strategien, insbesondere der Synekdoche, zeigt sich die fraglose Zugehörigkeit zur Poetik des Expressionismus. Typisch sind ferner der markante Bruch mit den formalen Traditionen der konventionellen Lyrik und der starke Abstraktionsgrad, die extreme Verknappung des Gedichts (vgl. Meyer 1979, 387 u. ö.). Daneben verbinden Benn mit anderen Autoren der Epoche die Wahl abseitiger Milieus als Schauplatz seiner Texte, die bewusste Provokation und der Verlust herkömmlicher Begriffe von Subjektivität. Benns Texte mögen sich in mancherlei Hinsicht, beispielsweise im Verzicht auf Pathos oder in ihren häufig zynischen und nihilistischen Pointen, von denen vieler seiner Kollegen unterscheiden. Das ist freilich kein triftiges Gegenargument. Denn jeder Dichter bewegt sich innerhalb der dominierenden poetischen Regeln und Usancen seiner Zeit mit einer gewissen individuellen Freiheit.

Das naturalistische Missverständnis

Ein anderes verbreitetes Fehlurteil betrifft den Wirklichkeitsbezug von *Mann und Frau gehn durch die Krebsbaracke*. Der Text ist – genau wie der gesamte Zyklus – vom Beginn seiner Rezeptionsgeschichte an immer erneut als Abbildung konkreter Verhältnisse in zeitgenössischen Hospitälern begriffen worden. Demgemäß ist von einem „Abguss" der Wirklichkeit (Meister 1912, 142), von einem „schreiende[n] Naturalismus" (Hohendahl 1971, 98), von einem „Einblick in die Situation des Krankenhauses […] mit schonungsloser Schärfe" (Scholz 1992, 32) die Rede. Nur eine kurze Betrachtung der intensiven rhetorischen Durchgestaltung von *Mann und Frau gehn durch die Krebsbaracke* genügt freilich bereits, um solche Behauptungen über das Gedicht als eklatante Missverständnisse zu decouvrieren. Die greifbaren Referenzen auf die zeitgenössische Wirklichkeit, die sich in dem Text dingfest machen lassen, sind denkbar gering. Statt von einzelnen Menschen ist von Betten die Rede, an der Stelle von Personengruppen stehen ‚Reihen‘, ein dermatologisches oder karzinogenes Krankheitsbild wird ohne jede Relativierung als „Rosenkranz" tituliert. Das Gedicht ist demnach nicht allein außergewöhnlich stark rhetorisiert und somit fiktionalisiert, sondern auch in höchstem Grade abstrakt. Hinzu kommen inhaltliche Elemente, die man lediglich vor dem Hintergrund eines gänzlich blauäugigen Geschichtsbildes für realistisch erachten kann. In der Krankenhauspraxis um 1910 sind ebenso wenig wie heute Fliegen in den offenen Wunden der Sterbenden die Regel wie rohe Pflegerinnen, welche die Patienten als leblose Gegenstände behandeln. Tatsächlich blutet auch kein Mensch „wie aus dreißig Leibern". Fälschlicherweise also wird der Schock, den der Text seinen Rezipienten durch die Grauenhaftigkeit der evozierten Bilder zweifellos versetzt, immer wieder in eine Deutung umgemünzt, die ihn auf seine vorgeblichen mimetischen Qualitäten reduziert. Tatsächlich handelt es sich jedoch um ein in höchstem Maße poietisches Kunstwerk. Hier wird genauso wenig wie in irgendeinem anderen literarischen Text Wirklichkeit abgebildet, sondern allenfalls Wirklichkeit fiktional verarbeitet, und in diesem spezifischen Fall ist die Distanz der Poesie zur Realität gewiss besonders groß. Anders gesagt: Das Gedicht weist in seinem Sinnhorizont weit über die Darstellung irgendeines vermeintlichen historischen Milieus hinaus.

Eine weitere ebenso geläufige wie fragwürdige Interpretation des Gedichts sieht darin eine Anklage gegen das gefühlskalte, unmenschliche System der modernen Krankenhausmedizin (vgl. Hahl 1995, 20). Nun muss nicht jeder literarische Text, der einen gesellschaftlichen Missstand zum Objekt seiner Kritik oder gar zum Anlass für einen utopischen Gegenentwurf wählt, unbedingt jene Missliebigkeit detailliert und realistisch beschreiben. Insofern dürften die stark poietische Überformung des Gedichts und seine konzentrierte Abstraktheit kein zwingendes Argument gegen seine mögliche sozialkritische Tendenz darstellen. Aber in *Mann und Frau gehn durch die Krebsbaracke* fehlt es, wenn man den Text präzise analysiert, eben auch am Kläger wie am beklagenden Gestus. Der Sprecher prangert nichts an, lamentiert nicht, gibt nirgendwo seiner Entrüstung über die äußere Situation der Krebskranken oder ihre Behandlung durch das Personal auch nur den leisesten Ausdruck. Seine Rede ist sachlich und nüchtern, und keine Spur eines Untertons von Auflehnung oder Kritik ist aus ihr herauszulesen. Die Empörung entsteht auf Seiten der Rezipienten, die durch die Inhumanität und den Zynismus der Wörter und Wendungen und der daraus erschließbaren Handlungen des Sprechers abgestoßen, ja schockiert werden und sich gegen ein medizinisches System mit solchen Repräsentanten zu ereifern bemüßigt fühlen. Dem Text selbst jedoch eignet kein gesellschaftskritischer Impetus. Das wird noch deutlicher, wenn man das Gedicht im Licht von Benns manifestartigen poetologischen Überlegungen im programmatischen *Gespräch* betrachtet. Dort wird der Literatur keineswegs die Funktion aufgebürdet, gesellschaftliche Missstände aufzudecken. Im Gegenteil, die wörtlich verstandene Rede des Mannes entspricht in vielerlei Hinsicht genau dem ästhetischen Ideal des in dem Dialog dominierenden Kommunikationspartners. Sie ist nüchtern-objektivierend, größtenteils wissenschaftlich-präzise und frei von allen üblichen poetischen Metaphern. Auf diesem Hintergrund stellt sich der schneidende, unaufhebbare Kontrast zwischen der Hässlichkeit der dargestellten

Das sozialkritische Missverständnis

Zustände und der unbarmherzigen Sachlichkeit des sprechenden Mannes gerade als die besondere Pointe des Textes dar. Die einen ertragen still und schicksalsergeben in der Krebsbaracke ihre unermesslichen Leiden, die anderen begleiten diesen Sterbeprozess mit kühler Professionalität. Niemand aber beklagt sich darüber, niemand setzt sich zur Wehr. Deshalb wäre es verfehlt, dem Text eine sozialkritische Tendenz zu unterstellen.

Literarische Bezüge Sowohl der Zyklus als auch der hier zu deutende einzelne Text selbst verweisen nach Ansicht maßgeblicher Beiträge der vorliegenden Forschung auf diverse prominente Prätexte. Mit *Morgue* wird gleichermaßen an die Pariser Leichenhalle wie an ihre unterschiedlichen bekannten Literarisierungen erinnert, beginnend mit Edgar Allan Poes (1809–1849) *The Murders in the Rue Morgue* (1841) bis hin etwa zu Rilkes Gedicht *Morgue* (1905/06). Der Zyklus steht damit in einer längeren Tradition von Texten, welche in verschiedener Weise den makaberen Themenkomplex um die Aufbahrung von verstorbenen Körpern und ihre Sektion aufgreifen. Doch ist die spezifische ästhetische Gestaltung durch Benn ebenso gänzlich neuartig wie die Radikalität seiner Poetisierung von Krankheits- und Verfallsprozessen, von Leibesorganen und dem medizinischen Umgang damit. Die prätextuellen Bezüge sind somit wichtig, aber nicht vorrangig bedeutsam für die Interpretation (vgl. Sauder 1990, 64). Zu *Mann und Frau gehn durch die Krebsbaracke* macht die Forschung zwei unmittelbare literarische Vorlagen namhaft, einerseits Goethes belehrend-naturkundliche Elegie *Die Metamorphose der Pflanzen* von 1796 (vgl. Hahl 1995), andererseits Georges Herbstgedicht *Komm in den totgesagten park und schau* von 1895 (vgl. Winkler 1980). Biographisch ist die Kenntnis der Texte nicht verbürgt. Dies kann freilich seine Ursache in der unzureichenden Quellenlage haben. Unleugbar gibt es in beiden Fällen Parallelen zwischen den Texten in Sprecherhaltung, Zeigegestus und einigen zentralen Begriffen. Aber die Geschichte von Gedichten, in denen ein Mann zu einer Frau spricht, in denen ein imperativisches „komm" an prominenter Stelle eingesetzt und etwa der „Schoß" thematisiert wird, ist lange und reich. Kritisch betrachtet sind die zwischen dem Text und seinen angeblichen Prätexten hergestellten Verbindungen derart allgemeiner Natur oder doch nur so wenig umfangreich und auffällig, dass allenfalls von möglichen Bezügen gesprochen werden kann. Eine Kontrafaktur liegt allerdings in keinem der beiden Fälle vor. Erstens müssten dann die Verweise auf die Vorlage eindeutig sein, da sich das Verständnis eines kontrafazierenden Textes ja zu wesentlichen Teilen aus seiner Transformation des Originals erschließt. Die wissenschaftliche Forschung hat aber bekanntlich erst nach vielen Jahrzehnten der Rezeptionsgeschichte die in Frage stehenden intertextuellen Bezüge herzustellen vermocht. Zweitens weisen die miteinander in Zusammenhang gestellten Gedichte thematisch weder überraschende Ähnlichkeiten oder evidente Gegensätze auf, sondern stehen einander inhaltlich relativ disparat gegenüber. Damit muss die Interpretation von *Mann und Frau gehn durch die Krebs-*

baracke sich von den vorgeschlagenen Prätexten ab- und dem Text selbst erneut zuwenden.

Viele konstitutive Merkmale des Gedichts weisen auf die Sexualität als zentrales Thema (vgl. zu Benn allgemein Buddecke 1991). Das Spital ist der Schauplatz der lyrifizierten Geschehnisse, der Skopus des Textes richtet sich jedoch auf die Geschlechtlichkeit des Menschen. In dem dargestellten Krankensaal finden sich nicht irgendwelche zufälligen Patientinnen versammelt. Alle leiden ausnahmslos an unterschiedlichen Formen von Brust- und Unterleibskrebs, jedenfalls an Karzinomen der weiblichen Geschlechtsorgane (vgl. Reiniger 1989, 41). Dem Verfall derselben wird die Sexualität an prononcierter Stelle entgegengehalten, in der vierten Zeile der zweiten Strophe, die, wie beobachtet, als ,überschüssiger' Vers mit überdies nur drei statt fünf Hebungen aus der klaren und strikten metrischen Architektonik dieses lyrischen Gebildes herausfällt. Der Geschlechtsakt wird von den Menschen mit zentralen Werten, mit den „groß[en]" Kategorien seines irdischen Daseins konnotiert, mit dem „Rausch", in dem er in die Gefilde der höchsten Gefühle aufsteigen kann, und mit der „Heimat", dem Ort von Herkunft, Geborgenheit, Sicherheit. Beides ist eine Täuschung, und dies führt das Gedicht in den ,zerfallenen' Geschlechtsorganen drastisch vor. Letztlich setzen Krankheit und leibliche Auflösung doch immer jedem sexuellen Genuss ein Ende. Der Text, das ist erneut zu betonen, beklagt dies nicht. Hier wird ein Faktum konstatiert, präzise, wissenschaftlich, emotionslos. So wie der „Mann" in der zweiten Strophe dazu auffordert, die Decke aufzuheben und sachlich den „Klumpen Fett und faule Säfte" zu begutachten, deckt das Gedicht die Lächerlichkeit aller großen Worte über die Liebe, überhaupt allen menschlichen Größen- und Überlegenheitsbewusstseins auf (vgl. Anz 1977, 46f.). Die Rolle des Sprechers kommt dabei freilich allein dem Mann zu. Seine im Titel genannte Begleiterin schweigt ebenso konsequent wie die kranken und sterbenden Frauen in den Bettenreihen und nicht zuletzt die Pflegerinnen. Der Mann verfügt über die absolute Deutungsmacht. In belehrendem Ton interpretiert er die Welt und ihre Phänomene. Das gilt keinesfalls nur in medizinischer Hinsicht, da die Worte des Sprechers weit über ärztliche Feststellungen hinausweisen. Der Mann ist dabei kalt, emotionslos und zynisch. Aber die Frauen, auch dies führt der Text uns vor, wehren sich nicht dagegen, nein, sie beklagen sich nicht einmal. Das Gedicht wird somit zu einer radikalen Diagnose der eingespielten Geschlechterrollen.

Doch wäre es erneut verfehlt, diese provozierende Deutung menschlicher Beziehungen in einem anklagenden Sinne oder als eine Form von Schuldzuweisung zu verstehen. Das Skandalon des Textes liegt eben darin, dass er von jeder Individualität und somit auch von jedweder persönlichen Verantwortung vollkommen absieht. Das betrifft die Patientinnen ebenso wie die „Schwestern" und schließlich auch „Mann" und „Frau" in ihrer unspezifischen, gesichts- und artikellosen Allgemeinheit. Lediglich

Marginalie: Geschlechterrollen, Sexualität und Tod

Marginalie: Die Welt als Krebsbaracke

zwei Bettlägrige finden mit ihren hervorstechenden Krankengeschichten gesonderte Beachtung. Aber auch sie sind nur zwei ‚Fälle', an denen man letztlich achtlos vorübergeht. Der Text skizziert somit eine desaströse fiktionale Welt. Die depersonalisierten Figuren darin weisen keinerlei emotionale Bindungen zueinander auf. Selbst im Geschlechtsakt wendet sich der Mann nicht liebend einer Frau zu, sondern befriedigt seine Lüste nach einem „Rausch" und irgendwelchen metaphysischen Sehnsüchten. Die Menschen nehmen im Gegenüber nicht einen anderen Menschen, sondern ein Ding wie ein Bett wahr oder ein Fleischteil wie eine einzelne weibliche Brust mit Krankheitssymptomen oder einen holzähnlichen Gegenstand, der gewaschen werden muss. Am Ende des Lebens, dies signalisiert die Schlussstrophe, löst sich dieser depersonalisierte Mensch mit seinem Leib völlig auf und verwandelt sich ohne weiteren Rest, etwa eine als unsterblich gedachte Seele.

Das Ende religiöser Tröstungen

Das Gedicht wäre dieser Interpretation zufolge eine lyrische Skizze der *conditio humana*, eine ebenso radikale wie kaltsinnig vorgetragene poetische Diagnose menschlichen Zusammenlebens, aus der jede Illusion humanistischer Werte, bürgerlicher Normen, sittlichen Pflichtbewusstseins und emotionaler Bindungen erbarmungslos verbannt ist. Die Grundlage für dieses Ergebnis der Analyse bilden sowohl die in vielerlei Hinsicht beobachteten Abstraktions- und Verallgemeinerungstendenzen, die den Text prägen, als auch seine letzte Strophe. Sie löst sich von der Darstellung der Krebsbaracke und ihrer Kranken und öffnet den Blick auf die kurz bevorstehende Auflösung der Patientinnen. Die sprachliche Gestaltung bleibt knapp und konzise wie bisher, nun freilich bedient sich der Sprecher mit einem Male mehrerer Metaphern und hochpathetischer Begriffe wie „Acker", „Glut" und „Erde" neben den Bezeichnungen für den Leib und seine Verfallsprozesse. Damit erweitert sich die Perspektive eindeutig und auffällig von der Darstellung eines Krankenhauses zu einer Reflexion über menschliche Hinfälligkeit und Sterblichkeit (vgl. Ostboe 1981, 36). Eine metaphysische Richtung nimmt das Gedicht jedoch nicht. Der Mensch wird von der Erde gerufen und in ihr restlos aufgenommen (vgl. Große 1988, 82). Die Religion gewährt keine Tröstungen. Sie ist in dem Text allenfalls noch in dem „blasphemische[n] Affront" vom „Rosenkranz von weichen Knoten" oder im „Acker" der letzten Strophe präsent, der an die Stelle eines Gottesackers getreten ist (Liewerscheidt 1980, 24). Alle Hoffnungen auf eine christliche Transzendenz sind hier verabschiedet. Aber selbst dies wird nicht beklagt, vielmehr lediglich ganz lapidar konstatiert.

5. Georg Kaiser: *Von morgens bis mitternachts*

Georg Kaiser, 1878 als fünfter Sohn eines angesehenen Magdeburger Kaufmanns zur Welt gekommen, fällt bereits während der Kindheit in dem gutbürgerlichen elterlichen Haushalt durch extreme Unruhe und Nervosität auf. Schon nach der mittleren Reife verlässt er die Schule. Lehrstellen in einer Buchhandlung und in einem Import-Export-Geschäft gibt er jeweils nach nur wenigen Wochen auf. Auf einer abenteuerlich anmutenden Reise setzt er sich nach Argentinien ab. In Buenos Aires bringt er sich zwei Jahre lang als Kontorist durch. Auf die Rückkehr in die Alte Welt folgt eine viermonatige Behandlung in einer Berliner Nervenklinik. Danach lebt der nicht allein psychisch Angegriffene, sondern auch an Malaria Erkrankte abwechselnd zu Gast bei seinen Brüdern – eine Daseinsform, die den Bankrott seiner bürgerlichen Existenz signalisiert. Kaisers seit früher Jugend gewachsener, tiefer Überzeugung von seiner großen dichterischen Begabung steht die demütigende Situation der völligen materiellen Abhängigkeit von den Verwandten gegenüber. Dabei bleibt eben dieser Familienkreis vorderhand sein einziges Publikum, dem er anlässlich diverser Feierlichkeiten Gelegenheitstexte vorträgt. Erst die ansehnliche Mitgift aus der Heirat mit einer wohlhabenden Magdeburger Bürgerstochter ermöglicht ab Ende 1908 dem inzwischen 30jährigen die finanzielle Eigenständigkeit. Seit 1903 ist Kaiser als Dramenautor außerordentlich produktiv. Sein Debüt gelingt ihm jedoch erst 1911 mit dem Schauspiel *Die jüdische Witwe*. Die Einnahmen aus den während der nächsten Jahre rasch folgenden, weiteren Publikationen können allerdings den rapiden Verzehr des Vermögens seiner Frau nicht aufhalten. Die zeitweise katastrophale monetäre Situation verbessert sich erst mit dem während des Ersten Weltkriegs einsetzenden, breiten öffentlichen Erfolg. Der endgültige Durchbruch gelingt Kaiser mit dem 1914 gedruckten und im Januar 1917 in Frankfurt/Main uraufgeführten Schauspiel *Die Bürger von Calais*. Alsbald folgen Inszenierungen seiner Dramen auf beinahe allen bedeutenden Bühnen des deutschsprachigen Raums (vgl. Schulz 1996, 175).

Biographischer und werkgeschichtlicher Kontext

Kaiser entwirft das Drama *Von morgens bis mitternachts* 1912 auf einer Italienreise und stellt es vermutlich noch im selben Jahr in kurzer Zeit fertig (vgl. Durzak 1978/79, 1, 122). Im Druck erscheint es erstmals 1916 bei Kiepenheuer in Potsdam. Zahlreiche weitere Auflagen sowie Nachdrucke in Anthologien folgen bereits zu Lebzeiten. Dazu gesellen sich bald auch Übersetzungen, unter anderem ins Englische, Französische, Niederländische, Polnische, Spanische und Tschechische. Die Uraufführung in Berlin wird durch die Wilhelminische Zensur verhindert, so dass das Drama erstmals am 28. April 1917 in den Münchener Kammerspielen auf die Bühne kommt (vgl. Kaiser 1970/72, 6, 882). Das Stück findet in der Folge das denkbar größte Interesse beim Theaterpublikum der ausgehenden 1910er und der 1920er Jahre. Es avanciert zu einem der meistgespielten expressionistischen Dramen überhaupt – auch international. In der Presse wird

Entstehung, Publikation, Übersetzungen, Aufführungen, Verfilmung

es ebenfalls zum Teil stürmisch gefeiert (vgl. Tyson 1984, 27–48; vgl. auch die Auswahl in Schürer 1975). Herbert Ihering (1888–1977), einer der maßgeblichen Theaterkritiker jener Jahre, bezeichnet den Text als das beste Drama Kaisers (vgl. Durzak 1978/79, 1, 122). 1920 wird das Schauspiel von Karl Heinz Martin (1888–1948), einem der führenden Regisseure des Expressionismus, mit Ernst Deutsch (1890–1969) in der Hauptrolle des Kassierers verfilmt (vgl. Viviani, 1970, 140; vgl. Benson 1987, 173f.).

Zerbrochene Einheit von Ort, Zeit und Handlung

Der Titel des Textes (im Folgenden werden die Seitenzahlen aus Kaiser 1970/72, 1, 463–517, zitiert) erweckt den ersten Eindruck, dass das Schauspiel den klassischen, schon in der griechischen Antike formulierten Regeln für die Gestaltung eines Dramas gehorcht. Die Formulierung *Von morgens bis mitternachts* nährt die Erwartung, als handle es sich um ein Theaterstück, dessen Aufbau auf jeden Fall der althergebrachten Einheit der Zeit vollgültig entspricht, hebt es doch offenkundig in der Früh eines Tages an und nimmt es an dessen Ende seinen Ausgang. Formal wird diese Regel durchaus erfüllt. Trotzdem aber kann von einer auch nur einigermaßen einheitlichen Zeitgestaltung überhaupt nicht die Rede sein. Das Stück ist alles andere denn kohärent und wohlproportioniert hinsichtlich des Ablaufs der darin dargestellten Ereignisse. Es bringt sieben Szenen aus dem letzten Lebenstag eines Kassierers auf die Bühne, die lediglich lose miteinander zusammenhängen, nur bedingt aufeinander Bezug nehmen und keineswegs eine architektonisch ausgewogene Gliederung aufweisen. Die dramatische Einheit der Zeit wird somit durch den Titel dem Publikum anfangs vorgegaukelt, um dann als Illusion entlarvt zu werden. Die Einheit des Ortes hingegen wird nicht einmal vorgetäuscht. Das Stück spielt an sieben verschiedenen Schauplätzen, deren Abfolge keiner anderen Logik gehorcht als einfach den zufälligen Stationen der letzten, reichlich wirren Lebensstunden des Protagonisten. Mehr noch, es bleibt unklar, warum genau diese und nicht etwa einige andere Ereignisse und Handlungsorte auf die Bühne gebracht werden, beispielsweise die Reise von der „kleine[n] Stadt W.", die leicht als Weimar zu identifizieren ist, in die „große Stadt B.", die offenbar für die Metropole Berlin steht (464). Die vielfachen Ortswechsel im Text widersprechen massiv den traditionellen Vorstellungen von einer sinnvollen und stringenten Gestaltung des Dramenraums. Ähnliches gilt in mindestens ebenso radikalem Maße für den Bruch mit der Einheit der Handlung. Die dargestellten Ereignisse aus dem letzten Lebenstag eines Menschen weisen keine konventionelle innere Konsequenz oder Kohärenz auf. Sie erscheinen beinahe wie eine Montage (vgl. Benson 1987, 164) und zum Teil sogar untereinander oder gegen mögliche andere Szenen austauschbar. Das Geschehen wird allein von einigen Wegstationen des Kassierers, nicht von einer durchkomponierten Fabel bestimmt (vgl. Benson 1987, 164). Hiermit stimmt die äußere Strukturierung des Textes überein. Er ist in zwei Teile mit drei respektive vier Episoden gegliedert und nicht in drei oder fünf traditionelle Akte mit ihren jeweiligen, klassischen dramatischen Funktionen.

Von morgens bis mitternacht entspricht somit der typischen Form eines expressionistischen Stationendramas, das Kaiser selbst maßgeblich mitentwickelt und mitprägt (vgl. Oehm 1993, 144–150). Der Text präsentiert sich episodisch strukturiert, relativ inhomogen und im Aufbau amorph. Der Protagonist erhält durch einen bemerkenswerten dramentechnischen Trick selbst die Möglichkeit, seine im Stück theatralisierten letzten Lebensstunden als eine Aneinanderreihung von mehr oder weniger sinnlosen „Stationen" (514) zu bezeichnen. In der Bußbank der Heilsarmee (einer aus Großbritannien stammenden religiösen Gemeinschaft, die seit der Jahrhundertwende auch in Deutschland tätig wird) resümiert er genau die Handlung, die eben noch auf der Bühne dargestellt worden ist: „Ich ging an allem vorüber. Station hinter Station verschwand hinter meinem wandernden Rücken." (514) Eine solche Gestaltungsweise ist nicht bloß als theatralische Spielerei zu verstehen. Die spezifische dramatische Form verweist vielmehr auf eine extrem pessimistische Lebensphilosophie, die in ihr literarisch umgesetzt erscheint. Das menschliche Dasein erweist sich demgemäß als eine Aneinanderreihung von nur lose zusammenhängenden Episoden, denen man auch mit größter Mühe kaum irgendeinen Sinn, irgendeine tiefere Bedeutung oder eine teleologische Richtung zusprechen kann. Der Kassierer in der Bußbank bringt diese Position explizit auf den Punkt, wenn er ein skeptisch fragendes Fazit aus den von ihm durchlaufenen „Stationen" zieht: „Dies war es nicht, das war es nicht, das nächste nicht, das vierte – fünfte nicht! Was ist es? Was ist es nun, das diesen vollen Einsatz lohnt?" (514) Mit dem kurz darauf vollzogenen Selbstmord entzieht sich der Protagonist nicht bloß der Strafverfolgung. Er antwortet damit auch in tätlicher Weise auf jene Fragen – dass es nämlich nichts gibt, wofür es sich zu leben lohnt.

Stationendrama

Von morgens bis mitternacht ist hinsichtlich der dramatischen Form aber nicht einfach regellos oder schlichtweg traditionsfern, sondern der Text bezieht sich immer wieder überdeutlich auf klassische Gestaltungsmuster des abendländischen Schauspiels, um sie konsequent zu durchbrechen und zu zerstören. Dies gilt auch für die Referenzen auf die herkömmliche Unterscheidung zwischen den dramatischen Gattungen der Tragödie und der Komödie. Der Text bietet vielfältige Verweise auf beide Traditionen, um sich den eingespielten Differenzen zwischen ihnen unentwegt ostentativ zu entziehen. In mancherlei Hinsicht präsentiert sich das Stück wie eine Tragödie. Es endet zum Beispiel mit dem Tod des Protagonisten und beginnt – im Gegensatz zu einer Komödie – mit einer Szene wohlgeordneter Harmonie, nämlich der Darstellung des funktionierenden Bankalltags. Andererseits jedoch trägt der Text viele komische Züge. So ist etwa das Personal fast durchgängig der Mittel- und der Unterschicht zugehörig. Auch bietet der Text viele humoristische oder gar groteske Szenen. Dazu zählen unter anderem das bitterböse gezeichnete, spießige Familienidyll in der Wohnung des Kassierers, der Tod der Großmutter, „weil einer" – wie der Protagonist es sarkastisch deutet – „ein-

Weder Tragödie noch Komödie

mal vor dem Mittagessen weggeht" (489), oder die übertriebene Begeisterung der Menschenmenge im Sportpalast. Hinsichtlich der Stilhöhe wiederum ist die Zuordnung zu Tragödie oder Komödie unklar, da zwar viele Figuren sich sprachlich im *stilus humile* bewegen, der Kassierer aber an einer Reihe von Stellen zu einer außerordentlich pathetischen und rhetorisch geschliffenen Sprache greift. Hinter diesen Verwirrungen und Verwischungen steckt Prinzip. Wenn der Text denn eindeutig einer der beiden dramatischen Großgattungen zuzuordnen wäre, würde der Geschichte des letzten Lebenstages des Kassierers zugleich eine bestimmte Stringenz zugesprochen werden können. Eine Tragödie wie eine Komödie präsentieren, wenn auch in jeweils unterschiedlicher Weise, sinnvolle, kohärente Handlungsabläufe. Die mit dem Text auf die Bühne gebrachten Schicksale des Kassierers jedoch entbehren jeden klaren Sinns. Sie scheinen lustig – und erweisen sich doch in jedem Moment als zutiefst bedrückend. Sie wirken wie ein Trauerspiel – und sind im gleichen Moment aberwitzig erheiternd. Das Drama durchbricht die gängigen Kategorien und lässt das Publikum irritiert und desorientiert zurück.

Personenkonstellationen im fliegenden Wechsel
Der Text verabschiedet noch in vielfacher anderer Hinsicht die Usancen der traditionellen Kunst des Sprechtheaters. Erinnert sei hier etwa noch an die alte Regel, dass bereits in der Exposition des Dramas alle hinkünftig für die Handlung wichtigen Figuren vorzustellen seien. Die disparaten Stationen, die der Kassierer während seines letzten Lebenstages in *Von morgens bis mitternachts* passiert, lassen eine derartige Figurenkonstellation gar nicht zu. Nur wenige Personen tauchen in den ganz unterschiedlichen Lebensbereichen, die er rasch und gehetzt innerhalb kürzester Zeit durchläuft, zwei oder höchstens drei Mal auf, so zum Beispiel der Bankdirektor und das Mädchen von der Heilsarmee. Ansonsten wechselt das Personal des Dramas ständig. Alle zwischenmenschlichen Netzwerke, dies zeigt sich, sind zerrissen, alle Bindungen lose oder verbraucht. Der Kassierer erlebt sich zuletzt gänzlich auf sich selbst zurückgeworfen, wenn er am Ende des Stücks allenthalben nur noch „Einsamkeit" konstatiert (516; vgl. Schulz 1996, 188). Die literarische Diagnose, die damit transportiert wird, ist erschütternd. Alles menschliche Streben ist ohne Sinn und Bedeutung, und die Erdenbewohner können bei dieser Einsicht nicht einmal gemeinsam Trost mit- und aneinander finden, da sie letztlich in ihrer Existenz immer ganz auf sich allein gestellt und vollkommen einsam sind.

Typisierte Figuren
Diese in ihrer Abgründigkeit geradezu existentialistisch wirkende Deutung menschlichen Lebens wird noch verschärft durch die spezifische Art der Personencharakterisierung in Kaisers Drama. All die darin einsam aneinander vorbei lebenden Menschen weisen nicht einmal besondere, sie auszeichnende Merkmale auf. Nicht ihre besondere Individualität treibt sie in die Vereinzelung, sondern schlichtweg ihre Existenz, die ihrerseits aber nichts Einzigartiges an sich hat. Keine Figur in *Von morgens bis mitternachts* verfügt über einen eigenen Namen oder über ausgeprägte per-

sönliche Merkmale (vgl. Schulz 1996, 177). Abgesehen vom Kassierer, der ja aus allen bisherigen sozialen Bindungen ausbricht, gehen alle Personen in Rollen auf, seien sie Bankdirektoren oder -gehilfen, kunstinteressierte Söhne, Bürgersfrauen, die zum Grillen der Koteletts auf ihre Gatten warten, Kellner, Soldaten der Heilsarmee oder Schutzmänner. Für individuelles Handeln oder Fühlen ist hier kein Raum. Die fiktionale Welt, die Kaiser auf die Bühne stellt, ist angefüllt mit typisierten, schematischen, unpersönlichen Wesen, die ihr Dasein wie eine Spule abschnurren lassen. Der Weg des Kassierers, der – anfangs nicht weniger entindividualisiert als alle anderen Personen des Stücks – aus dieser dumpfen Existenz ausbricht, erscheint freilich nicht weniger unglücklich als derjenige der anderen Figuren. Der kriminelle Ausbruch aus seiner spießigen Kleinbürgerwelt endet innerhalb weniger Stunden fast unweigerlich im Suizid.

Es ist typisch für die aporetische Konstruktion von Kaisers Drama, dass es dennoch für den Kassierer kaum einen anderen Weg als die Sprengung der Ketten seines bisherigen erbärmlichen Daseins zu eröffnen scheint. Seine Existenz in der Bank wird eindringlich als vollkommen unerträglich vorgestellt. Er ist in seiner Funktion hinter dem Schalter nicht einmal mehr zu irgendeiner Form von sprachlicher Kommunikation in der Lage (vgl. Siebenhaar 1982, 64). Er verständigt sich mit seinen Kunden ausschließlich durch Klopfzeichen und Gesten wie das Ausstrecken der flachen Hand. Er befindet sich in einem „Zustand des Verstummens", ja „der Auslöschung seiner Person" (Durzak 1978/79, 1, 125). Die ersten Worte, die er am Beginn seines Ausbruchs spricht, sind – so entwöhnt scheint diese menschliche Geldauszahlungsmaschine der Verwendung der Sprache zu sein – nicht einmal grammatikalisch richtig (vgl. 473). Erst mit der Loslösung aus den Konventionen der bürgerlichen Existenz und seines geistlosen Berufslebens gewinnt er nach und nach an Sprachausdrucksfähigkeit, ja steigert sich bis hin zu höchst kunstvoll gestalteten Äußerungen, etwa in seinem Monolog am Ende des ersten Teils und bei der Heilsarmee. Die Figuren neben dem Kassierer, die nicht aus ihren gesellschaftlichen Rollen ausbrechen, verharren hingegen innerhalb der erstarrten und verkrusteten Formen einer zutiefst gestörten, ja nicht wirklich zwischen den Menschen funktionierenden Kommunikation. Der überhebliche Bankdirektor zum Beispiel ergeht sich primär in Anzüglichkeiten und Obszönitäten, die eigentlich niemanden interessieren, die Familie des Kassierers unterhält sich nur noch mittels lebloser Phrasen, im Sportpalast antwortet auf die Ansagen der Spielleiter immer nur eine mehr oder weniger stark johlende Menge, und die Masken im Ballhaus bringen nicht mehr als höfliche Gemeinplätze hervor (vgl. Huber 1979, 93f.). Das Drama führt verschiedene, weitestgehend kommunikationsgestörte menschliche Gruppierungen vor, deren sprachlichen Verhaltensweisen gegenüber ein Verstummen im Freitod, wie es schließlich der Kassierer wählt, möglicherweise tatsächlich die attraktivere Alternative darstellt.

Gestörte Kommunikation

Radikale Bürger- und Gesellschaftskritik

Das Drama zeichnet, wie bereits an einigen Aspekten deutlich geworden ist, ein vernichtendes Bild des Bürgertums im späten Wilhelminismus. Patriarchalisches Gehabe, Untertanengesinnung – etwa im ehrfürchtigen Schweigen des Mobs angesichts der Erscheinung der Hoheit –, Arroganz, Frivolität, mechanisches Verhalten und Unfähigkeit zu einem menschlichen Dialog verbinden sich zu einem unseligen, unerträglichen Konglomerat. Das Stationendrama aber erlaubt eine Perspektivierung über ein bestimmtes Milieu hinaus – und damit weitet sich der Blick, den der Text auf die zeitgenössische Gesellschaft wirft, zu einem breiten sozialen Panorama. Doch je mehr Gruppierungen und Formationen ins Bild kommen, umso mehr verdüstert sich der langsam entstehende Gesamteindruck. Sei es im Sportpalast oder im Ballhaus, überall beherrschen Ausbeutung, Lüge, Betrug, Täuschung oder Schwindel die Szene (vgl. Benson 1987, 169).

Perverse Macht des Geldes

Als wichtigster Motor der vielfältigen Kämpfe unter den Menschen, die einen bedeutenden Teil des Dramas bestimmen, ist leicht das Geld zu identifizieren – und hinter ihm der Kapitalismus als diejenige Wirtschaftsform, in der es zu zentraler Bedeutung für die Existenz jedes Einzelnen gelangt ist (vgl. Vietta/Kemper 1997, 86–89). Dies zeigt mustergültig bereits die erste Szene (vgl. Durzak 1978/79, 1, 124). Alle Figuren scheinen in ihrem Handeln vor allem durch das Geld bestimmt, ob sie es von der Bank abzuheben versuchen wie die Dame, es zur Sicherheit einzahlen wollen wie der dicke Herr oder von seiner Verwaltung leben wie der Kassierer, der Direktor oder der Laufjunge. Auch die späteren Szenen führen dem Rezipienten regelmäßig die Gier des Menschen in der Moderne nach Finanzwerten als erste Triebfeder seines Handelns vor. Ob die Rennfahrer im Sportpalast sich um eines Preises willen völlig verausgaben oder die Besucher der Heilsarmee den Banknoten, die der Kassierer ausstreut, hinterher laufen, fast alle Handlungen der Figuren scheinen in einem hohen Grade vom Streben nach Geld bestimmt zu sein. Auch das Heilsarmee-Mädchen vergisst am Ende gänzlich seine religiöse Seelenrettungsmission wie seine Zuneigung zu dem Kassierer, um sich die Belohnung für dessen Ergreifung zu sichern. Die bittere Ironie, die der Text gestaltet, besteht freilich darin, dass der Protagonist genau das, wonach so viele andere Figuren mit höchster Gier streben, im Überfluss besitzt – und gerade dadurch unglücklich und in den Selbstmord getrieben wird. In diesem schneidenden Kontrast diagnostiziert der Text einen eminenten Widerspruch innerhalb der kapitalistischen Wirtschaftsordnung seiner Zeit. Während die meisten Menschen dem Fetisch von Geld, Wohlstand und Reichtum nachjagen, erweisen sich die finanziellen Mittel für denjenigen, der über sie zu verfügen vermag, als Fluch. Denn ob der Kassierer sich nach der Ekstase im Sportpalast, nach der Liebe im Ballhaus oder nach der religiösen Beglückung bei der Heilsarmee sehnt – niemals, das muss er erkennen, kann er sich dasjenige kaufen, wonach er sucht: „Mit keinem Geld aus allen Bankkassen der Welt kann man sich irgendwas von Wert kaufen. Man kauft immer weniger, als man bezahlt. Und je mehr man bezahlt, um so geringer wird die Ware. Das Geld verschlechtert den Wert." (515)

Der Ausbruch des Kassierers aus seiner bisherigen Existenz ist deutlich vitalistisch motiviert. *Von morgens bis mitternachts* demonstriert literarisch den kompromisslosen Aufstand gegen das lebensarme und sinnenfeindliche Bürgertum und unterschiedliche Versuche, alternative Lebensmöglichkeiten und ekstatische Zustände irrationalen Genusses auszuprobieren. Allerdings führt der Text zugleich vor, dass die Erlangung größerer finanzieller Ressourcen ein völlig ungeeignetes Mittel zur Überwindung des Spießerdaseins darstellt (vgl. Martens 1971, 261, 264). Mehr noch, im kläglichen Scheitern des Protagonisten werden die übersteigerten Hoffnungen vieler Expressionisten auf einen neuen Menschen gedämpft (vgl. Williams 1988). Zwar ist der Kassierer nun finanziell unabhängig, von den Fesseln seiner Familie befreit und aus den Konventionen seiner bisherigen Existenz ausgebrochen, aber dennoch unfähig, ein wirklich eigenständiges, selbstbestimmtes, alternatives Leben nach einem anderen, ganz neuen Konzept zu beginnen (vgl. Kellner 1983, 178–180). Anders gesagt, im Selbstmord gewinnt der Kassierer die pessimistische „Einsicht, daß in der total entfremdeten sozialen Umwelt für den Aufbruch zu einer nichtentfremdeten Daseinsform kein Raum ist" (Krause 2000, 269) – jedenfalls noch nicht in der Gegenwart (vgl. Schueler 1984). Damit ist ein zentrales Ideologem des Expressionismus ebenso radikal wie pessimistisch in Frage gestellt.

Problematisierung eines neuen Menschen

Kommentierte Bibliographie

1. Wichtige Ausgaben, Textsammlungen und Bibliographien

Anz, Thomas (Hrsg.): Phantasien über den Wahnsinn. Expressionistische Texte. München, Wien 1980. [wichtige Anthologie zum Thema]

Ders./Stark, Michael (Hrsg.): Expressionismus. Manifeste und Dokumente zur deutschen Literatur 1910–1920. Mit Einleitungen und Kommentaren. Stuttgart 1982. [grundlegende Textsammlung mit programmatischen Texten zur Epoche]

Ders./Vogl, Joseph (Hrsg.): Die Dichter und der Krieg. Deutsche Lyrik 1914–1918. München, Wien 1982. [Anthologie mit Lyrik zum Ersten Weltkrieg, zu großen Teilen von expressionistischen Autoren]

Asholt, Wolfgang/Fähnders, Walter (Hrsg.): Manifeste und Proklamationen der europäischen Avantgarde (1909–1938). Stuttgart, Weimar 1995. [Sammlung von etwa 250 einschlägigen Texten]

Barlach, Ernst: Sämtliche Werke. Kritische Ausgabe. Hrsg. v. Ernst und Hans Barlach. Bde. 1ff. Leipzig 1998ff. [kritische Ausgabe]

Becher, Johannes R.: Gesammelte Werke. Hrsg. v. Johannes-R.-Becher-Archiv der Deutschen Akademie der Künste zu Berlin. Bde. 1–18. Berlin 1966/81. [offizielle DDR-Ausgabe des poetischen und essayistischen Werks]

Benn, Gottfried: Gesammelte Werke in vier Bänden. Hrsg. v. Dieter Wellershoff. Bde. 1–4. [Wiesbaden] 1958/61. [Studienausgabe]

Ders.: Gesammelte Werke in der Fassung der Erstdrucke. Textkritisch durchges. und hrsg. v. Bruno Hillebrand. Bde. 1–4. Frankfurt/Main 1982/90. [textkritische Werkausgabe, die den Erstdrucken folgt]

Ders.: Sämtliche Werke. Stuttgarter Ausgabe. In Verb. mit Ilse Benn hrsg. v. Gerhard Schuster und Holger Hof. Bde. 1–7,2. Stuttgart 1986/2003. [textkritische Gesamtausgabe, die den Ausgaben letzter Hand folgt]

Best, Otto F. (Hrsg.): Theorie des Expressionismus. Stuttgart 1976. (Universal-Bibliothek 9817). [Sammlung von Manifesten und programmatischen Texten der Epoche]

Blass, Ernst: Die Straßen komme ich entlang geweht. Sämtliche Gedichte. Hrsg. und mit einem Nachw. v. Thomas B. Schumann. München, Wien 1980. [Leseausgabe]

Bode, Dietrich (Hrsg.): Gedichte des Expressionismus. Stuttgart 1966. (Universal-Bibliothek 8726). [einschlägige Anthologie]

Denkler, Horst (Hrsg.): Einakter und kleine Dramen des Expressionismus. Stuttgart 1968. (Universal-Bibliothek 8562). [einschlägige Anthologie]

Döblin, Alfred: Ausgewählte Werke in Einzelbänden. In Verb. mit den Söhnen hrsg. v. Walter Muschg. Weitergeführt v. Heinz Graber und Anthony W. Riley. Olten, Freiburg/Breisgau, [ab 1996:] Düsseldorf, Zürich 1960ff. [textkritische Auswahlausgabe, Einzelbände in revidierten Neuausgaben]

Edschmid, Kasimir: Gesammelte Werke in Einzelausgaben. Wien, München, Basel 1962/66. [Leseausgabe]

Ders. (Hrsg.): Briefe des Expressionismus. Frankfurt/Main, Berlin 1964. (Ullstein-Buch 471). [umfangreiche Sammlung brieflicher Zeugnisse zur Epoche]

Ehrenstein, Albert: Werke. Hrsg. v. Hanni Mittelmann. Bde. 1–5. [München], Göttingen 1989/2004. [textkritische Gesamtausgabe]

Einstein, Carl: Werke. Berliner Ausgabe. Hrsg. v. Hermann Haarmann und Klaus Siebenhaar. Bde. 1–5. Berlin 1992/96. [kritische Studienausgabe mit Erläuterungen]

Fischer, Ernst/Haefs, Wilhelm (Hrsg.): Hirnwelten funkeln. Literatur des Expressionismus in Wien. Salzburg 1988. [einschlägige Anthologie]

Flake, Otto: Werke. Bde. 1–5. Hrsg. v. Rolf Hochhuth und Peter Härtling. Frankfurt/Main 1973/76. [Leseausgabe]

Frank, Leonhard: Gesammelte Werke. Bde. 1–6. Berlin 1957/59. [Leseausgabe]

Goering, Reinhard: Prosa, Dramen, Verse. München 1961. [Leseausgabe]

Goll, Yvan: Die Lyrik in vier Bänden. Hrsg. und komm. v. Barbara Glauert-Hesse im Auftrag der Fondation Yvan et Claire Goll Saint-Dié-des-Vosges. Bde. 1–4. Berlin 1996. [Leseausgabe]

Hasenclever, Walter: Sämtliche Werke. In Zusammenarb. mit der Akademie der Wissenschaften und der Literatur, Mainz, hrsg. v. Dieter Breuer und Bernd Witte. Bde. 1–5. Mainz 1990/97. (Die Mainzer Reihe 70, 1–5). [textkritische Ausgabe]

Hermann-Neiße, Max: Gesammelte Werke. Hrsg. v. Klaus Völker. Bde. 1–10. Frankfurt/Main 1986/88. [Leseausgabe]

Heym, Georg: Dichtungen und Schriften. Gesamtausgabe. Hrsg. v. Karl Ludwig Schneider. Bde. 1–3, 6. Hamburg, München 1960/68. [kritische Gesamtausgabe der im Nachlass überlieferten Werke Heyms]

Ders.: Gedichte 1910–1912. Historisch-kritische Ausgabe aller Texte in genetischer Darstellung. Hrsg. v. Günter Dammann, Gunter Martens, Karl Ludwig Schneider. Bde. 1–2. Tübingen 1993. [HKA in textgenetischer Darstellung]

Hoddis, Jakob van: Dichtungen und Briefe. Hrsg. v. Regina Nörtemann. Zürich 1987. (Arche-Editionen des Expressionismus). [Leseausgabe]

Jung, Franz: Werke in Einzelausgaben. Bde. 1,1–12. Hamburg 1981/97. [Leseausgabe]

Kafka, Franz: Schriften, Tagebücher, Briefe. Kritische Ausgabe. Hrsg. v. Jürgen Born, Gerhard Neumann, Malcolm Pasley und Jost Schillemeit. Frankfurt/Main 1982ff. [kritische Ausgabe]

Ders.: Historisch-kritische Ausgabe sämtlicher Handschriften, Drucke und Typoskripte. Eine Edition des Instituts für Textkritik e.V. Hrsg. v. Roland Reuss und Peter Staengle. Basel, Frankfurt/Main 1995ff. [HKA in textgenetischer Darstellung mit Faksimiles und CD-Roms]

Kaiser, Georg: Werke. Hrsg. v. Walther Huder. Bde. 1–6. Frankfurt/Main, Berlin, Wien 1970/72. [Leseausgabe]

Klabund: Sämtliche Werke. Leitung der Edition: Hans-Gert Roloff. Bde. 1ff. Amsterdam, Atlanta/GA, Würzburg 1998ff. [textkritische Gesamtausgabe]

Ders.: Werke in 8 Bänden. In Zusammenarb. mit Ralf Georg Bogner, Joachim Grage und Julian Paulus hrsg. v. Christian v. Zimmermann. Bde. 1–8. Heidelberg 1998/2003. [textkritische Ausgabe der von Klabund veröffentlichten literarischen Texte]

Kokoschka, Oskar: Das schriftliche Werk. Hrsg. v. Heinz Spielmann. Bde. 1–4. Hamburg 1973/76. [Leseausgabe]

Lasker-Schüler, Else: Gesammelte Werke in 3 Bänden. Hrsg. v. Friedhelm Kemp und Werner Kraft. Bde. 1–3. München 1959/62. [Leseausgabe]

Dies.: Werke und Briefe. Kritische Ausgabe. Im Auftrag des Franz Rosenzweig-Zentrums der Hebräischen Universität Jerusalem, der Bergischen Universität Wuppertal und des Deutschen Literaturarchivs Marbach am Neckar hrsg. v. Norbert Oellers, Heinz Rölleke, Itta Shedletzky und Karl J. Skrodzki. Bde. 1,1ff. Frankfurt/Main 1996ff. [kritische Gesamtausgabe]

Leonhard, Rudolf: Ausgewählte Werke in Einzelausgaben. Hrsg. v. der Deutschen Akademie der Künste zu Berlin. Berlin 1961/70. [Leseausgabe]

Lichtenstein, Alfred: Dichtungen. Hrsg. v. Klaus Kanzog und Hartmut Vollmer. Zürich 1989. (Arche-Editionen des Expressionismus). [kritische Ausgabe]

Martini, Fritz (Hrsg.): Prosa des Expressionismus. Stuttgart 1970. (Universal-Bibliothek 8379). [einschlägige Anthologie]

Mühsam, Erich: Ausgewählte Werke in Einzelausgaben. Hrsg. v. Christlieb Hirte unter Mitarb. v. Roland Links und Dieter Schiller. Bde. 1–2. Berlin 1978. [Leseausgabe]

Müller, Robert: Werkausgabe in Einzelbänden. Hrsg. v. Günter Helmes. Paderborn 1990/97. [Leseausgabe]

Pinthus, Kurt (Hrsg.): Menschheitsdämmerung. Symphonie jüngster Dichtung. Berlin 1919. [die wichtigste Lyrik-Anthologie aus der Zeit des Expressionismus]

Pörtner, Paul: Literatur-Revolution 1910–1925. Dokumente, Manifeste, Programme. Bd. 1: Zur Ästhetik und Poetik. Bd. 2: Zur Begriffsbestimmung der Ismen. Darmstadt, Neuwied, Berlin 1960f. (Akademie der Wissenschaften und der Literatur, Klasse der Literatur, Mainz 13/1–2; Dokumentar-Veröffentlichungen 3–4). [Sammlung von Programmen und Manifesten der deutschsprachigen Avantgarde]

Raabe, Paul: Die Zeitschriften und Sammlungen des literarischen Expressionismus. Repertorium der Zeitschriften, Jahrbücher, Anthologien, Sammelwerke, Schriftenreihen und Almanache 1910–1921. Stuttgart 1964. [grundlegende Bibliographie]

Ders. (Hrsg.): Ich schneide die Zeit aus. Expressionismus und Politik in Franz Pfemferts „Aktion" 1911–1916. München 1964 [zit. als: 1964a]. (dtv 195/196; dtv-dokumente). [Anthologie mit politischen Texten aus der *Aktion*]

Ders. (Hrsg.): Expressionismus. Aufzeichnungen und Erinnerungen der Zeitgenossen. Olten, Freiburg/Breisgau 1965. (Walter Texte und Dokumente zur Literatur des Expressionismus). [nach kulturellen Zentren angeordnete Sammlung von wichtigen Dokumenten zur Epoche]

Ders. (Hrsg.): Index Expressionismus. Bibliographie der Beiträge in den Zeitschriften und Jahrbüchern des literarischen Expressionismus 1910–1925. Bde. 1–18. Nendeln/Lichtenstein 1972. [grundlegende Bibliographie]

Ders.: Die Autoren und Bücher des literarischen Expressionismus. Ein bibliographisches Handbuch. In Zusammenarb. mit Ingrid Hannich-Bode. 2. verb. und um Ergänzungen und Nachträge 1985–1990 erw. Aufl. Stuttgart 1992. [grundlegendes bio-bibliographisches Handbuch]

Rietzschel, Thomas (Hrsg.): Sekunde durch Hirn. 21 expressionistische Erzähler. 2. veränd. Aufl. Leipzig 1987. (Universal Bibliothek 941). [DDR-Anthologie mit Prosa der Epoche]

Schmidt-Bergmann, Hansgeorg (Hrsg.): Lyrik des Expressionismus. Unter Mitarb. v. Sonja Hermann. Stuttgart 2003. [einschlägige Anthologie]

Schmitt, Hans-Jürgen (Hrsg.): Die Expressionismusdebatte. Materialien zu einer marxistischen Realismuskonzeption. Frankfurt/Main 1973. (Edition Suhrkamp 646). [Sammlung von Beiträgen zur Expressionismusdebatte]

Schnack, August: Werke in zwei Bänden. Bd. 1: Lyrik. Bd. 2: Prosa. Berlin 2003. [Leseausgabe]

Schutte, Jürgen/Sprengel, Peter (Hrsg.): Die Berliner Moderne 1885–1914. Stuttgart 1987. (Universal-Bibliothek 8359). [Anthologie zur Berliner Moderne, auch zum Berliner Expressionismus]

Sheppard, Richard (Hrsg.): Die Schriften des Neuen Clubs. 1908–1914. Bde. 1–2. Hildesheim 1980/83. [Sammlung von einschlägigen Texten und Dokumenten]

Sorge, Reinhard Johannes: Werke in drei Bänden. Eingel. und hrsg. v. Hans Gerd Rötzer. Bde. 1–3. Nürnberg 1962/67. [Leseausgabe]

Stadler, Ernst: Dichtungen, Schriften, Briefe. Kritische Ausgabe. Hrsg. v. Klaus Hurlebusch und Karl Ludwig Schneider. Stark erw. und vollst. überarb. Ausg. München 1983. [kritische Ausgabe]

Stern, Martin (Hrsg.): Expressionismus in der Schweiz. Bd. I: Erzählende Prosa, Mischformen, Lyrik. Bd. II: Dramen, Essayistik, Editionsbericht, Bio-Bibliographien, Nachw. Bern, Stuttgart 1981. (Schweizer Texte 6, I–II). [einschlägige Anthologie]

Sternheim, Carl: Gesamtwerk. Hrsg. v. Wilhelm Emrich. Bde. 1–10,2. Neuwied 1963/76. [Studienausgabe]

Stramm, August: Die Dichtungen. Sämtliche Gedichte, Dramen, Prosa. Hrsg. und mit einem Nachw. v. Jeremy Adler. München, Zürich 1990. (Serie Piper 980). [Leseausgabe]

Toller, Ernst: Gesammelte Werke. Hrsg. v. John M. Spalek und Wolfgang Frühwald. Bde. 1–6. München 1978f. [Leseausgabe]

Trakl, Georg: Dichtungen und Briefe. Historisch-kritische Ausgabe. Hrsg. v. Walter Killy und Hans Szklenar. Bde. 1–2. 2., erg. Aufl. Salzburg 1987. [HKA]

Ders.: Sämtliche Werke und Briefwechsel. Innsbrucker Ausgabe. Historisch-kritische Ausgabe mit Faksimiles der handschriftlichen Texte Trakls. Hrsg. v. Eberhard Sauermann und Hermann Zwerschina im Auftrag des Forschungsinstituts Brenner-Archiv der Universität Innsbruck. Bde. 2ff. Basel, Frankfurt/Main 1995ff. [neue HKA in textgenetischer Darstellung mit Faksimiles]

Vietta, Silvio (Hrsg.): Lyrik des Expressionismus. 4. verb. Aufl. Tübingen 1999. (Deutsche Texte 37). [einschlägige Anthologie mit Einleitungen zu den einzelnen Themenkomplexen]

Vollmer, Hartmut (Hrsg.): „In roten Schuhen tanzt die Sonne sich zu Tod". Lyrik expressionistischer Dichterinnen. Zürich 1993. [einschlägige Anthologie]

Ders. (Hrsg.): Die rote Perücke. Prosa expressionistischer Dichterinnen. Paderborn 1996. [einschlägige Anthologie]

Wallas, Armin A. (Hrsg.): Texte des Expressionismus. Der Beitrag jüdischer Autoren zur österreichischen

Avantgarde. Linz, Wien 1988. [einschlägige Anthologie]

Ders.: Zeitschriften und Anthologien des Expressionismus in Österreich. Analytische Bibliographie und Register. Bde. 1–2. München, Leipzig 1995. [grundlegende Bibliographie]

Weiß, Ernst: Gesammelte Werke. Hrsg. v. Peter Engel und Volker Michels. Bde. 1–16. Frankfurt/Main 1982. [Leseausgabe]

Werfel, Franz: Das lyrische Werk. Hrsg. v. Adolf D. Klarmann. Frankfurt/Main 1967. (Gesammelte Werke [11]). [Studienausgabe]

Ders.: Gesammelte Werke in Einzelbänden. Hrsg. v. Knut Beck. Frankfurt/Main 1990ff. [Leseausgabe mit knappen Erläuterungen]

Wolfenstein, Alfred: Werke. Hrsg. v. Hermann Haarmann und Günter Holz. Bde. 1–5. Mainz 1982/93. (Die Mainzer Reihe 53, 1–5). [textkritische Ausgabe]

Zech, Paul: Ausgewählte Werke. In Zusammenarb. mit Dieter Breuer hrsg. und bearb. v. Bert Kasties. Bde. 1–5. Aachen 1998f. [Leseausgabe]

2. Grundlegende Forschungsliteratur

Allen, Roy F.: German Expressionist Poetry. Boston 1979. (Twayne's World Authors Series 543, Germany). [ältere englischsprachige Einführung in die Epoche]

Ders.: Literary Life in German Expressionism and the Berlin Circle. Ann Arbor 1983. (Studies in the Fine Arts, The Avant-Garde 25). [englischsprachige Einführung in die Epoche, vor allem in den Berliner Expressionismus]

Amann, Klaus/Wallas, Armin A. (Hrsg.): Expressionismus in Österreich. Die Literatur und die Künste. Wien, Köln, Weimar 1994. (Literatur in der Geschichte, Geschichte in der Literatur 30). [grundlegender Sammelband]

Anz, Thomas: Literatur der Existenz. Literarische Psychopathographie und ihre soziale Bedeutung im Frühexpressionismus. Stuttgart 1977. (Germanistische Abhandlungen 46). [wichtige Monographie zu den philosophischen und psychologischen Grundlagen und zur Metaphorik des Expressionismus]

Ders./Stark, Michael (Hrsg.): Die Modernität des Expressionismus. Stuttgart 1994. (Metzler Studienausgabe). [Sammelband zum Zusammenhang von Expressionismus und Postmoderne]

Ders.: Literatur des Expressionismus. Stuttgart, Weimar 2002. (Sammlung Metzler 329). [grundlegende Einführung und Forschungsbericht zur Epoche]

Arnold, Armin: Prosa des Expressionismus. Herkunft, Analyse, Inventar. Stuttgart u.a. 1972. (Sprache und Literatur 76). [ältere Einführung in die erzählende Literatur der Epoche]

Arnold, Heinz Ludwig (Hrsg.): Aufbruch ins 20. Jahrhundert. Über Avantgarden. München 2001. (Text + Kritik Sonderbd. 2001). [Sammelband mit Studien und Modellinterpretationen zur Kultur der deutschsprachigen Avantgarde]

Asholt, Wolfgang/Fähnders, Walter (Hrsg.): „Die ganze Welt ist eine Manifestation". Die europäische Avantgarde und ihre Manifeste. Darmstadt 1997. [interdisziplinärer Sammelband zu Programmschriften der europäischen avantgardistischen Literaturen]

Brinkmann, Richard: Expressionismus. Forschungs-Probleme. 1951–1960. Stuttgart 1961. (Referate aus der Deutschen Vierteljahrsschrift für Literaturwissenschaft und Geistesgeschichte). [Forschungsbericht]

Ders.: Expressionismus. Internationale Forschung zu einem internationalen Phänomen. Stuttgart 1980. (Deutsche Vierteljahrsschrift für Literaturwissenschaft und Geistesgeschichte, Sonderbd.) [Forschungsbericht zu den 1960er und 1970er Jahren]

Dierick, Augustinus P.: German Expressionist Prose. Theory and Practice. Toronto, Buffalo, London 1987. [Gesamtdarstellung zur Prosa der Epoche im kulturgeschichtlichen Kontext]

Durzak, Manfred: Das expressionistische Drama. [Bd. 1:] Carl Sternheim – Georg Kaiser. [Bd. 2:] Ernst Barlach – Ernst Toller – Fritz von Unruh. München 1978f. [Einzelinterpretationen zu wichtigen Dramen des Expressionismus]

Eykman, Christoph: Denk- und Stilformen des Expressionismus. München 1974. (UTB 256). [ältere Einführung in die philosophischen Grundlagen der Epoche]

Fähnders, Walter: Avantgarde und Moderne 1890–1933. Stuttgart, Weimar 1998. (Lehrbuch Germanistik). [umfassende Einführung in die deutschsprachige Literatur der Moderne und der Avantgarde]

Ders. (Hrsg.): Expressionistische Prosa. Bielefeld 2001. (Aisthesis Studienbuch 1). [Sammelband mit Interpretationen]

Gärtner, Marcus: Kontinuität und Wandel in der neueren deutschen Literaturwissenschaft nach 1945. Bielefeld 1997. [S. 64–187 ausführliche Darstellung der Geschichte der Expressionismusforschung]

Grimminger, Rolf/Murašov, Jurij/Stückrath, Jörn (Hrsg.): Literarische Moderne. Europäische Literatur im 19. und 20. Jahrhundert. Reinbek/Hamburg 1995. (Rowohlts Enzyklopädie 553). [einführende Überblicksdarstellung in die europäische literarische Moderne]

Hamann, Richard/Hermand, Jost: Expressionismus. 2., unveränd. Aufl. Berlin 1977. (Deutsche Kunst und Kultur von der Gründerzeit bis zum Expressionismus 5). [ältere kunst- und literaturgeschichtliche Einführung]

Hardt, Manfred (Hrsg.): Literarische Avantgarden. Darmstadt 1989. (Wege der Forschung 648). [Sammlung grundlegender theoretischer Aufsätze zur europäischen Avantgarde-Literatur]

Kiesel, Helmuth: Geschichte der literarischen Moderne. Sprache, Ästhetik, Dichtung im zwanzigsten Jahrhundert. München 2004. [umfassende Darstellung der Ästhetik der literarischen Moderne]

Knapp, Gerhard P.: Die Literatur des deutschen Expressionismus. Einführung – Bestandsaufnahme – Kritik. München 1979. (Beck'sche Elementarbücher). [ältere Einführung]

Korte, Hermann: Abhandlungen und Studien zum literarischen Expressionismus 1980–1990. In: Internationales Archiv für Sozialgeschichte der deutschen Literatur 19 (1994), Sonderh. 6, S. 225–279. [Forschungsbericht]

Krull, Wilhelm: Prosa des Expressionismus. Stuttgart 1984. (Sammlung Metzler 210). [Forschungsbericht zur expressionistischen Prosa]

Kuhns, David F.: German Expressionist Theatre. The Actor and the Stage. Cambridge 1997. [englischsprachige Überblicksdarstellung zu Dramatik und Theaterpraxis des Expressionismus]

Lehnert, Herbert: Geschichte der deutschen Literatur vom Jugendstil zum Expressionismus. Stuttgart 1978. (Geschichte der deutschen Literatur von den Anfängen bis zur Gegenwart 5). [monographische Literaturgeschichte der Moderne mit ausführlichen Kapiteln zur Dichtung des Expressionismus]

Martens, Gunter: Vitalismus und Expressionismus. Ein Beitrag zur Genese und Deutung expressionistischer Stilstrukturen und Motive. Stuttgart u.a. 1971. (Studien zur Poetik und Geschichte der Literatur 22). [grundlegende Monographie zum Zusammenhang von Expressionismus und Lebensphilosophie]

Mix, York-Gothart (Hrsg.): Naturalismus, Fin de siècle, Expressionismus. 1890–1918. München 2000. (Hansers Sozialgeschichte der deutschen Literatur vom 16. Jahrhundert bis zur Gegenwart 7). [literaturgeschichtlicher Sammelband zur Literatur um 1900 mit einigen grundlegenden Aufsätzen zum Expressionismus]

Oehm, Heidemarie: Subjektivität und Gattungsform im Expressionismus. München 1993. [wichtige Studie zu den subjektphilosophischen Grundlagen expressionistischer Dramatik und Prosa mit Modellinterpretationen]

Paulsen, Wolfgang: Deutsche Literatur des Expressionismus. 2. überarb. Aufl. Mit einem Geleitwort v. Horst Denkler. Berlin 1998. (Germanistische Lehrbuchsammlung 40). [ältere, eher autorzentrierte Einführung]

Piechotta, Hans Joachim/Wuthenow, Ralph Rainer/Rothemann, Sabine (Hrsg.): Die literarische Moderne in Europa. Bd. 2: Formationen der literarischen Avantgarde. Opladen 1994. [Sammelband mit grundlegenden Beiträgen zur europäischen Avantgarde-Literatur]

Rötzer, Hans Gerd (Hrsg.): Begriffsbestimmung des literarischen Expressionismus. Darmstadt 1976. (Wege der Forschung 380). [forschungsgeschichtlicher Sammelband mit wichtigen älteren Aufsätzen]

Rothe, Wolfgang: Tänzer und Täter. Gestalten des Expressionismus. Frankfurt/Main 1979. [Monographie zu zentralen Rollenbildern des Expressionismus]

Soergel, Albert: Dichtung und Dichter der Zeit. Eine Schilderung der deutschen Literatur der letzten Jahrzehnte. Neue Folge: Im Banne des Expressionismus. Leipzig 1925. [erste umfassende literaturgeschichtliche Überblicksdarstellung zur Epoche]

Sokel, Walter H.: Der Literarische Expressionismus. Der Expressionismus in der deutschen Literatur des zwanzigsten Jahrhunderts. Übers. v. Jutta und Theodor Knust. Paperbackausg. mit einer erw. Bibliographie. München, Wien 1970. [maßgebliche Gesamtdarstellung zur Epoche aus den späten fünfziger Jahren]

Sprengel, Peter: Geschichte der deutschsprachigen Literatur 1900–1918. Von der Jahrhundertwende bis zum Ende des Ersten Weltkriegs. München 2004. (Geschichte der deutschen Literatur von den Anfängen bis zur Gegenwart 9, 2). [monumentale, sehr differenzierte und reichhaltige Literaturgeschichte mit zahlreichen fundierten Abschnitten zum Expressionismus]

Trommler, Frank (Hrsg.): Deutsche Literatur. Eine Sozialgeschichte. Hrsg. v. Horst Albert Glaser. Bd. 8: Jahrhundertwende. Vom Naturalismus zum Expressionismus. 1880–1918. Reinbek/Hamburg 1982. [literaturgeschichtlicher Sammelband mit zahlreichen Beiträgen zum Expressionismus]

Vietta, Silvio/Kemper, Hans-Georg: Expressionismus. 6., unveränd. Aufl. München 1997. (UTB 362; Deutsche Literatur im 20. Jahrhundert 3). [maßgebliche Einführung in die Epoche, erstmals 1975 erschienen, mit Schwerpunkt bei der problemgeschichtlichen Dimension des Expressionismus]

Viviani, Annalisa: Das Drama des Expressionismus. Kommentar zu einer Epoche. 2., bibliographisch erw. Aufl. München 1981. [ältere Einführung in die Dramatik der Epoche]

Zeller, Bernhard (Hrsg.): Expressionismus. Literatur und Kunst 1910–1923. Eine Ausstellung des Deutschen Literaturarchivs im Schiller-Nationalmuseum Marbach a. N. vom 8. Mai bis 31. Oktober 1960. Im Auftrag der Deutschen Schillergesellschaft. 22.–23. Tsd. Marbach/Neckar 1990. (Sonderausstellungen des Schiller-Nationalmuseums, Kataloge 7). [Ausstellungskatalog der Marbacher Ausstellung von 1960]

3. Weitere zitierte Literatur

Anz, Thomas: Die problematik des autonomiebegriffs in Alfred Döblins frühen erzählungen. In: Wirkendes Wort 24 (1974), H. 6, S. 388–402.

Ders.: Berlin, Hauptstadt der Moderne. Expressionismus und Dadaismus im Prozeß der Zivilisation. In: Siebenhaar, Klaus (Hrsg.): Das poetische Berlin. Metropolenkultur zwischen Gründerzeit und Nationalsozialismus. Wiesbaden 1992. (DUV Literaturwissenschaft). S. 85–104.

Arnold, Armin: Die Literatur des Expressionismus. Sprachliche und thematische Quellen. Stuttgart u.a. 1966. (Sprache und Literatur 35).

Ders.: Les styles, violà l'homme! Döblins sprachliche Entwicklung bis zu „Berlin Alexanderplatz". In: Schuster, Ingrid (Hrsg.): Zu Alfred Döblin. Stuttgart 1980. (Literaturwissenschaft – Gesellschaftswissenschaft 48; LGW-Interpretationen). S. 41–56.

Bahr, Hermann: Expressionismus. Mit 19 Tafeln. München 1916.

Barron, Stephanie (Hrsg.): Entartete Kunst. Das Schicksal der Avantgarde im Nazi-Deutschland. München 1992.

Baßler, Moritz: Die Entdeckung der Textur. Unverständlichkeit in der Kurzprosa der emphatischen Moderne 1910–1916. Tübingen 1994. (Studien zur deutschen Literatur 134).

Ders.: Wie Trakls „Verwandlung des Bösen" gemacht ist. In: Kemper, Hans-Georg (Hrsg.): Gedichte von Georg Trakl. Stuttgart 1999. (Universal-Bibliothek 17511; Literaturstudium Interpretationen). S. 121–141.

Bauer Pickar, Gertrud/Webb, Karl Eugene (Hrsg.): Expressionism Reconsidered. Relationships and Affinities. München 1979. (Houston German Studies 1).

Bauschinger, Sigrid: Else Lasker-Schüler. Biographie. Göttingen 2004.

Bayerdörfer, Hans-Peter: Dramatik des Expressionismus. In: Mix 2000, S. 537–554.

Bebendorf, Klaus: Tollers expressionistische Revolution. Frankfurt/Main u.a. 1990. (Marburger germanistische Studien 10).

Beck, Gabriel: Die erzählende Prosa Albert Ehrensteins (1886–1950). Interpretation und Versuch einer literarhistorischen Einordnung. Freiburg/Schweiz 1969. (Seges 11).

Becker, Sabina: Urbanität und Moderne. Studien zur Großstadtwahrnehmung in der deutschen Literatur 1900–1930. St. Ingbert 1993. (Saarbrücker Beiträge zur Literaturwissenschaft 39).

Dies.: Neue Sachlichkeit. Bd. 1: Die Ästhetik der neu-sachlichen Literatur (1920–1933). Bd. 2: Quellen und Dokumente. Köln, Weimar, Wien 2000.

Beckmann, Dorit: Künstlerische Entwicklungsverläu-fe im zwanzigsten Jahrhundert: Gottfried Benn und Bertolt Brecht. Berlin 1999.

Beigel, Alfred: Erlebnis und Flucht im Werk Albert Ehrensteins. Frankfurt/Main 1972.

Benn, Gottfried: Der Dichter über sein Werk. Hrsg. v. Edgar Lohner. München 1976. (dtv bibliothek Lite-ratur, Philosophie, Wissenschaft).

Benson, Renate: Deutsches expressionistisches Thea-ter. Ernst Toller und Georg Kaiser. New York u.a. 1987. (Kanadische Studien zur deutschen Sprache und Literatur 38).

Benzmann, Hans: Albert Ehrenstein. In: Das literari-sche Echo, Stuttgart, Berlin, 23 (1920/21), H. 23 v. 1. 9. 1921, Sp. 1422–1427.

Berg, Hubert van den: Avantgarde und Anarchismus. Dada in Zürich und Berlin. Heidelberg 1999. (Bei-träge zur neueren Literaturgeschichte 3, 167).

Bergner, Klaus-Dieter: Natur und Technik in der Lite-ratur des frühen Expressionismus. Dargestellt an ausgewählten Prosabeispielen von Alfred Döblin, Gottfried Benn und Carl Einstein. Frankfurt/Main u.a. 1998. (Europäische Hochschulschriften 1, 1679).

Binneberg, Kurt: Die Funktion der Gebärdensprache in Alfred Döblins Erzählungen. In: Zeitschrift für Deutsche Philologie 98 (1979), S. 497–514.

Blüm, Norbert: Gottfried Benn – Morgue 1912. In: Ar-nold 2001, S. 229–235.

Böhringer, Hannes: Avantgarde – Geschichte einer Metapher. In: Archiv für Begriffsgeschichte 22 (1978), S. 90–114.

Bogner, Ralf Georg: Hermann Hesse und der Expres-sionismus. In: Solbach, Andreas (Hrsg.): Her-mann Hesse und die literarische Moderne. Kul-turwissenschaftliche Facetten einer literarischen Konstante im 20. Jahrhundert. Aufsätze. Frank-furt/Main 2004. (Suhrkamp Taschenbuch 3609). S. 101–117.

Bollenbeck, Georg: Tradition, Avantgarde, Reaktion. Deutsche Kontroversen um die kulturelle Moderne 1880–1945. Frankfurt/Main 1999.

Braun, Christoph: Carl Einstein: Zwischen Ästhetik und Anarchismus. Zu Leben und Werk eines ex-pressionistischen Schriftstellers. München 1987.

Bridgwater, Patrick: Poet of Expressionist Berlin. The Life and Work of Georg Heym. London 1991.

Brincken, Jörg v.: Verbale und non-verbale Gestaltung in vor-expressionistischer Dramatik. August Stramms Dramen im Vergleich mit Oskar Kokosch-kas Frühwerken. Frankfurt/Main u.a. 1997. (Literar-historische Untersuchungen 31).

Brockhaus, Christoph: Die ambivalente Faszination der Großstadterfahrung in der deutschen Kunst des Expressionismus. In: Meixner/Vietta 1982, S. 89–106.

Brockington, Joseph L.: Vier Pole expressionistischer Prosa. Kasimir Edschmid, Carl Einstein, Alfred Döblin, August Stramm. New York u.a. 1987. (Stu-dies in Modern German Literature 4).

Brode, Hanspeter: Benn Chronik. Daten zu Leben und Werk. München, Wien 1978. (Reihe Hanser 271).

Bronner, Stephen Eric/Kellner, Douglas (Hrsg.): Pas-sion and Rebellion. The Expressionist Heritage. South Hadley/MA, London 1983.

Buddecke, Wolfgang: „Alles ist möglich" – Zum The-ma Frauen und Liebe in der Lyrik Gottfried Benns. In: Zeitschrift für Deutsche Philologie 110 (1991), S. 593–618.

Bürger, Peter: Theorie der Avantgarde. Frankfurt/Main 1974. (Edition Suhrkamp 727).

Bullivant, Keith: The Divided City. Berlin in Post-War German Literature. In: Glass, Derek/Rösler, Diet-mar/White, John J. (Hrsg.): Berlin. Literary Images of a City. Eine Großstadt im Spiegel der Literatur. Berlin 1989. (Publications of the Institute of Ger-manic Studies, University of London 42). S. 162–177.

Cases, Cesare: Die deutschen Intellektuellen und die Expressionismusdebatte [1977]. In: Ders.: Ade, ihr Zöpfe der Loreley. Über Deutschland, die Deut-schen und die deutsche Literatur. Mit einem Vorw. des Verfassers. Aus dem Italienischen übers., hrsg. und mit einem Nachw. vers. v. Dagmar Reichardt. Hamburg 1996. (Europäische Bibliothek 22). S. 71–92.

Cepl-Kaufmann, Gertrude: Der Expressionismus. Zur Strukturhomologie von Epochenprofil und jüdi-scher Geisteswelt. In: Hoffmann, Daniel (Hrsg.): Handbuch zur deutsch-jüdischen Literatur des 20. Jahrhunderts. Paderborn u.a. 2002. S. 151–183.

Cossart, Axel von: Kino – Theater des Expressionis-mus. Das literarische Resümee einer Besonderheit.

Essen 1985. (Theater, Film und Fernsehen in der Blauen Eule 1).

Daniels, Karlheinz: Expressionismus und Technik. In: Segeberg, Harro (Hrsg.): Technik in der Literatur. Ein Forschungsüberblick und zwölf Aufsätze. Frankfurt/Main 1987. (Suhrkamp Taschenbuch Wissenschaft 655). S. 351–386.

Demetz, Peter: Worte in Freiheit. Der italienische Futurismus und die deutsche literarische Avantgarde (1912–1934). Mit einer ausführlichen Dokumentation. München, Zürich 1990.

Denkler, Horst: Drama des Expressionismus. Programm, Spieltext, Theater. 2. verb. und verm. Aufl. München 1979.

Derlien, Hans-Ulrich: Bürokratie in der Literatur und Soziologie der Moderne. Über Kafka und Max Weber. In: Anz/Stark 1994, S. 44–61.

Detsch, Richard: Georg Trakl and the Brenner Circle. New York u.a. 1991. (American University Studies I, 91).

Dettelbacher, Werner: Leonhard Franks Zürcher Exil 1915–1918. Würzburg 1993. (Schriftenreihe der Leonhard-Frank-Gesellschaft 4).

Dierick, Augustinus P.: Gottfried Benn and his Critics: Major Interpretations 1912–1992. Columbia/SC 1992. (Studies in German Literature, Linguistics, and Culture).

Döblin, Alfred: Die Ermordung einer Butterblume. Sämtliche Erzählungen. Hrsg. v. Christina Althen. Düsseldorf, Zürich 2001. (Ausgewählte Werke in Einzelbänden).

Doppler, Alfred: Die Lyrik Georg Trakls. Beiträge zur poetischen Verfahrensweise und zur Wirkungsgeschichte. Salzburg 2001.

Drews, Jörg: Die Lyrik Albert Ehrensteins. Wandlungen in Thematik und Sprachstil von 1910 bis 1931. Ein Beitrag zur Expressionismus-Forschung. München: phil. Diss. [masch.] 1969.

Ders.: Trostlosigkeit, durch Kalauer unerträglich gemacht. Albert Ehrensteins „Tubutsch". In: Fähnders 2001, S. 45–57.

Dürr, Josef: Die Expressionismusdebatte. Untersuchungen zum Werk von Georg Lukács. München: phil. Diss. [masch]. 1982.

Duwe, Wilhelm: Deutsche Dichtung des 20. Jahrhunderts. Die Geschichte der Ausdruckskunst. Zürich u.a. 1936.

Duytschaever, Joris: Eine Pionierleistung des Expressionismus. Alfred Döblins Erzählung „Die Ermordung einer Butterblume". In: Amsterdamer Beiträge zur neueren Germanistik 2 (1973), S. 27–43.

Dwars, Jens-Fietje: Abgrund des Widerspruchs. Das Leben des Johannes R. Becher. Berlin 1998.

Eberhard, Hans-Joachim: Intellektuelle der Kaiserzeit. Ein sozialpsychologischer Streifzug durch Naturalismus, Antinaturalismus und Frühexpressionismus. Frankfurt/Main u.a. 1991. (Europäische Hochschulschriften 1, 1200).

Ehrenstein, Albert: Tubutsch. Mit 12 Zeichnungen von O. Kokoschka. Wien, Leipzig 1911.

Eibl, Karl: Die Sprachskepsis im Werk Gustav Sacks. München 1970. (Bochumer Arbeiten zur Sprach- und Literaturwissenschaft 3).

Eisenreich, Herbert: Albert Ehrenstein: Tubutsch. 1960. In: Ders.: Reaktionen. Essays zur Literatur. Gütersloh 1964. S. 301–303.

Engel, Peter/Müller, Hans-Harald (Hrsg.): Ernst Weiß – Seelenanalytiker und Erzähler von europäischem Rang. Beiträge zum Ersten Internationalen Ernst-Weiß-Symposium aus Anlaß des 50. Todestages Hamburg 1990. Bern u.a. 1992. (Jahrbuch für Internationale Germanistik A 31).

Erhart, W[alter]: Art. Expressionismus. In: Ueding, Gert (Hrsg.): Historisches Wörterbuch der Rhetorik. Bd. 3: Eup–Hör. Tübingen 1996. Sp. 164–179.

Exner, Lisbeth/Kapfer, Herbert (Hrsg.): Pfemfert. Erinnerungen und Abrechnungen. Texte und Briefe. Unter Mitarb. und mit einem Vorw. v. Ellen Otten. München [1999].

Eykman, Christoph: Die Funktion des Hässlichen in der Lyrik Georg Heyms, Georg Trakls und Gottfried Benns. Zur Krise der Wirklichkeitserfahrung im deutschen Expressionismus. 3. erg. Aufl. Bonn 1985. (Bonner Arbeiten zur deutschen Literatur 11).

Fähnders, Walter: „Vielleicht ein Manifest". Zur Entwicklung des avantgardistischen Manifestes. In: Asholt/Fähnders 1997, S. 18–38.

Ders./Hansen, Andreas (Hrsg.): Vom Trottelbuch zum Torpedokäfer. Franz Jung in der Literaturkritik 1912–1963. Bielefeld 2003.

Falk, Walter: Der kollektive Traum vom Krieg. Epochale Strukturen der deutschen Literatur zwischen

„Naturalismus" und „Expressionismus". Heidelberg 1977. (Beiträge zur neueren Literaturgeschichte 3, 31).

Faul, Eckhard: „Aber Betrieb muß sein". Der expressionistische Schriftsteller Hans Leybold (1892–1914). Bonn 2003. (Beiträge zur deutschen Literatur des zwanzigsten Jahrhunderts 3).

Febel, Gisela: „Poesie-Erreger" oder von der signifikanten Abwesenheit der Frau in den Manifesten der Avantgarde. In: Asholt/Fähnders 1997, S. 81–108.

Fellmann, Ferdinand: Phänomenologie und Expressionismus. Freiburg/Breisgau, München 1982. (Reihe: fermenta philosophica).

Fiala-Fürst, Ingeborg: Der Beitrag der Prager deutschen Literatur zum deutschen literarischen Expressionismus. Relevante Topoi ausgewählter Werke. St. Ingbert 1996. (Beiträge zur Robert-Musil-Forschung und zur neueren österreichischen Literatur 9).

Fischer, Ernst: Expressionismus – Aktivismus – Revolution. Die österreichischen Schriftsteller zwischen Geistpolitik und Roter Garde. In: Amann/Wallas 1994, S. 19–48.

Fricke, Harald/Müller, Jan-Dirk/Weimar, Klaus (Hrsg.): Reallexikon der deutschen Literaturwissenschaft. Neubearbeitung des Reallexikons der deutschen Literaturgeschichte. Bde. 1–3. Berlin, New York 1997/2003.

Fritz, Horst: Gottfried Benns Anfänge. In: Hillebrand 1979, S. 261–283.

Froehlich, Jürgen: Liebe im Expressionismus. Eine Untersuchung der Lyrik in den Zeitschriften „Die Aktion" und „Der Sturm" von 1910–1914. New York u.a. 1990. (Studies in Modern German Literature 38).

Füssel, Stephan: Verlage der Avantgarde 1880–1930. In: Arnold 2001, S. 155–170.

Garstka, Christoph: Intellektuelle im Kaiserreich. In: Schlich, Jutta (Hrsg.): Intellektuelle im 20. Jahrhundert in Deutschland. Ein Forschungsbericht. Tübingen 2000. (Internationales Archiv für Sozialgeschichte der deutschen Literatur Sonderh. 11). S. 115–160.

Gauß, Karl-Markus: Wann endet die Nacht. Über Albert Ehrenstein. Ein Essay. Zürich 1986.

Gehrke, Manfred: Probleme der Epochenkonstituierung des Expressionismus. Diskussion von Thesen zur epochenspezifischen Qualität des Utopischen. Frankfurt/Main u.a. 1990. (Bochumer Schriften zur deutschen Literatur 22).

Gerhard, Cordula: Das Erbe der ‚Großen Form'. Untersuchungen zur Zyklus-Bildung in der expressionistischen Lyrik. Frankfurt/Main u.a. 1986. (Europäische Hochschulschriften 1, 910).

Göbel, Klaus-Jürgen: Drama und dramatischer Raum im Expressionismus. Eine Entwicklungslinie des modernen Dramas von Richard Wagner bis Reinhard J. Sorge. Köln: phil. Diss. [masch.] 1971.

Göbel, Wolfram: Der Kurt Wolff Verlag. 1913–1930. Expressionismus als verlegerische Aufgabe. Mit einer Bibliographie des Kurt Wolff Verlages und der ihm angeschlossenen Unternehmen 1910–1930. Frankfurt/Main 1976f. (Sonderdruck aus dem Archiv für Geschichte des Buchwesens 15, 1976, H. 3–4 und 16, 1977, H. 6).

Graf, Sabine: „Als Schriftsteller leben". Das publizistische Werk Otto Flakes der Jahre 1900 bis 1933 zwischen Selbstverständigung und Selbstinszenierung. St. Ingbert 1992. (Saarbrücker Beiträge zur Literaturwissenschaft 37).

Gratzer, Wolfgang: Emanzipation aus Zwang. Musikalischer Expressionismus im Rückblick Alban Bergs und Anton Weberns. In: Amann/Wallas 1994, S. 158–170.

Grimm, Reinhold/Hermand, Jost (Hrsg.): Faschismus und Avantgarde. Königstein/Ts. 1980.

Große, Wilhelm: Interpretationen. Expressionistische Lyrik. Hollfeld 1988. (Königs Erläuterungen und Materialien 364/365).

Großklaus, Götz/Lämmert, Eberhard (Hrsg.): Literatur in einer industriellen Kultur. Stuttgart 1989. (Veröffentlichungen der deutschen Schillergesellschaft 44).

Grunow-Erdmann, Cordula: Die Dramen Ernst Tollers im Kontext ihrer Zeit. Heidelberg 1994. (Beiträge zur neueren Literaturgeschichte 3, 133).

Habereder, Juliane: Kurt Hiller und der literarische Aktivismus. Zur Geistesgeschichte des politischen Dichters im frühen 20. Jahrhundert. Frankfurt/Main, Bern 1981. (Europäische Hochschulschriften 1, 389).

Haefs, Wilhelm: Zentren und Zeitschriften des Expressionismus. In: Mix 2000, S. 437–453.

Härtling, Peter: Spielraum der Bitternis – Tubutsch. In: Ders.: Palmström grüßt Anna Blume. Essays und

Anthologie der Geister aus Poetia. Stuttgart 1961. S. 59–65.

Hahl, Werner: „Mann und Frau gehn durch die Krebsbaracke" von Gottfried Benn – eine Replik auf Goethes Elegie „Die Metamorphose der Pflanzen"? In: Jahrbuch des Wiener Goethe-Vereins 99 (1995), S. 19–36.

Halder, Winfried: Innenpolitik im Kaiserreich 1871–1914. Darmstadt 2003. (Geschichte kompakt).

Hartmann, Volker: Religiosität als Intertextualität. Studien zum Problem der literarischen Typologie im Werk Franz Werfels. Tübingen 1998. (Mannheimer Beiträge zur Sprach- und Literaturwissenschaft 40).

Haumann, Wilhelm: Paul Kornfeld. Leben – Werk – Wirkung. Würzburg 1995. (Studien zur Literatur- und Kulturgeschichte 7).

Hillebrand, Bruno (Hrsg.): Gottfried Benn. Darmstadt 1979. (Wege der Forschung 316).

Ders.: Benn. Frankfurt/Main 1986.

Ders. (Hrsg.): Über Gottfried Benn. Kritische Stimmen 1912–1956. Frankfurt/Main 1987.

Hoffmann, Ines: Sinnlichkeit und Abstraktion. Versuch, einen expressionistischen Text zu lesen. Würzburg 2001. (Epistemata, Reihe Literaturwissenschaft 347).

Hohendahl, Peter Uwe: Das Bild der bürgerlichen Welt im expressionistischen Drama. Heidelberg 1967. (Probleme der Dichtung 10).

Ders. (Hrsg.): Benn – Wirkung wider Willen. Dokumente zur Wirkungsgeschichte Benns. Frankfurt/Main 1971. (Wirkung der Literatur 3).

Holtz, Günther: Expressionismuskritik als antifaschistische Publizistik? Die Debatte in der Zeitschrift „Das Wort". In: Monatshefte 92 (2000), H. 2, S. 164–183.

Hornbogen, Helmut: Jakob van Hoddis. Die Odyssee eines Verschollenen. 2., überarb. Ausg. Hrsg. v. Wolfdietrich Müller. München 2001.

Huber, Ottmar: Mythos und Groteske. Die Problematik des Mythischen und ihre Darstellung in der Dichtung des Expressionismus. Meisenheim/Glan 1979. (Deutsche Studien 33).

Hucke, Karl-Heinz: Utopie und Ideologie in der expressionistischen Lyrik. Tübingen 1980. (Untersuchungen zur deutschen Literaturgeschichte 25).

Hüppauf, Bernd (Hrsg.): Expressionismus und Kulturkrise. Heidelberg 1983. (Reihe Siegen, Beiträge zur Literatur- und Sprachwissenschaft 42).

Huff, Matthias: Selbstkasteiung als Selbstvergewisserung. Zum literarischen Ich im Werk Albert Ehrensteins. Stuttgart 1994.

Ihekweazu, Edith: Verzerrte Utopie. Bedeutung und Funktion des Wahnsinns in expressionistischer Prosa. Frankfurt/Main, Bern 1982. (Beiträge zur Literatur und Literaturwissenschaft des 20. Jahrhunderts 4; Europäische Hochschulschriften 1, 581).

Janouch, Gustav: Gespräche mit Kafka. Aufzeichnungen und Erinnerungen. 41.–50.Tsd. Frankfurt/Main 1981.

Jens, Inge: Die expressionistische Novelle. Studien zu ihrer Entwicklung. Hrsg. v. Deutschen Seminar der Eberhard-Karls-Universität Tübingen. Tübingen 1997.

Jordan, Lothar: Bemerkungen zu Stand und Aufgaben der Stramm-Forschung. In: Ders. (Hrsg.): August Stramm. Beiträge zu Leben, Werk und Wirkung. Bielefeld 1995. S. 103–134.

Jones, M. S.: Der Sturm. A Focus of Expressionism. Columbia/SC 1984. (Studies in German Literature, Linguistics and Culture 16).

Jurkat, Angela: Apokalypse – Endzeitstimmung in Kunst und Literatur des Expressionismus. Alfter 1993.

Kanz, Christine: Emotionen und Geschlechterstereotype in Alfred Döblins Novelle „Die Ermordung einer Butterblume". In: Hahn, Torsten (Hrsg.): Internationales Alfred-Döblin-Kolloquium Bergamo 1999. Bern u.a. 2002. (Jahrbuch für Internationale Germanistik A, 51). S. 31–54.

Kasang, Dieter: Wilhelminismus und Expressionismus. Das Frühwerk Fritz von Unruhs 1904–1921. Stuttgart 1980. (Stuttgarter Arbeiten zur Germanistik 78).

Kasties, Bert: Walter Hasenclever. Eine Biographie der deutschen Moderne. Tübingen 1994. (Studien und Texte zur Sozialgeschichte der Literatur 46).

Kaufmann, Hans: Geschichte der deutschen Literatur vom Ausgang des 19. Jahrhunderts bis 1917. Von einem Autorenkollektiv. Berlin 1974. (Geschichte der deutschen Literatur von den Anfängen bis zur Gegenwart 9).

Keck, Annette: „Avantgarde der Lust". Autorschaft und sexuelle Relation in Döblins früher Prosa. München 1998.

Keith-Smith, Brian (Hrsg.): German Expressionism in the United Kingdom and Ireland. Published with the assistance of the Goethe Institute, London, also of the University of Bristol. Bristol 1986.

Kellner, Douglas: Expressionist Literature and the Dream of the „New Man". In: Bronner/Kellner 1983, S. 166–200.

Kemper, Dirk: Ästhetische Moderne als Makroepoche. In: Vietta, Silvio/Kemper, Dirk (Hrsg.): Ästhetische Moderne in Europa. Grundzüge und Problemzusammenhänge seit der Romantik. München 1997, S. 97–126.

Kiefer, Klaus H.: Diskurswandel im Werk Carl Einsteins. Ein Beitrag zur Theorie und Geschichte der europäischen Avantgarde. Tübingen 1994. (Communicatio 7).

Knauf, Michael: Yvan Goll. Ein Intellektueller zwischen zwei Ländern und zwei Avantgarden. Bern u.a. 1996. (Contacts 2, 19).

Knopf, Jan: „Expressionismus". Kritische Marginalien zur neueren Forschung. In: Hüppauf 1983, S. 15–53.

Kobel, Erwin: Alfred Döblin. Erzählkunst im Umbruch. Berlin, New York 1985.

Köglmeier, Georg: Ernst Toller in der Münchener Revolutions- und Rätezeit. In: Neuhaus, Stefan/Selbmann, Rolf/Unger, Thorsten (Hrsg.): Ernst Toller und die Weimarer Republik. Ein Autor im Spannungsfeld von Literatur und Politik. Würzburg 1999. (Schriften der Ernst-Toller-Gesellschaft 1). S. 27–45.

Köhnen, Diana: Das literarische Werk Erich Mühsams. Kritik und utopische Antizipation. Würzburg 1988. (Epistemata, Reihe Literaturwissenschaft 40).

Koester, Eckart: Literatur und Weltkriegsideologie. Positionen und Begründungszusammenhänge des publizistischen Engagements deutscher Schriftsteller im Ersten Weltkrieg. Kronberg/Ts. 1977. (Theorie – Kritik – Geschichte 15).

Köster, Thomas: Zerfall ohne Zauber. Paradoxie und Resignation in Albert Ehrensteins „Tubutsch". In: The German Quarterly 63 (1990), H. 2, S. 233–244.

Ders.: Bilderschrift Großstadt. Studien zum Werk Robert Müllers. Paderborn 1995. (Literatur- und Medienwissenschaft 35; Kasseler Studien zur deutschsprachigen Literaturgeschichte 8).

Kokoschka, Oskar: Mein Leben. Vorw. und dokumentarische Mitarb. v. Remigius Netzer. München 1971.

Kolinsky, Eva: Engagierter Expressionismus. Politik und Literatur zwischen Weltkrieg und Weimarer Republik. Eine Analyse expressionistischer Zeitschriften. Stuttgart 1970. (Metzler Studienausgabe).

Konstantinović, Zoran (Hrsg.): Expressionismus im europäischen Zwischenfeld. Technische Redaktion: Fridrun Rinner und Klaus Zerinschek. Innsbruck 1978. (Innsbrucker Beiträge zur Kulturwissenschaft, Sonderh. 43).

Korte, Hermann: Der Krieg in der Lyrik des Expressionismus. Studien zur Evolution eines literarischen Themas. Bonn 1981. (Abhandlungen zur Kunst-, Musik- und Literaturwissenschaft 315).

Ders.: Georg Heym. Stuttgart 1982. (Sammlung Metzler 203).

Ders.: Literarische Autobiographik im Expressionismus. In: Mix 2000, S. 509–521.

Kraus, Karl: Drei neue Bücher empfohlen. In: Die Fackel, Wien, 13 (1911), Nr. 338 v. Dezember 1911, S. 46–51.

Krause, Frank: Sakralisierung unerlöster Subjektivität. Zur Problemgeschichte des zivilisations- und kulturkritischen Expressionismus. Frankfurt/Main u.a. 2000. (Bochumer Schriften zur deutschen Literatur 57).

Krauß, Erwin O.: Albert Ehrenstein. In: Wieland, München, 3 (1917/18), H. 4 v. Juli 1917, S. 22.

Kreutzer, Leo: Alfred Döblin. Sein Werk bis 1933. Stuttgart u.a. 1970. (Sprache und Literatur 66).

Krispyn, Egbert: Style and Society in German Literary Expressionism. Gainesville/Florida 1964. (University of Florida monographs, Humanities 15).

Krüger, Eva: Todesphantasien. Georg Heyms Rezeption der Lyrik Baudelaires und Rimbauds. Berlin: phil. Diss. [masch.] 1992.

Krull, Wilhelm: Politische Prosa des Expressionismus. Rekonstruktion und Kritik. Frankfurt/Main, Bern 1982. (Europäische Hochschulschriften 1, 555).

Krusche, Dietrich: Kommunikation im Erzähltext. 1. Analysen. Zur Anwendung wirkästhetischer Theorie. München 1978. (UTB 744).

Kühlmann, Wilhelm: „Der eigenen Unrast Qual". Sündenfall und Prophetenfigur in der Lyrik von Konrad Weiss. In: Paradeigmata. Literarische Typologie des Alten Testaments. Hrsg. v. Franz H. Link. Bde. 1–2. Berlin 1989. (Schriften zur Literaturwissenschaft 5). Bd. 2, S. 563–576.

Ders.: Der Mythos des ganzen Lebens. Zum Pan-Kult in der Versdichtung des Fin de Siècle. In: Aurnhammer, Achim/Pittrof, Thomas (Hrsg.): „Mehr Dionysos als Apoll". Antiklassizistische Antike-Rezeption um 1900. Frankfurt/Main 2002. S. 363–400.

Läufer, Bernd: Jakob van Hoddis: Der „Varieté"-Zyklus. Ein Beitrag zur Erforschung der frühexpressionistischen Großstadtlyrik. Frankfurt/Main u.a. 1992. (Literarhistorische Untersuchungen 20).

Ders.: Entdecke Dir die Häßlichkeit der Welt. Bedrohung, Deformation, Desillusionierung und Zerstörung bei Jakob van Hoddis. Frankfurt/Main u.a. 1996. (Literarhistorische Untersuchungen 28).

Laugwitz, Uwe: Albert Ehrenstein. Studien zu Leben, Werk und Wirkung eines deutsch-jüdischen Schriftstellers. Frankfurt/Main u.a. 1987. (Hamburger Beiträge zur Germanistik 5).

Liewerscheidt, Dieter: Gottfried Benns Lyrik. Eine kritische Einführung. München 1980. (Analysen zur deutschen Sprache und Literatur).

Lindner, Martin: Leben in der Krise. Zeitromane der Neuen Sachlichkeit und die intellektuelle Mentalität der klassischen Moderne. Mit einer exemplarischen Analyse des Romanwerks von Arnolt Bronnen, Ernst Glaeser, Ernst von Salomon und Ernst Erich Noth. Stuttgart, Weimar 1994. (Metzler Studienausgabe).

Links, Roland: Alfred Döblin. München 1981. (Autorenbücher 24).

Lischka, Gerhard Johann: Oskar Kokoschka: Maler und Dichter. Eine literar-ästhetische Untersuchung zu seiner Doppelbegabung. Bern, Frankfurt/Main 1972. (Europäische Hochschulschriften XVIII, 4).

Lloyd, Jill: German Expressionism. Primitivism and Modernity. New Haven, London 1991.

Lühr, Hans-Peter (Hrsg.): Unruhe über der Stadt. Dresden und der Expressionismus. In: Dresdner Hefte 20 (2002), H. 72.

Mahlow, Verena: „Die Liebe, die uns immer zur Hemmung wurde ...". Weibliche Identitätsproblematik zwischen Expressionismus und Neuer Sachlichkeit am Beispiel der Prosa Claire Golls. Frankfurt/Main u.a. 1996. (Studien zur deutschen und europäischen Literatur des 19. und 20. Jahrhunderts 31).

Marcuse, Ludwig (Hrsg.): Literaturgeschichte der Gegenwart. In Verb. mit Ernst Blaß, E. D. Rahn, A. Knoblauch, M. Krell u.a. Bde. 1–2. Berlin, Leipzig, Wien 1925.

Martini, Fritz: Was war Expressionismus? Deutung und Auswahl seiner Lyrik. Urach 1948. (Erbe und Schöpfung 14).

Marx, Reiner: Literatur und Zwangsneurose. Eine Gegenübertragungs-Improvisation zu Alfred Döblins früher Erzählung „Die Ermordung einer Butterblume". In: Sander, Gabriele (Hrsg.): Internationales Alfred-Döblin-Kolloquium Leiden 1995. Bern u.a. 1997. (Jahrbuch für Internationale Germanistik A, 43). S. 49–60.

Mautz, Kurt: Georg Heym. Mythologie und Gesellschaft im Expressionismus. 3. unveränd. Aufl. Frankfurt/Main 1987.

Meister, Hermann: Lyriker. In: Saturn, Heidelberg, 2 (1912), H. 7 v. Juli 1912, S. 141–143.

Meixner, Horst/Vietta, Silvio (Hrsg.): Expressionismus – Sozialer Wandel und künstlerische Erfahrung. Mannheimer Kolloquium. München 1982.

Metzler, Jan Christian: De/Formationen. Autorschaft, Körper und Materialität im expressionistischen Jahrzehnt. Bielefeld 2003.

Meyer, Alfred Richard: die maer von der musa expressionistica. zugleich eine kleine quasi-literaturgeschichte mit über 130 praktischen beispielen. Düsseldorf 1948.

Meyer, Theo: Gottfried Benn und der Expressionismus. In: Hillebrand 1979, S. 379–408.

Mix, York-Gothart: Die Schulen der Nation. Bildungskritik in der Literatur der Moderne. Stuttgart, Weimar 1995.

Mönig, Roland: Franz Marc und Georg Trakl. Ein Beitrag zum Vergleich von Malerei und Dichtung des Expressionismus. Münster 1996. (Interpretation und Vermittlung 3).

Möser, Kurt: Literatur und die „Große Abstraktion". Kunsttheorien, Poetik und „abstrakte Dichtung" im „STURM" 1910–1930. Erlangen 1983. (Erlanger Studien 46).

Müller-Feyer, Carla: Engagierter Journalismus: Wilhelm Herzog und DAS FORUM (1914–1929). Zeitgeschehen und Zeitgenossen im Spiegel einer nonkonformistischen Zeitschrift. Frankfurt/Main 1986. (Europäische Hochschulschriften 3, 699).

Müller-Salget, Klaus: Alfred Döblin. Werk und Entwicklung. 2., durchges. und erw. Aufl. Bonn 1988. (Bonner Arbeiten zur deutschen Literatur 22).

Müller-Seidel, Walter: Zwischen Darwinismus und Jens Peter Jacobsen. Zu den Anfängen Gottfried

Benns. In: Bohnen, Klaus/Hansen, Uffe/Schmöe, Friedrich (Hrsg.): Fin de Siècle. Zu Naturwissenschaft und Literatur der Jahrhundertwende im deutsch-skandinavischen Kontext. Vorträge des Kolloquiums am 3. und 4. Mai 1984. Kopenhagen, München 1984. (Kopenhagener Kolloquien zur deutschen Literatur 11; Text & Kontext Sonderreihe 20). S. 147–171.

Ders.: Wissenschaftskritik und literarische Moderne. Zur Problemlage im frühen Expressionismus. In: Anz/Stark 1994, S. 21–43.

Müller-Stratmann, Claudia: Wilhelm Herzog und „Das Forum". „Literatur-Politik" zwischen 1910 und 1915. Ein Beitrag zur Publizistik des Expressionismus. Frankfurt/Main u. a. 1997. (Regensburger Beiträge zur Sprach- und Literaturwissenschaft B 64).

Murphy, Richard: Theorizing the Avant-Garde. Modernism, Expressionism, and the Problem of Postmodernity. Cambridge, New York, Melbourne 1999. (Literature, Culture, Theory).

Muschg, Walter: Von Trakl zu Brecht. Dichter des Expressionismus. München 1961. (Sammlung Piper).

Neri, Matteo: Das abendländische Lied. Georg Trakl. Würzburg 1996.

Noe, Helga: Die literarische Kritik am ersten Weltkrieg in der Zeitschrift „Die Weissen Blätter": René Schickele, Annette Kolb, Max Brod, Andreas Latzko, Leonhard Frank. Zürich: phil. Diss. [masch.] 1986.

Noh, Hee-Jik: Expressionismus als Durchbruch zur ästhetischen Moderne. Dichtung und Wirklichkeit in der Großstadtlyrik Georg Heyms und Georg Trakls. Tübingen: phil. Diss. [masch.] 2001.

Nowak, Cornelia/Schierz, Kai Uwe/Ulbricht, Justus H. (Hrsg.): Expressionismus in Thüringen. Facetten eines kulturellen Aufbruchs. Jena 1999.

Ostboe, Johannes: Expressionismus und Montage. Über Gottfried Benns Gedichtstil bis 1932. Oslo 1981. (Osloer Beiträge zur Germanistik 5).

Otten, Karl (Hrsg.): Ahnung und Aufbruch. Expressionistische Prosa. Darmstadt, Berlin, Neuwied 1957.

Ders. (Hrsg.): Schrei und Bekenntnis. Expressionistisches Theater. Darmstadt, Berlin, Neuwied 1959.

Pachter, Henry: Expressionism and Cafe Culture. In: Bronner/Kellner 1983, S. 43–54.

Paulsen, Wolfgang: Expressionismus und Aktivismus. Eine typologische Untersuchung. Bern, Leipzig 1935.

Pazi, Margarita (Hrsg.): Max Brod. 1884–1984. Untersuchungen zu Max Brods literarischen und philosophischen Schriften. New York u.a. 1987. (New Yorker Studien zur neueren deutschen Literaturgeschichte 8).

Perkins, Geoffrey: Contemporary Theory of Expressionism. Vorw.: Hans Reiss. Bonn, Frankfurt/Main 1974. (Britische und Irische Studien zur deutschen Sprache und Literatur 1).

Peter, Lothar: Literarische Intelligenz und Klassenkampf. „Die Aktion" 1911–1932. Köln 1972. (Sammlung Junge Wissenschaft).

Pfäfflin, Friedrich/Dambacher, Eva (Hrsg.): Der „Fackel"-Lauf. Bibliographische Verzeichnisse. „Die Fackel" als Verlagserzeugnis 1899–1936. Verlag Jahoda & Siegel, Wien 1905–1935. Zeitschriften, die sich an der „Fackel" entzündeten. Vorbilder, Schmarotzer und Blätter aus dem Geist der „Fackel". Ein Jahrhundertphänomen. Marbach 1999. (Marbacher Katalog 52, Beih. 4).

Pfanner, Helmut F.: Hanns Johst. Vom Expressionismus zum Nationalsozialismus. Den Haag, Paris 1970. (Studies in German Literature 17).

Pfohlmann, Oliver: Literaturkritik in der literarischen Moderne. In: Anz, Thomas/Baasner, Rainer (Hrsg.): Literaturkritik. Geschichte – Theorie – Praxis. Mit Beiträgen v. Thomas Anz, Rainer Baasner, Ralf Georg Bogner, Oliver Pfohlmann und Maria Zens. München 2004. (Beck'sche Reihe). S. 94–113.

Pinthus, Kurt: Die Geschichte der „Menschheitsdämmerung". In: Denkler, Horst (Hrsg.): Gedichte der „Menschheitsdämmerung". Interpretationen expressionistischer Lyrik. Mit einer Einl. v. Kurt Pinthus. München 1971. S. VII–XXVIII.

Ders.: Rez. zu: Alfred Döblin: Die Ermordung einer Butterblume und andere Erzählungen. In: Schuster/Bode 1973, S. 15f. [erstmals 1913/14].

Pirsich, Volker: Der Sturm. Eine Monographie. Herzberg 1985.

Prangel, Matthias: Alfred Döblin. 2., neubearb. Aufl. Stuttgart 1987. (Sammlung Metzler 105).

Raabe, Paul/Niedermayer, Max (Hrsg.): Den Traum alleine tragen. Neue Texte, Briefe, Dokumente. Gottfried Benn. Wiesbaden 1966.

Rasch, Wolfdietrich: Was ist Expressionismus? In: Akzente 3 (1956), S. 368–373.

Reif, Wolfgang: Zivilisationsflucht und literarische Wunschträume. Der exotistische Roman im ersten Viertel des 20. Jahrhunderts. Stuttgart 1975.

Reininger, Anton: „Das leere und das gezeichnete Ich". Gottfried Benns Lyrik. Florenz 1989. (Università degli studi di Torino, Fondo di Studi Parini-Chirio, Letterature 2).

Reuchlein, Georg: „Man lerne von der Psychiatrie". Literatur, Psychologie und Psychopathologie in Alfred Döblins „Berliner Programm" und „Die Ermordung einer Butterblume". In: Jahrbuch für Internationale Germanistik 23 (1991), H. 1, S. 10–68.

Reinthal, Angela: „Wo Himmel und Kurfürstendamm sich berühren". Studien und Quellen zu Ernst Blass (1890–1939). Mit einer umfangreichen Bibliographie der Primär- und Sekundärliteratur. Oldenburg 2000.

Ribbat, Ernst: Die Wahrheit des Lebens im frühen Werk Alfred Döblins. Münster 1970. (Münstersche Beiträge zur neuen Literaturwissenschaft 4).

Richter, Jochen: Die Konzeption des „Neuen Menschen" in Ernst Barlachs dramatischem Schaffen. New York u.a. 1992. (American University Studies I, 95).

Riechert, Rüdiger: Carl Einstein. Kunst zwischen Schöpfung und Vernichtung. Frankfurt/Main u.a. 1992. (Europäische Hochschulschriften 1, 1281).

Riedel, Walter: Der neue Mensch. Mythos und Wirklichkeit. Bonn 1970. (Studien zur Germanistik, Anglistik und Komparatistik 6).

Ritchie, J. M.: German Expressionist Drama. Boston 1976. (Twayne's World Authors Series, Germany 421).

Rittich, Werner: Kunsttheorie, Wortkunsttheorie und lyrische Wortkunst im „Sturm". Greifswald: phil. Diss. 1933.

Roberts, David: „Menschheitsdämmerung". Ideologie, Utopie, Eschatologie. In: Hüppauf 1983, S. 85–103.

Rölleke, Heinz: Die Stadt bei Stadler, Heym und Trakl. 2., durchges. und erg. Aufl. Berlin 1988. (Philologische Studien und Quellen 34).

Rötzer, Hans Gerd: Reinhard Johannes Sorge. Theorie und Dichtung. Erlangen: phil. Diss. [masch.] 1961.

Roh, Franz: „Entartete" Kunst. Kunstbarbarei im Dritten Reich. Hannover 1962.

Rothe, Wolfgang (Hrsg.): Expressionismus als Literatur. Gesammelte Studien. Bern, München 1969.

Ders.: Der Expressionismus. Theologische, soziologische und anthropologische Aspekte einer Literatur. Frankfurt/Main 1977. (Das Abendland N.F. 9).

Rühmkorf, Peter: Ein modernes Liebesgedicht. In: Ders.: Strömungslehre I. Poesie. Reinbek/Hamburg 1978. (das neue buch). S. 151–154.

Sauder, Gerhard: Gottfried Benn: „Morgue und andere Gedichte". In: Der Deutschunterricht 42 (1990), H. 2, S. 55–82.

Schacherl, Lillian: Die Zeitschriften des Expressionismus. Versuch einer zeitungswissenschaftlichen Strukturanalyse. München: phil. Diss. [masch.] 1957.

Schlösser, Hermann: „Eine unfaßbare Sehnsucht nach Glühendem". Über Kasimir Edschmid und seine expressionistische Novellistik. In: Fähnders 2001, 147–163.

Schmidt-Bergmann, Hansgeorg: Die Anfänge der literarischen Avantgarde in Deutschland. Über Anverwandlung und Abwehr des italienischen Futurismus. Ein literarhistorischer Beitrag zum expressionistischen Jahrzehnt. Stuttgart 1991. (M&P Schriftenreihe für Wissenschaft und Forschung).

Schmidt-Henkel, Gerhard: Mythos und Dichtung. Zur Begriffs- und Stilgeschichte der deutschen Literatur im neunzehnten und zwanzigsten Jahrhundert. Bad Homburg/Höhe, Berlin, Zürich 1967.

Schmitt, Götz: Aufbruch und Ende. Die Dichtung Ernst Stadlers. Hamburg 2000. (Schriftenreihe Poetica 51).

Schmitz, Walter (Hrsg.): Die Münchner Moderne. Die literarische Szene in der „Kunststadt" um die Jahrhundertwende. Stuttgart 1990. (Universal-Bibliothek 8557).

Schneider, Ferdinand Josef: Der expressive Mensch und die deutsche Lyrik der Gegenwart. Geist und Form moderner Dichtung. Stuttgart 1927.

Schneider, Karl Ludwig: Zerbrochene Formen. Wort und Bild im Expressionismus. Hamburg 1967.

Schneider, Nina: Am Ufer des blauen Tags. Georg Heym. Sein Leben und Werk in Bildern und Selbstzeugnissen dargestellt. Glinde 2000.

Schneider, Uwe/Schumann, Andreas (Hrsg.): Krieg der Geister. Erster Weltkrieg und literarische Moderne. Würzburg 2000.

Schönfeld, Christiane: Dialektik und Utopie. Die Prostituierte im Deutschen Expressionismus. Würzburg 1996. (Epistemata, Reihe Literaturwissenschaft 165).

Scholz, Ingeborg: Gottfried Benn. Lyrik und Prosa. Interpretationen und unterrichtspraktische Hinweise. 2. Aufl. Hollfeld 1992. (Analysen und Reflexionen 59).

Schommers-Kretschmer, Barbara: Philosophie und Poetologie im Werk von Walter Hasenclever. Aachen 2000. (Studien zur Literatur und Kunst 6).

Schueler, H. J.: The Symbolism of Paradise in Georg Kaiser's „Von morgens bis mitternachts". In: Neophilologus 68 (1984), S. 98–104.

Schünemann, Peter: Georg Heym. München 1986. (Autorenbücher 44).

Schürer, Ernst (Hrsg.): Erläuterungen und Dokumente zu Georg Kaiser: „Von morgens bis mitternachts". Stuttgart 1975. (Universal-Bibliothek 8131).

Schuhmann, Klaus: Walter Hasenclever, Kurt Pinthus und Franz Werfel im Leipziger Kurt Wolff Verlag (1913–1919). Ein verlags- und literaturgeschichtlicher Exkurs ins expressionistische Jahrzehnt. Leipzig 2000. (Leipzig – Geschichte und Kultur 1).

Schulz, Georg-Michael: Georg Kaiser: „Von morgens bis mitternachts". In: Dramen des 20. Jahrhunderts. Bd. 1. Stuttgart 1996. (Universal-Bibliothek 9460; Interpretationen). S. 175–195.

Schuster, Ingrid/Bode, Ingrid (Hrsg.): Alfred Döblin im Spiegel der zeitgenössischen Kritik. In Zusammenarb. mit dem Deutschen Literaturarchiv Marbach/N. Bern, München 1973.

Segeberg, Harro: Simulierte Apokalypsen. Georg Kaisers „Gas"-Dramen im Kontext expressionistischer Technik-Debatten. In: Großklaus/Lämmert 1989, S. 294–313.

Ders.: Literatur im Medienzeitalter. Literatur, Technik und Medien seit 1914. Darmstadt 2003.

Shearier, Stephen: Das junge Deutschland 1917–1920. Expressionist Theater in Berlin. Bern u.a. 1988. (New York University Ottendorfer Series N.F. 30).

Siebenhaar, Klaus: Klänge aus Utopia. Zeitkritik, Wandlung und Utopie im expressionistischen Drama. Mit einem Geleitwort v. Horst Denkler. Berlin, Darmstadt 1982. (CANON 8).

Sorg, Reto: Aus den „Gärten der Zeichen". Zu Carl Einsteins „Bebuquin". München 1998.

Stark, Michael: Für und wider den Expressionismus. Die Entstehung der Intellektuellendebatte in der deutschen Literaturgeschichte. Stuttgart 1982.

Ders. (Hrsg.): Der „Kondor-Krieg". Ein deutscher Literaturstreit. Bamberg 1996. (Fußnoten zur Literatur 36).

Ders.: „Werdet politisch!" Expressionistische Manifeste und historische Avantgarde. In: Asholt/Fähnders 1997, S. 238–255.

Ders.: Literarischer Aktivismus und Sozialismus. In: Mix 2000, S. 566–576.

Steffen, Hans (Hrsg.): Der deutsche Expressionismus. Formen und Gestalten. Göttingen 1965. (Kleine Vandenhoeck-Reihe 208).

Stegemann, Helga: Studien zu Alfred Döblins Bildlichkeit. „Die Ermordung einer Butterblume" und andere Erzählungen. Bern, Franfurt/Main, Las Vegas 1978. (Kanadische Studien zur deutschen Sprache und Literatur 22).

Steiner, Wilfried: Rausch – Revolte – Resignation. Eine Vorgeschichte der poetischen Moderne von Novalis bis Georg Heym. Wien 1993. (Dissertationen der Universität Salzburg 37).

Steinke, Angela: Ontologie der Lieblosigkeit. Untersuchungen zum Verhältnis von Mann und Frau in der frühen Prosa von Ernst Weiß. Frankfurt/Main u.a. 1994. (Berliner Beiträge zur neueren deutschen Literaturgeschichte 19).

Steutermann, Jens: Zur Gänze zerfallen. Destruktion und Neukonzeption von Raum in expressionistischer Prosa. Frankfurt/Main u.a. 2004. (Europäische Hochschulschriften 1, 1900).

Stockebrand, Gerd: Otto Flake und der Expressionismus. Würzburg: phil. Diss. [masch.] 1986.

Strelka, Joseph P. (Hrsg.): Immer ist Anfang. Der Dichter Franz Theodor Csokor. Bern u.a. 1990.

Strohmeyer, Klaus: Zur Ästhetik der Krise. Die Konstitution des bürgerlichen Subjekts in der Aufklärung und seine Krise im Expressionismus. Eine theoretische Skizze, gestützt durch Interpretationen ausgewählter Literaturbeispiele. Frankfurt/Main u.a. 1984. (Europäische Hochschulschriften I, 759).

Stuckenschmidt, H[ans] H[einz]: Arnold Schönbergs musikalischer Expressionismus. In: Steffen 1965, S. 250–268.

Stücheli, Peter: Poetisches Pathos. Eine Idee bei Friedrich Nietzsche und im deutschen Expressionismus.

Bern u.a. 1999. (Europäische Hochschulschriften XVIII, 93).

Süllwold, Erika: Das gezeichnete und das ausgezeichnete Subjekt. Kritik der Moderne bei Emmy Hennings und Hugo Ball. Stuttgart, Weimar 1999. (M-&-P-Schriftenreihe für Wissenschaft und Forschung).

Thomke, Helmut: Hymnische Dichtung im Expressionismus. Bern, München 1972.

Tyson, Peter K.: The Reception of Georg Kaiser (1915–45). Texts and Analysis. Bd. 1. New York u.a. 1984. (Canadian Studies in German Language and Literature 32).

Versari, Margherita: Albert Ehrenstein. Prä-Existentialist ohne Existenz. „Tubutsch" (1911) – Erzählfigur des Nihilismus. In: Kolkenbrock-Netz, Jutta/Plumpe, Gerhard/Schrimpf, Hans Joachim (Hrsg.): Wege der Literaturwissenschaft. Bonn 1985. S. 269–283.

Viertel, Berthold: Tubutsch. In: Neue Rundschau, Frankfurt/Main, 23 (1912), S. 741f.

Vietta, Silvio: Die literarische Moderne. Eine problemgeschichtliche Darstellung der deutschsprachigen Literatur von Hölderlin bis Thomas Bernhard. Stuttgart 1992.

Ders.: Ästhetik der Moderne. Literatur und Bild. München 2001.

Viviani, Annalisa: Dramaturgische Elemente im expressionistischen Drama. Bonn 1970. (Bonner Arbeiten zur deutschen Literatur 21).

Vollmer, Hartmut: Alfred Lichtenstein – Zerrissenes Ich und verfremdete Welt. Ein Beitrag zur Erforschung der Literatur des Expressionismus. Aachen 1988. (Reihe Rader-Publikationen).

Vondung, Klaus: Mystik und Moderne. Literarische Apokalyptik in der Zeit des Expressionismus. In: Anz/Stark 1994, S. 142–150.

Wagener, Hans: René Schickele. Europäer in neun Monaten. Gerlingen 2000.

Wallas, Armin A.: „Von der Nachwelt beschienen". Forschungsbericht: Neue Literatur über Albert Ehrenstein. In: Sprachkunst, Beiträge zur Literaturwissenschaft 19 (1988), Halbbd. 1, S. 175–186.

Ders.: Albert Ehrenstein. Mythenzerstörer und Mythenschöpfer. München 1994. (Reihe Forschungen 5).

Ders.: Expressionistische Novellistik und Kurzprosa. In: Mix 2000, S. 522–536.

Waller, Christopher: Expressionist Poetry and its Critics. London 1986. (Bithell Series of Dissertations 11).

Wambach, Lovis Maxim: Die Dichterjuristen des Expressionismus. Baden-Baden 2002.

Wegener, Hanns: Lyrik. In: Die schöne Literatur, Beilage zum Literarischen Zentralblatt für Deutschland, Leipzig, 13 (1912), H. 15, S. 264–266.

Weinstein, Joan: The End of Expressionism. Art and the November Revolution in Germany, 1918–1919. Chicago, London 1990.

Weisbach, Reinhard: Wir und der Expressionismus. Studien zur Auseinandersetzung der marxistisch-leninistischen Literaturwissenschaft mit dem Expressionismus. 2. Aufl. Berlin 1973. (Literatur und Gesellschaft).

Weiß, Ernst: Albert Ehrenstein. In: Krojanker, Gustav (Hrsg.): Juden in der deutschen Literatur. Essays über zeitgenössische Schriftsteller. Berlin 1922. S. 63–70.

Weissenböck, Jarmila: Expressionistischer Tanz in Wien. In: Amann/Wallas 1994, S. 171–184.

Willett, John: Expressionismus. Aus dem Engl. v. Helga Drews. München 1970. (Kindlers Universitätsbibliothek).

Williams, Rhys W.: Culture and Anarchy in Georg Kaiser's „Von morgens bis mitternachts". In: Modern Language Review 83 (1988), S. 364–374.

Winkler, Michael: Benn's Cancer Ward and George's Autumnal Park. A Case of Lyrical Kontrafaktur. In: Colloquia Germanica 13 (1980), H. 3, S. 258–268.

Wolfrum, Edgar: Krieg und Frieden in der Neuzeit. Vom Westfälischen Frieden bis zum Zweiten Weltkrieg. Darmstadt 2003. (Kontroversen um die Geschichte).

Wunberg, Gotthart (Hrsg.): Die Wiener Moderne. Literatur, Kunst und Musik zwischen 1890 und 1910. Unter Mitarb. v. Johannes J. Braakenburg. Stuttgart 1981. (Universal-Bibliothek 7742).

Wyrsch, Jakob: Zur Bedeutung des Expressionismus [1922]. In: Stern 1981, Bd. II, S. 165–176.

Ziegler, Jürgen: Form und Subjektivität. Zur Gedichtstruktur im frühen Expressionismus. Bonn 1972. (Abhandlungen zur Kunst-, Musik- und Literaturwissenschaft 125).

Zimmermann, Werner: Deutsche Prosadichtungen unseres Jahrhunderts. Interpretationen für Lehrende und Lernende. Bd. 1. Neufassung. 8. Aufl. Düsseldorf 1989. (Schwann-Deutsch).

Zuschlag, Christoph: „Entartete Kunst". Ausstellungsstrategien im Nazi-Deutschland. Worms 1995. (Heidelberger kunstgeschichtliche Abhandlungen N.F. 21).

Zweig, Stefan: Wiederbegegnung mit Tubutsch. In: Ders.: Begegnungen mit Büchern. Aufsätze und Einleitungen aus den Jahren 1902–1939. Frankfurt/Main 1983. (Gesammelte Werke in Einzelbänden). S. 99–102. [zuerst erschienen: Berliner Tageblatt, Berlin, v. 8. 6. 1926].

Personenregister

Sachregister